现代林业理论与生态工程建设

李泰君 著

中国原子能出版社

图书在版编目（ＣＩＰ）数据

现代林业理论与生态工程建设 / 李泰君著. -- 北京：
中国原子能出版社，2020.9（2023.1重印）
ISBN 978-7-5221-0942-8

Ⅰ．①现… Ⅱ．①李… Ⅲ．①林业管理－研究②林业
－生态工程－研究 Ⅳ．① F307.2 ② S718.5

中国版本图书馆 CIP 数据核字（2020）第 192104 号

现代林业理论与生态工程建设

出版发行：中国原子能出版社（北京市海淀区阜成路 43 号　100048）

责任编辑：张书玉

责任印刷：赵　明

印　　刷：河北宝昌佳彩印刷有限公司

经　　销：全国新华书店

开　　本：787mm×1092mm　　1/16

印　　张：12.25　　**字　数**：217 千字

版　　次：2020 年 9 月第 1 版　　2023 年 1 月第 2 次印刷

书　　号：ISBN 978-7-5221-0942-8　　　　**定　　价**：72.00 元

网址：http://www.aep.com.cn　　　　E-mail: atomep123@126.com

发行电话：010-68452845　　　　版权所有　　侵权必究

前言

　　林业，古老而年轻，无论人们注意不注意，它都在生态建设中，在社会经济可持续发展中，发挥着无可替代的基石作用。中国的林业正在实现以木材生产为主，向生态建设为主等五大历史性的转变。如何卓有成效地开展林业生态建设，把握国际林业建设历程和潮流，结合我国林业建设的实际，必须走现代林业建设之路。以现代林业理论为指导，以生态建设为根本，以项目为重要载体，依靠当代科学技术，创新与活化管理机制；采用工程建设的管理方法，即以科学、合理、系统的思想和方法，通过对项目资源的有效计划、组合、引导和施行，达到在规定的时间、预算和质量目标内实现整个项目的预期效果。

　　现代林业是科学发展的林业，是以人为本、全面协调可持续发展的林业，是体现现代社会主要特征、具有较高生产力发展水平、能够最大限度拓展林业多种功能、满足社会多样化需求的林业，其建设内容包括生态体系、林业产业体系、生态文化体系和林业保障体系。现代林业是生态文明建设的主体和首要任务，这是因为现代林业是生态文明建设系统中的关键因素和主导要素，在生态文明建设的五大方面都发挥着重大作用：对生态环境文明而言，现代林业是维护生态安全的主要力量；对生态物质文明而言，现代林业是发展生态经济的重要内容；对生态精神文明而言，现代林业是树立生态意识的主导因素；对生态社会文明而言，现代林业是引导生态行为的重点角色；对生态政治文明而言，现代林业是健全生态制度的关键环节。

　　现代林业与生态文明的哲学关系，其实质是要素与系统的辩证关系。生态文明建设个庞大的系统工程，现代林业建设是这个系统工程的一个重要组成要素，准确地说，是关键要素和主导要素，其关键性和主导性集中体现在结构、功能、地位以及职责、任务、目标六个方面，并可进一步提炼出现代林业的五大特征：在生态文明建设中，现代林业具有主体性、首要性、基础性、关键性和独特性。发展现代林业，建设生态文明是时代赋予广大林业工作者的历史使命，为了出色地履行好这一使命，必须贯彻以现代林业为主体的生态文明建设战略，确立以现代林业为基础的生态安全战略等，发挥好林业在生态文明建设中的主力军作用，促进经济社会的可持续发展。

针对以上内容，本书首先对现代林业发展内涵及其对于生态文明建设的重要意义进行了阐述，其次对现代林业的基本特征进行了简要介绍，对现代林业生态环境建设的特点以及现状进行了分析，然后重点阐述了现代林业生态工程的类型以及生态工程建设对现代林业发展的作用，并在此基础上对现代林业生态工程建设中的具体模式进行了研究。最后基于当前现代林业生态工程项目建设的实际情况，对建设过程中普遍存在的问题提出了解决建议。

　　发展现代林业，进行生态工程建设是时代赋予广大林业工作者的历史使命，为了出色地履行好这一使命，必须贯彻落实生态兴国的发展战略，确立以现代林业为主体的生态工程建设战略，确立以现代林业为基础的生态安全战略等，发挥好林业在生态工程建设中的主力军作用，促进经济社会的可持续发展。

目录

第一章　现代林业理论发展概述 1

第一节　国内外林业发展历史及现状 1

第二节　现代林业概念与发展内涵 8

第三节　现代林业对我国生态文明建设的意义 34

第二章　现代林业的基本特征 38

第一节　现代林业的森林生态经济生产力 38

第二节　现代社会对森林的需求 48

第三节　现代林业与碳汇管理 53

第三章　现代林业生态环境建设的特点及现状 70

第一节　林业生态环境建设的作用 70

第二节　林业生态环境建设的特点 76

第三节　林业生态环境建设现状 80

第四章　现代林业生态工程建设的类型与作用 98

第一节　林业生态工程的概念与类型 98

第二节　林业生态工程的作用 103

第三节　我国林业生态工程建设的现状与趋势 109

第五章　现代林业生态工程建设模式研究 117

第一节　林木病虫害预防模式 117

第二节　自然资源综合利用模式 164

第三节　山丘区林业生态模式建设 172

参考文献 188

第一章　现代林业理论发展概述

第一节　国内外林业发展历史及现状

自德国创立森林永续利用理论开始，拉开了林业建设理论探索的序幕，实现了人类对森林经营理论认识上的三次飞跃：第一次飞跃以森林永续利用理论为标志，人类认识到了森林的人工可更新性和人工促进的高产性；第二次飞跃以森林多效益理论、"新林业"理论和"接近自然的林业"理论为标志，认识到了森林的多功能性和人类过分干预的负面影响；第三次飞跃以森林可持续经营理论为标志，认识到了森林效益的世代与区域公平性。

一、森林永续利用理论

18世纪末，德国林学家乔治路德维希哈尔提希（Hartig C.L，1764—1837）以木材生产为主要目标，为保持木材的持续产出，提出森林年采伐量要与年生长量持平的森林永续利用原则。其中心思想是追求纯经济利益，实行以获得木材为目的的森林永续经营。在此基础上，1826年 J.Ch.Hundescha Gen 创立了法正林（Normal Forest）学说，1841年又得到 C. Heyer 的进一步发展，成为经典的森林永续经营理论。其基本原理是在一个作业区域内同时具有幼龄林、中龄林和成熟林等各龄级林分，各林分的面积相等，地域配置合理，符合林学技术要求，具有最高的木材生长量，使每一个作业区域内始终保持一定的蓄积量，按轮伐期配置作业区，最终实现森林的永续经营利用。该理论对18—19世纪德国的造林工程起了主导作用，影响之大，以致成为当时各国传统林业的理论基础。该理论认识到森林资源不仅可以实现自然更新，而且可在人为干预下实现人工更新，认识到人工林具有生长迅速、目的性强、单位面积产出量大等优点，把满足人类日益增长的木材需求的希望寄托在人工林的发展上，不失为木材培育、缓解供求矛盾的有效途径。其主要贡献是认识到森林资源并非取之不尽、用之不竭，只有在培育的基础上才能持久地为人类服务。但由于该理论纯以木材的产出为目的，以经济效益为评价指标，其指导的对象是森林经营，并非全方位的林业生产，因而理论方面的缺陷较为明显，基本上没有考虑森林生态系统的完整性和功能恢复问题，也没有兼顾森林的多效益性，甚至在经济利用上也往往停留在林木效益利用的层面上。现在基本上被森林可持续经营理论等所代替。

二、森林多效益理论

早在 19 世纪中叶，正当森林永续利用理论风靡之时，人们就已经认知了人类取之森林的决不仅限于木材与林产品，森林在保护环境方面的价值甚至更高。于是，人们开始探索有利于森林多效益发挥的森林经营模式，至 20 世纪 60 年代美国已以立法形式把森林的多效益作为国有林的经营原则。进入 20 世纪 70 年代，美国林业经济学家 M·克劳森和 R·塞乔博士等人提出森林多效益主导利用的经营指导思想，向森林多效益理论提出新的挑战。他们认为"永续收获"思想是发挥森林最佳经济效益的枷锁，大大限制了森林生物学的潜力。R·塞乔等人对未来世界森林经营格局的看法与欧洲一些林学家大相径庭，他们认为，全球森林是朝着各种功能不同的专用森林——森林多效益主导利用方向发展，而不是走向森林三大效益一体化。如澳大利、新西兰、智利、南非等国家，在森林多效益主导利用的经营体制下，一端是提供环境的自然保护森林；一端是集约经营的工业人工林，但该理论又被"新林业"理论所代替。

三、"新林业"理论与生态系统管理

1985 年以后，美国 J·F·福兰克林提出了一种"新林业"理论。该理论主要是以森林生态学和景观生态学的原理为基础，并吸收森林永续经营理论中的合理部分，以实现森林的经济价值、生态价值和社会价值相互统一为经营目标，建成既能永续生产木材和其他林产品，也能持续发挥保护生物多样性及改善生态环境等多种效益的林业。该理论与林业分工论大相径庭，却与我国林业专家、学者所提出的生态林业颇为相似。该理论提出后曾震撼美国林业界、新闻界和政界，认为它避免了传统林业生产和纯粹自然保护者之间的矛盾，找到了一条发展林业的合理道路。

因为新林业的含义不够明确，1992 年美国林务局提出了生态系统管理这一术语。1993 年 4 月 2 日，美国总统克林顿在俄勒冈州的波特兰市亲自主持了一个题为"森林会议（Forest Conference）"的大会，讨论美国当前林业所面临的问题，并组织了以托马斯为首，包括有科学家和行政人员以及各行各业人员组成的生态系统管理评价组（简称FEMAT），起草美国太平洋西北部地区森林资源经营方案，并为政府立法提供科学的依据。同年7月，该工作组发表了一本题为《生态系统管理：生态、经济和社会评定》的报告，阐述了生态系统管理这一基本指导思想的主要内涵。从近期国际上发表的大量文章来看，生态系统管理这一提法，在世界林学界和生态学界已经得到普遍的认同。生态系统管理是生态系统"可持续发展"的基础和途径。

美国生态学会生态系统管理特别委员会在1995年的一份评价报告中，比较全面、系统地阐述了生态系统管理的概念，生态系统管理必须体现和重视以下几个方面。

①生态系统管理把长期的可持续性作为管理活动的先决条件。

②在生态系统可持续性的前提下，具体的目标应具有可监测性。

③在生态学原理的指导下，不断建成适合的生态系统功能模型。并把对形态学、生理学及个体、种群、群落等不同层次生态行为的认识上升到生态系统水平，指导管理实践。

④生态系统复杂性和相关性是生态系统功能实现的基础。

⑤生态系统管理并不是要保持生态系统某一种特定的状态和组成永远不变，动态发展是生态系统的本质特征。

⑥生态系统过程在广泛的空间和时间尺度上进行着，并且任何特定的生态系统管理行为都会受到周围生态系统的影响，因此管理上不存在固定的空间尺度和时间框架。

⑦人类不仅是引起生态系统可持续性问题的原因，也是在寻求可持续管理目标过程中生态系统整体的组成部分。

⑧通过生态学研究和生态系统监测，人类不断深化对生态系统的认识，并据此及时调整管理策略，以保证生态系统功能的实现。

四、近自然林业——恒续林经营法

恒续林（Dauerwald；continuous cover forest，CCF）一词的出现已有100多年历史，然而它的快速发展是在20世纪50年代。其发展相对滞后的根本原因是19世纪法正林思想一直在欧洲林业中占主导地位。

1882年德国林学家盖耶尔（Gayer）提出了恒续林思想，认为森林的稳定性与连续性是森林的自然本质，强调择伐、禁止皆伐作业方式。1922年密勒接受了盖耶尔的思想，进一步发展形成了他自己的关于恒续林的理论，提出了恒续林经营。1924年克儒驰（Krutzsch）提出合乎自然的用材林理论。1950年克儒驰和韦克在密勒的恒续林基础上提出了合乎自然的森林经营理论。合乎自然的森林经营，其特点就是在经济与生态之间，经济与环境保护之间求得某种和谐与协调的关系。虽然恒续林经营的思想在如今已发生了很大的变化，但目前人们仍用恒续林这个概念以区别传统的法正林。

德国林学家马克尧克（Markyorke）在他所写的《一个替代皆伐的恒续林育林系统——转变同龄人工林为异龄林的实践指南》中认为，恒续林育林系统本身不只是一个育林制度，它包含着若干个育林制度，但不包括皆伐。J.E.Garfitt（1995）提出，恒续林实质是对土壤及生态系统的干扰应保持最小。德国哥廷根大学Klausvon Gadow（1998）教授在《可持续森林管理》中更为明确地指出，恒续林主要特点是单株采伐利用，其育林技术被称之为"森林园艺"。

综合以上学者的观点，恒续林具有以下特点。

①非皆伐作业，最好方式为单株采伐利用，林地持续地在林冠覆盖下，土壤不裸露。

②复层混交异龄林，保持不确定的年龄状态，蓄积量水平是波动的，间伐与主伐不是截然可分的，评价林分的其他因子是定期生长量。

③任何措施对森林系统的干扰应达到最小。

④确保森林的生产功能，即允许收获一定数量的木材。

⑤强调充分利用天然更新，但并不完全排除人工更新。

可见，恒续林经营模式既能发挥森林的生产功能，又能保证森林的社会和环境功能。它的特点是异龄、混交、复层、高产、稳定。森林的生长是一个持续的过程，整个森林无龄级之分，也没有成熟龄、轮伐期的概念。森林生态系统中林木的不同发育阶段，不为林分条块分割，而是在时间上和空间上都处于同一经营单元内，不同年龄或不同种的树木相互依存、相互制约、形成马赛克式的镶嵌体，保持了森林内部的持续稳定性。

恒续林的经营技术特点如下。

①在同一块林地上各种育林措施如抚育、更新和采伐等可同时进行；

②放弃皆伐；

③避免破坏林地的整地方式；

④采用单株方式的利用。

实际上，恒续林育林系统首要的是强调培育森林，而传统的法正林系统则更注重森林的木材利用。

五、森林可持续经营理论

20世纪80年代，全球生态环境的恶化引起广泛关注，联合国为此专门成立了环境和发展委员会，研究可持续发展问题。"可持续发展"的权威定义是1987年联合国环境与发展委员会在布伦特兰的报告《我们共同的未来》中提出的：可持续发展是"既满足当代人的需求，又不对后代人满足其需求的能力构成危害的发展"。我国学者给可持续发展下的定义是："不断提高人群生活质量和环境承载力的，满足当代人需求又不损害子孙后代满足其需求能力的，满足一个地区或一个国家的人群需求，又不损害别的国家或地区或别的国家的人群满足其需求能力的发展。"

森林可持续经营的实现是通过相应的国际进程或国家进程来完成的。森林可持续经营进程的要素主要如下。

①法律和政策框架（遵循法规、所有权和使用权、林业机构的义务和政策）；

②森林产品的可持续和最优化生产（经营规划、林产品的持续生产、经营效果的监测、保护森林免受非法活动的损害、发挥森林的最佳效益）；

③保护环境（环境影响评估、生物多样性保护、生态可持续性、化学品的使用、废弃物处理）；

④公众利益（咨询和参与过程、社会影响评估、权力和文化的认同、与雇员的关系、对发展的贡献）；

⑤其他专门针对人工林经营的部分要素（造林规划、树种选择、立地管理、病虫害防治、天然林的保护与恢复）等。参照各要素可持续森林的相应标准，通过森林认证过程，对上述要素的实地考察与评估，以控制森林产品的市场准入，实现可持续的宗旨，最终达到森林的可持续经营。

六、我国林业发展理论的历史和现状

在我国古代文明的历史中，森林经营中潜育着"天人合一"的观念，呈现着一种朴素的唯物主义思想，但是由于我国特定的历史发展进程，在近代未形成林业发展理论。新中国成立以前一直处于"有林无业"的状态。新中国成立以后，我国林业从无到有，发展很快。但受国际政治条件的影响，犯了不少错误，造成林业指导思想的混乱。

新中国成立初，我国的林业建设一直受到由苏联林业专家谢尔盖耶夫等人影响，照搬森林永续利用理论，并成为我国发展林业的指导原则，其经典作业方式——大面积皆伐和以人工造林更新为主被纳入相关作业规程，期望"越采越多、越采越好、青山常在、永续利用"。由于采伐与更新方式，不符合自然规律和经济规律，更不符合我国林情，重采轻育，致使全国130多个国有林业局的可采资源数量越采越少，质量越采越差，效益越采越低。不到40年的时间，这种掠夺式的采伐使天然林的经营滑落低谷，人居环境遭到严重破坏，自然灾害频繁发生。虽然此期间作了一些有益的尝试，但由于种种原因未能得到林业主管部门的认可。人工丰产林经营貌似喜人，但南方"杉"、北方"落、杨"的大面积纯林格局已经形成。这时的人们，尤其各级管理部门才逐渐开始醒悟，尽管进一步强化了森林经营方案的调整和资源培育力度，但为时已晚。

改革开放以来，人们开阔了视野，思想大为解放，开始探索我国林业发展之路，研究林业经营理论，特别是1992年联合国环境与发展大会的召开和2003年《中共中央国务院关于加快林业发展的决定》的出台，使全国上下对林业的重视程度越来越高，林业的可持续发展从政府的角度再次被推到经济社会发展的前沿。此期间，林业建设理论探讨异常活跃，林业建设实践经验层出不穷，出现许多适合我国不同区域、不同领域的林业建设理论和许多较为成功的范例，如吉林省东部的采育林建设、吉林省中部的农田防护林改造、吉林省西部的荒漠化治理等。人们越来越清醒地认识到，林业不仅要满足社会对木材等林产品的多样化需求，更要满足改善生态状况、保障国土生态安全的需要，生态需求已成为社会对林业的第一需求。我国林业正处在一个重要的变革和转折时期，正经历着由以木材生产为主向以生态建设为主的历史性转变。

多年来，我国学术界对林业理论的研究成果层出不穷，其主要贡献有林业分工论、生态林业理论、可持续林业理论等。

（一）林业分工论

与分类经营同义，林业分工论是由我国原林业部雍文涛部长为首的一批专家提出，并形成一套系统的林业经营理论体系。与森林多效益主导利用理论类似，该理论主张在国土中划出少量土地发展工业人工林，逐步承担起全国所需大部分商品材任务，称为"商品林业"；另划出一部分为"公益林业"，包括城市林业、风景林、自然保护区、水土保持林等专门解决生态环境问题；再划出一部分"多功能林业"，是商品林业和公益林业的综合型，肩负生态与用材双重任务。沈国舫先生认为这是我国林业经营思想方面的一大成就，对林业的实践有巨大的作用，我国当前的林业发展格局是在该思想指导下形成的。侯元光先生对林业分工论的意义做进一步解说，并对其经济学基础进行了较详尽论述，指出"林业分工论"的主导思想是针对目前及未来的经济——社会对林业的总需求与结构需求，主张通过专业化分工的途径，分类森林资源，并使其中的一部分与工业加工有机结合，形成林业现代化产业，从而最终在国土上形成一个动态稳定的，并具有与经济需求和环境需求相适应的森林生态大系统。

无论是森林多效益理论，还是林业分工论都只是对森林存在对于人类生存价值的进一步深化，尽管认为森林的效益是多元化的，但对于如何实现综合效益最大化缺乏深入研究，特别是在运用林业分工论指导林业实践过程中难以解决生态、经济、社会效益间的冲突问题，操作性不强。

（二）生态林业理论

国外没有"生态林业"一词，是近年来我国林业界提出的新理论、新概念，其经营思想与美国的森林生态系统经营思想相接近。我国在 20 世纪 80 年代末 90 年代初曾有过较多讨论，形成一种"思潮"。它强调正确处理木材生产与生态利用的关系，把维护森林的生态功能放在首位。要求以生态经济学理论为指导，依据森林生态系统规律来经营森林，使森林既能满足当地人民的经济需求、脱穷致富、促进当地经济和社会的发展，又能保持和改善当地的环境和景观。这一理论对我国林业建设起到了较大的促进作用，它所提出的一些原则和方法已被广泛采用，并已推广至采伐地的更新、农区生态建设等，出现了众多经营模式。但我国地域辽阔，生态条件变化较大，对森林生态规律的定位研究时间较短、资料分散，尚未构成理论体系，对生态林业的范畴、内涵众说不一，缺乏权威性的定义与界定，因此这一理论的普遍应用尚存在缺陷。

属于这一范畴的尚有混农林业（农林复合经营）、立体林业等。

（三）可持续林业理论

可持续林业理论是对森林可持续经营理论的丰富与发展。森林的可持续经营是可持续林业的前提基础。可持续林业的内容包括：可持续的生产功能—木材及林产品；可持续的生态功能—森林生态系统与生态工程建设；可持续的社会功能—生态游览、森林保健、森林文化、城市森林、净化环境。可持续林业的内涵是经济利益与环境利益兼顾、当代利益与后代利益兼顾、物质利益与精神利益兼顾、局部利益与整体利益兼顾、本国利益与国际利益兼顾。可持续林业的特征是发展有持久性、动态性、协调性、综合性和可行性。这里综合性是指这种发展包括林业生态问题、林业经济问题和林业社会问题。动态性是说可持续的林业发展是一个过程，不同的时期有不同的社会经济需求和不同的发展内容。

从森林可持续经营理论到可持续林业理论，标志着林业建设理论进入高级阶段，描绘了一个理想的模式和过程，但对如何维系"自然－生态－社会"可持续动态平衡的问题还需要做更深入具体的研究。

第二节　现代林业概念与发展内涵

一、我国林业资源现状与功能

（一）我国林业的资源状况

1. 森林资源

全国第八次森林资源清查数据显示，我国现有林业用地 3.13 亿 hm^3，森林面积 2.08 亿 hm^2，活立木蓄积量 164.3 亿 m^3，森林蓄积 151.37 亿 m^3，森林覆盖率为 21.63%。天然林面积 1.22 亿 hm^2，蓄积 12.96 亿 m^3；人工林面积 0.69 亿 hm^2，蓄积 24.83 亿 m^3。森林面积和森林蓄积分别位居世界第 5 位和第 6 位，人工林面积仍居世界首位。

2. 湿地资源

我国是湿地大国，全国第二次湿地资源调查结果显示，我国现有湿地面积 536026 万 hm^2，湿地面积占国土面积的比率（即湿地率）为 5.58%。本次调查将湿地分为 5 类，其中近海与海岸湿地 5795.9 万 hm^2、河流湿地 1055.21 万 hm^2、湖泊湿地 859.38 万 hm^2、沼泽湿地 21732.9 万 hm^2、人工湿地 674.59 万 hm^2。从分布情况看，青海、西藏、内蒙古、黑龙江 4 省区湿地面积均超过 500 万 hm²，约占全国湿地总面积的 50%。目前，我国湿地保护还面临着湿地面积减少、功能有所减退、受威胁压力持续增大、保护空缺较多等问题。

3. 野生动植物资源

我国作为一个幅员辽阔、自然条件复杂多样的国家，拥有丰富的野生动植物资源。据统计，全国约有高等植物 3.28 万种，占世界高等植物种类的 10% 以上，被子植物约 2.5 万种，占世界被子植物 20 万种的 12.5%，在世界各国中居第三位。脊椎动物达 4400 多种，约占世界总数的 10% 以上。植物中约有 200 种属于中国所特有。动物中的大熊猫、金丝猴、华南虎、台湾猴、扬子鳄、中华鲟等都为中国所特有。然而由于人口的迅速增加，对自然环境的开发强度的加大，改变和破坏了物种的生存环境，使得许多物种处于濒危状态，甚至灭绝。

4. 可利用荒漠化资源

我国第五次荒漠化和沙化监测结果表明，2014 年全国荒漠化土地总面积为 261.16 万 km²，占国土总面积的 27.20%。我国荒漠化土地分布于北京、天津、河北、山西、内蒙古、辽宁、吉林、山东、河南、海南、四川、云南、西藏、陕西、甘肃、青海、宁夏、新疆 18 个省（自治区、直辖市）的 528 个县（旗、市、区）。其中新疆、内蒙古、西藏、甘肃、青海 5 个省（自治区）的荒漠化占全国荒漠化总面积的 95.64%，其他 13 个省（自治区、直辖市）的荒漠化面积仅占全国荒漠化总面积的 4.36%。荒漠化地区具有丰富多样的旅游资源、野生动植物资源等，其土地资源丰富，光、热条件好，是未来有待进一步开发利用的重要区域。

（二）我国林业的资源分布

1. 森林资源

林业资源的核心是森林资源，根据《中国森林资源状况》，在行政区划的基础上依据自然条件、历史条件和发展水平，把全国划分为：东北地区、华北地区、西北地区、西南地区、华南地区、华东地区和华中地区，进行森林资源的格局特征分析。

（1）东北地区

东北林区是中国重要的重工业和农林牧生产基地，包括辽宁、吉林和黑龙江省，跨越寒温带、中温带、暖温带，属大陆性季风气候。除长白山部分地段外，地势平缓，分布落叶松、红松林及云杉、冷杉和针阔混交林，是中国森林资源最集中分布区之一，森林覆盖率 41.60%。全区林业用地面积 3763.48 万 hm²，占土地面积的 47.68%，活立木总蓄积量300227.97万 m³，占全国活立木总蓄积量的18.27%，其中森林蓄积281790.67万 m³，占该区活立木总蓄积量的93.86%。

（2）华北地区

华北地区包括北京、天津、河北、山西和内蒙古。该区自然条件差异较大，跨越温带、暖温带，以及湿润、半温润、干旱和半干旱区，属大陆性季风气候。分布有松柏林、松栎林、云杉林、落叶阔叶林，以及内蒙古东部落叶松林等多种森林类型，除内蒙古东部的大兴安岭为森林资源集中分布的林区外，其他地区均为少林区。全区森林覆盖率21.43%，全区林业用地面积5999.49万 hm²，占土地面积的39.21%，活立木总蓄积量174819.55万 m³，占全国活立木总蓄积量的10.64%，其中森林蓄积156843.91万 m³，占该区活立木总蓄积量的89.72%。

（3）西北地区

西北地区包括陕西、甘肃、宁夏、青海和新疆。该区自然条件差，生态环境脆弱，境内大部分为大陆性气候，寒暑变化剧烈，除陕西和甘肃东南部降水丰富外，其他地区降水量稀少，为全国最干旱的地区，森林资源稀少，森林覆盖率仅为8.16%。森林主要分布在秦岭、大巴山、小陇山、洮河和白龙江流域、黄河上游、贺兰山、祁连山、天山、阿尔泰山等处，以暖温带落叶阔叶林、北亚热带常绿落叶阔叶混交林以及山地针叶林为主。全区林业用地面积4358.97万 hm²，占土地面积的14.07%，活立木总蓄积量110907.49万 m³，占全国活立木总蓄积量的6.75%，其中森林蓄积99692.12万 m³，占该区活立木总蓄积量的89.89%。

（4）华中地区

华中地区包括安徽、江西、河南、湖北和湖南。该区南北温差大，夏季炎热，冬季比较寒冷，降水量丰富，常年降水量比较稳定，水热条件优越。森林主要分布在神农架、沅江流域、资江流域、湘江流域、赣江流域等处，主要为常绿阔叶林，并混生落叶阔叶林，马尾松、杉木、竹类分布面积也非常广，森林覆盖率39.87%。全区林业用地面积412045万 hm²，占土地面积的47.38%，活立木总蓄积量16025939万 m³，占全国活立木总蓄积量的9.75%，其中森林蓄积137762.27万 m³，占该区活立木总蓄积量的85.96%。

（5）华南地区

华南地区包括广东、广西、海南和福建。该区气候炎热多雨，无真正的冬季，跨越南亚热带和热带气候区，分布有南亚热带常绿阔叶林、热带雨林和季雨林，森林覆盖率为 56.69%。全区林业用地面积 1891.28 万 hm²，占土地面积的 33.12%，活立木总蓄积量 170040.3 万 m³，占全国活立木总蓄积量的 10.35%，其中森林蓄积 1563194.9 万 m³，占该区活立木总蓄积量的 91.93%。

（6）华东地区

华东地区包括上海、江苏、浙江和山东。该区临近海岸地带，其大部分地区因受台风影响获得降水，降水量丰富，而且四季分配比较均匀，森林类型多样，树种丰富，低山丘陵以常绿阔叶林为主，森林覆盖率为 23.37%。全区林业用地面积 847.17 万 hm²，占土地面积的 23.37%，活立木总蓄积量 45427.34 万 m³，占全国活立木总蓄积量的 2.76%，其中森林蓄积 37255.89 万 m³，占该区活立木总蓄积量的 82.01%。

（7）西南地区

西南地区包括重庆、四川、云南、贵州和西藏。该区垂直高差大，气温差异显著，形成明显的垂直气候带与相应的森林植被带，森林类型多样，树种丰富，森林覆盖率仅为 16.78%。森林主要分布在岷江上游流域、青衣江流域、大渡河流域、雅砻江流域、金沙江流域、澜沧江和怒江流域、滇南山区、大围山、渠江流域、峨眉山等处全区林业用地面积 10278.16 万 hm²，占土地面积的 43.67%，活立木总蓄积量 681598.58 万 m³，占全国活立木总蓄积量的 41.48%，其中森林蓄积 644065.37 万 m³，占该区活立木总蓄积量的 94.49%。

2. 湿地资源

从 1995 年至 2003 年国家林业局组织开展了中华人民共和国成立以来首次大规模的全国湿地资源调查。根据国家林业局 2003 年《全国湿地资源调查简报》，中国湿地分布较为广泛，几乎各地都有，受自然条件的影响，湿地类型的地理分布有明显的区域差异。

（1）沼泽分布

我国沼泽以东北三江平原、大兴安岭、小兴安岭、长白山地、四川若尔盖和青藏高原为多，各地河漫滩、湖滨、海滨一带也有沼泽发育，山区多木本沼泽，平原则草本沼泽居多。

（2）湖泊湿地分布

我国的湖泊湿地主要分布于长江及淮河中下游、黄河及海河下游和大运河沿岸的东部平原地区湖泊、蒙新高原地区湖泊、云贵高原地区湖泊、青藏高原地区湖泊、东北平原地区与山区湖泊。

（3）河流湿地分布

因受地形、气候影响，河流在地域上的分布很不均匀，绝大多数河流分布在东部气候湿润多雨的季风区；西北内陆气候干旱少雨，河流较少，并有大面积的无流区。

（4）近海与海岸湿地

我国近海与海岸湿地主要分布于沿海省份，以杭州湾为界，杭州湾以北除山东半岛、辽东半岛的部分地区为岩石性海滩外，多为沙质和淤泥质海滩，由环渤海滨海和江苏滨海湿地组成；杭州湾以南以岩石性海滩为主，主要有钱塘江－杭州湾湿地、晋江口－泉州湾湿地、珠江口－河口湾和北部湾湿地等。

（5）库塘湿地

属于人工湿地，主要分布于我国水利资源比较丰富的东北地区、长江中上游地区、黄河中上游地区以及广东等。

（三）我国林业的主要功能

根据联合国《千年生态系统评估报告》，生态系统服务功能包括生态系统对人类可以产生直接影响的调节功能、供给功能和文化功能，以及对维持生态系统的其他功能具有重要作用的支持功能（如土壤形成、养分循环和初级生产等）。生态系统服务功能的变化通过影响人类的安全、维持高质量生活的基本物质需求、健康，以及社会文化关系等而对人类福利产生深远的影响。林业资源作为自然资源的组成部分，同样具有调节、供给和文化三大服务功能。调节服务功能包括固碳释氧、调节小气候、保持水土、防风固沙、涵养水源和净化空气等方面；供给服务功能包括提供木材与非木质林产品；文化服务功能包括美学与文学艺术、游憩与保健疗养、科普与教育、宗教与民俗等方面。

1. 固碳释氧

森林作为陆地生态系统的主体，在稳定和减缓全球气候变化方面起着至关重要的作用。森林植被通过光合作用可以吸收固定 CO_2，成为陆地生态系统中 CO_2 最大的贮存库和吸收汇。而毁林开荒、土地退化、筑路和城市扩张导致毁林，也导致温室气体向大气排放。以森林保护、造林和减少毁林为主要措施的森林减排已经成为应对气候变化的重要途径。据 IPCC 估计，全球陆地生态系统碳贮量约 2480 Gt，其中植被碳贮量约占 20%，土壤碳约占 80%。占全球土地面积 27.6% 的森林，其森林植被的碳贮量约占全球植被的 77%，森林土壤的碳贮量约占全球土壤的 39%。单位面积森林生态系统碳贮量是农地的 1.9 ~ 5 倍，土壤和植被碳库的比率在北方森林为 5，但在热带林仅为 1。可见，森林生态系统是陆地生态系统中最大的碳库，其增加或减少都将对大气 CO_2 产生重要影响。

人类使用化石燃料、进行工业生产以及毁林开荒等活动导致大量的 CO_2 向大气排放，使大气 CO_2 浓度显著增加。陆地生态系统和海洋吸收其中的一部分排放，但全球排放量与吸收量之间仍存在不平衡。这就是被科学界常常提到的 CO_2 失汇现象。最近几十年来城市化程度不断加快，人口数量不断增长，工业生产逐渐密集，呼吸和燃烧消耗了大量 O_2、排放了大量 CO_2。迄今为止，任何发达的生产技术都不能代替植物的光合作用。

2. 调节小气候

（1）调节温度作用

林带改变气流结构和降低风速作用的结果必然会改变林带附近的热量收支，从而引起温度的变化。但是，这种过程十分复杂，影响防护农田内气温因素不仅包括林带结构、下垫面性状，而且还涉及风速、湍流交换强弱、昼夜时相、季节、天气类型、地域气候背景等。

在实际蒸散和潜在蒸散接近的湿润地区，防护区内影响温度的主要因素为风速，在风速降低区内，气温会有所增加；在实际蒸散小于潜在蒸散的半湿润地区，由于叶面气孔的调节作用开始产生影响，一部分能量没有被用于土壤蒸发和植物蒸腾而使气温降低，因此这一地区的防护林对农田气温的影响具有正负两种可能性。在半湿润易干旱或比较干旱地区，由于植物蒸腾作用而引起的降温作用比因风速降低而引起的增温作用程度相对显著，因此这一地区防护林具有降低农田气温的作用。我国华北平原属于干旱半干旱季风气候区，该地区的农田防护林对温度影响的总体趋势是夏秋季节和白天具有降温作用，在春冬季节和夜间气温具有升温及气温变幅减小作用。据河南省林业科学研究院测定：豫北平原地区农田林网内夏季日平均气温比空旷地低 0.5 ~ 2.6 ℃，在冬季比空旷地高 0.5 ~ 0.7 ℃；在严重干旱的地区，防护林对农田实际蒸散的影响较小，这时风速的降低成为影响气温决定因素，防护林可导致农田气温升高。

（2）调节林内湿度作用

在防护林带作用范围内，风速和乱流交换的减弱，使得植物蒸腾和土壤蒸发的水分在近地层大气中逗留的时间要相对延长，因此，近地面的空气湿度常常高于旷野。宋兆明等研究证实：黄淮海平原黑龙港流域农田林网内活动面上相对湿度大于旷野其变化值在1%～7%；王学雷研究表明：江汉平原湖区农田林网内相对湿度比空旷地提高了3%～5%。据在甘肃河西走廊的研究，林木初叶期，林网内空气相对湿度可提高3%～14%，全叶期提高9%～24%，在生长季节中，一般可使网内空气湿度提高7%左右。李增嘉对山东平原县3 m×15 m的桃麦、梨麦、苹麦间作系统的小气候效应观测研究表明：小麦乳熟期间，麦桃、麦梨间做系统空气相对湿度比单作麦田分别提高9.5%、3%和13.1%。据研究株行距4 m×25 m的桐粮间作系统、3 m×20 m的杨粮系统在小麦灌浆期间，对比单作麦田，相对湿度分别提高7%～10%和6%～11%，可有效地减轻干热风对小麦的危害；宫伟光等对东北松嫩平原5 m×30 m樟子松间作式草牧场防护林小气候效应研究表明：幼龄期春季防护林网内空气湿度比旷野高6.89%。

（3）调节风速

防护林最显著的小气候效应是防风效应或风速减弱效应。人类营造防护林最原始的目的就是借助于防护林减弱风力，减少风害。故防护林素有"防风林"之称。防护林减弱风力的主要原因如下。

①林带对风起一种阻挡作用，改变风的流动方向，使林带背风面的风力减弱；

②林带对风的阻力，从而夺取风的动量，使其在地面逸散，风因失去动量而减弱；

③减弱后的风在下风方向不要经过很久即可逐渐恢复风速，这是因为通过湍流作用，有动量从风力较强部分被扩散的缘故。

从力学角度而言，防护林防风原理在于气流通过林带时，削弱了气流动能而减弱了风速。动能削弱的原因来自3个方面：其一，气流穿过林带内部时，由于与树干及枝叶的摩擦，使部分动能转化为热能部分，与此同时由于气流受林木类似筛网或栅栏的作用，将气流中的大旋涡分割成若干小旋涡而消耗了动能，这些小旋涡又互相碰撞和摩擦，进一步削弱了气流的大量能量；其二，气流翻越林带时，在林带的抬升和摩擦下，与上空气流汇合，损失部分动能；其三，穿过林带的气流和翻越林带的气流，在背风面一定距离内汇合时，又造成动能损失，致使防护林背风区风速减弱最为明显。

（四）保持水土

1. 森林对降水再分配作用

降水经过森林冠层后发生再分配过程，再分配过程包括3个不同的部分，即穿透降水、茎流水和截留降水。穿透降水是指从植被冠层上滴落下来的或从林冠空隙处直接降落下来的那部分降水；茎流水是指沿着树干流至土壤的那部分水分；截留降水系指雨水以水珠或薄膜形式被保持在植物体表面、树皮裂隙中以及叶片与树枝的角隅等处，截留降水很少达到地面，而通过物理蒸发返回到大气中。

森林冠层对降水的截留受到众多因素的影响，主要有降水量、降水强度和降水的持续时间以及当地的气候状况，并与森林组成、结构、郁闭度等因素密切相关。根据观测研究，我国主要森林生态系统类型的林冠年截留量平均值为134.0 ~ 626.7 mm，变动系数14.27% ~ 40.53%，热带山地雨林的截留量最大，为626.7 mm，寒温带、温带山地常绿针叶林的截留量最小，只有134.0 mm，两者相差468倍。我国主要森林生态系统林冠的截留率的平均值为11.40% ~ 34.34%，变动系数6.86% ~ 55.05%。亚热带、热带西南部高山常绿针叶林的截留损失率最大，为34.34%；亚热带山地常绿落叶阔叶混交林截留损失率最小，为11.4%。

研究表明，林分郁闭度对林冠截留的影响远大于树种间的影响。森林的覆盖度越高，层次结构越复杂，降水截留的层面越多，截留量也越大。例如，川西高山云杉、冷杉林，郁闭度为0.7时，林冠截留率为24%，郁闭度降为0.3时，截留率降至12%；华山松林分郁闭度从0.9降为0.7，林冠截留率降低6.08%。

2. 森林对地表径流的作用

（1）森林对地表径流的分流阻滞作用

当降雨量超过森林调蓄能力时，通常产生地表径流，但是降水量小于森林调蓄水量时也可能会产生地表径流。分布在不同气候地带的森林都具有减少地表径流的作用。在热带地区，对热带季雨林与农地（刀耕火种地）的观测表明，林地的地表径流系数在1%以下，最大值不到10%；而农地则多为10% ~ 50%，最大值超过50%，径流次数也比林地多约20%，径流强度随降雨量和降雨时间增加而增大的速度和深度也比林地突出。

（2）森林延缓地表径流历时的作用

森林不但能够有效地削减地表径流量，而且还能延缓地表径流历时。一般情况下，降水持续时间越长，产流过程越长；降水初始与终止时的强度越大，产流前土壤越湿润，产流开始的时间就越快，而结束径流的时间就越迟。这是地表径流与降水过程的一般规律。从森林生态系统的结构和功能分析，森林群落的层次结构越复杂，枯枝落叶层越厚，土壤孔隙越发育，产流开始的时间就越迟，结束径流的时间相对较晚，森林削减和延缓地表径流的效果越明显。例如在相同的降水条件下，不同森林类型的产流与终止时间分别比降水开始时间推迟 7 ~ 50 min，而结束径流的时间又比降水终止时间推后 40 ~ 500 min。结构复杂的森林削减和延缓径流的作用远比结构简单的草坡地强。在多次出现降水的情况下，森林植被出现的洪峰均比草坡地的低；而在降水结束，径流逐渐减少时，森林的径流量普遍比草坡地大，明显的显示出森林削减洪峰、延缓地表径流的作用。但是发育不良的森林，例如只有乔木层，无灌木、草本层和枯枝落叶层，森林调节径流量和延缓径流过程的作用会大大削弱，甚至也可能产生比草坡地更高的径流流量。

（3）森林对土壤水蚀的控制作用

森林地上和地下部分的防止土壤侵蚀功能，主要有几个方面：①林冠可以拦截相当数量的降水量，减弱暴雨强度和延长其降落时间；②可以保护土壤免受破坏性雨滴的机械破坏作用；③可以提高土壤的入渗力，抑制地表径流的形成；④可以调节融雪水，使吹雪的程度降到最低；⑤可以减弱土壤冻结深度，延缓融雪，增加地下水贮量；⑥根系和树干可以对土壤起到机械固持作用；⑦林分的生物小循环对土壤的理化性质、抗水蚀、风蚀能力起到改良作用。

（五）防风固沙

1. 固沙作用

森林以其茂密的枝叶和聚积枯落物庇护表层沙粒，避免风的直接作用；同时植被作为沙地上一种具有可塑性结构的障碍物，使地面粗糙度增大，大大降低近地层风速；植被可加速土壤形成过程，提高黏结力，根系也起到固结沙粒作用；植被还能促进地表形成"结皮"，从而提高临界风速值，增强了抗风蚀能力，起到固沙作用，其中植被降低风速作用最为明显也最为重要。植被降低近地层风速作用大小与覆盖度有关，覆盖度越大，风速降低值越大。内蒙古农业大学林学院通过对各种灌木测定，当植被覆盖度大于30%时，一般都可降低风速40%以上。

2. 阻沙作用

由于风沙流是一种贴近地表的运动现象，因此，不同植被固沙和阻沙能力的大小，主要取决于近地层枝叶分布状况。近地层枝叶浓密，控制范围较大的植物，其固沙和阻沙能力也较强。在乔、灌、草3类植物中，灌木多在近地表处丛状分枝，固沙和阻沙能力较强。乔木只有单一主干，固沙和阻沙能力较小，有些乔木甚至树冠已郁闭，表层沙仍然继续流动。多年生草本植物基部丛生亦具固沙和阻沙能力，但比之灌木植株低矮，固沙范围和积沙数量均较低，加之入冬后地上部分干枯，所积沙堆因重新裸露而遭吹蚀，因此不稳定。这也是在治沙工作中选择植物种时首选灌木的原因之一。而不同灌木，其近地层枝叶分布情况和数量亦不同，固沙和阻沙能力也有差异，因而选择时应进一步分析。

3. 对风沙土的改良作用

植被固定流沙以后，大大加速了风沙土的成土过程。植被对风沙土的改良作用，主要表现在以下几个方面。

①机械组成发生变化，粉粒、黏粒含量增加；

②物理性质发生变化，比重、容重减少，孔隙度增加；

③水分性质发生变化，田间持水量增加，透水性减慢；

④有机质含量增加；

⑤氮、磷、钾三要素含量增加；

⑥碳酸钙含量增加，pH 提高；

⑦土壤微生物数量增加。据中国科学院兰州沙漠研究所陈祝春等人测定，沙坡头植物固沙区（25 年），表面1cm 厚土层微生物总数243.8 万个 /g 干土，流沙仅为74 万个 /g 干土，约比流沙增加 30 多倍；

⑧沙层含水率减少，据陈世雄在沙坡头观测，幼年植株耗水量少，对沙层水分影响不大，随着林龄的增加，对沙层水分产生显著影响。在降水较多年份，如 1979年 4 ~ 6 月所消耗的水分，能在雨季得到一定补偿，沙层内水分含量可恢复到 2% 左右；而降水较少年份，如 1974 年，降雨仅 154 mm，补给量少，0 ~ 150 cm 深的沙层内含水率下降至 1.0% 以下，严重影响着植物的生长发育。

（六）涵养水源

1. 净化水质作用

森林对污水净化能力也极强。据测定，从空旷的山坡上流下的水中，污染物的含量为 169 g/m^2，而从林中流下来的水中污染物的含量只有 64 g/m^2。污水通过

30 ～ 40 m 的林带后，水中所含的细菌数量比不经过林带的减少 50%。一些耐水性强的树种对水中有害物质有很强的吸收作用，如柳树对水溶液中的氰化物去除率达 94% ～ 97.8%。湿地生态系统则可以通过沉淀、吸附、离子交换、络合反应、硝化反硝化、营养元素的生物转化和微生物分解过程处理污水。

2. 削减洪峰

森林通过乔、灌、草及枯落物层的截持含蓄、大量蒸腾、土壤渗透、延缓融雪等过程，使地表径流减少，甚至为零，从而起到削减洪水的作用。这一作用的大小，又受到森林类型、林分结构、林地土壤结构和降水特性等的影响。通常复层异龄的针阔混交林要比单层同龄纯林的作用大，对短时间降水过程的作用明显，随降水时间的延长，森林的削洪作用也逐渐减弱，甚至到零。因此森林的削洪作用有定限度，但不论作用程度如何，各地域的测定分析结果证实，森林的削洪作用是肯定的。

（七）净化空气

1. 滞尘作用

大气中的尘埃是造成城市能见度低和对人体健康产生严重危害的主要污染物之一。据统计，全国城市中有一半以上大气中的总悬浮颗粒物（TSP）年平均质量浓度超过 310 μg/m³，百万人口以上的大城市的 TSP 浓度更大，一半以上超过 410 μg/m³，超标的大城市占 93%。人们在积极采取措施减少污染源的同时，更加重视增加城市植被覆盖，发挥森林在滞尘方面的重要作用。据测定：每公顷云杉林每年可固定尘土 32 t，每公顷欧洲山毛榉每年可固定尘土 68 t。据天津市园林局统计，天津市区 2002 年有以树木为主的绿地 3500 hm²，它们一年可以吸附或阻挡沙尘 4.2 万多吨。

2. 杀菌作用

植物的绿叶，能分泌出如酒精、有机酸和萜类等挥发性物质，可杀死细菌、真菌和原生动物。如香樟、松树等能够减少空气中的细菌数量，1 hm² 松、柏每日能分泌 60 kg 杀菌素，可杀死白喉、肺结核、痢疾等病菌。另外，树木的枝叶可以附着大量的尘埃，因而减少了空气中作为有害菌载体的尘埃数量，也就减少了空气中的有害菌数量，净化了空气。绿地不仅能杀灭空气中的细菌，还能杀灭土壤里的细菌。有些树林能杀灭流过林地污水中的细菌，如 1 m³ 污水通过 30 ～ 40 m 宽的林带后，其含菌量比经过没有树林的地面减少一半；又如通过 30 年生的杨树、桦树混交林，细菌数量能减少 90%。

杀菌能力强的树种有夹竹桃、稠李、高山榕、樟树、桉树、紫荆、木麻黄、银杏、桂花、玉兰、千金榆、银桦、厚皮香、柠檬、合欢、圆柏、核桃、核桃楸、假槟榔、木菠萝、雪松、刺槐、垂柳、落叶松、柳杉、云杉、柑橘、侧柏等。

3. 增加空气中负离子及保健物质含量

森林能增加空气负离子含量。森林的树冠、枝叶的尖端放电以及光合作用过程的光电效应均会促使空气电解，产生大量的空气负离子。空气负离子能吸附、聚集和沉降空气中的污染物和悬浮颗粒，使空气得到净化。空气中正、负离子可与未带电荷的污染物相互作用接合，对工业上难以除去的飘尘有明显的沉降效果。空气负离子同时有抑菌、杀菌和抑制病毒的作用。空气负离子对人体具有保健作用，主要表现在调节神经系统和大脑皮层功能，加强新陈代谢，促进血液循环，改善心、肺、脑等器官的功能等。植物的花叶、根芽等组织的油腺细胞不断地分泌出一种浓香的挥发性有机物这种气体能杀死细菌和真菌，有利于净化空气、提高人们的健康水平，被称为植物精气。森林植物精气的主要成分是芳香性碳水化合物——萜烯，主要包含有香精油、酒精、有机酸、醚、酮等。这些物质有利于人们的身体健康，除杀菌外，对人体有抗炎症、抗风湿、抗肿瘤、促进胆汁分泌等功效。

二、现代林业的概念与内涵

现代林业是一个具有时代特征的概念，随着经济社会的不断发展，现代林业的内涵也在不断地发生着变化。正确理解和认识新时期现代林业的基本内涵，对于指导现代林业建设的实践具有重要的意义。

（一）现代林业的概念

早在改革开放初期，我国就有人提出了建设现代林业。当时人们简单地将现代林业理解为林业机械化，后来又走入了只讲生态建设，不讲林业产业的朴素生态林业的误区。张新中在《现代林业论》（1995）一书中对现代林业的定义是：现代林业即在现代科学认识基础上，用现代技术装备武装和现代工艺方法生产以及用现代科学方法管理的，并可持续发展的林业。徐国祯提出，区别于传统林业，现代林业是在现代科学的思维方式指导下，以现代科学理论、技术与管理为指导，通过新的森林经营方式与新的林业经济增长方式，达到充分发挥森林的生态、经济、社会与文明功能，担负起优化环境，促进经济发展，提高社会文明，实现可持续发展的目标和任务。江泽慧在《中国现代林业》（2000）中提出：现代林业是充分利用现代科学技术和手段，全社会广泛参与保护和培育森林资源，高效发挥森林的多种功能和多重价值，以满足人类日益增长的生态、经济和社会需求的林业。

关于现代林业起步于何时，学术界有着不同的看法。有的学者认为，大多数发达国家的现代林业始于第二次世界大战之后，我国则始于 1949 年中华人民共和国成立。也有的学者认为，就整个世界而言，进入后工业化时期，即进入现代林业阶段，因为此时的森林经营目标已经从纯经济物质转向了环境服务兼顾物质利益。而在中华人民共和国成立后，我国以采伐森林提供木材为重点，同时大规模营造人工林，长期处于传统林业阶段，从 20 世纪 70 年代末开始，随着经济体制改革，才逐步向现代林业转轨。还有的学者通过对森林经营思想的演变以及经营利用水平、科技水平的高低等方面进行比较，认为 1992 年的联合国环境与发展大会标志着林业发展从此进入了林业生态、社会和经济效益全面协调、可持续发展的现代林业发展阶段。

以上专家学者提出的现代林业的概念，都反映了当时林业发展的方向和时代的特征。今天，林业发展的经济和社会环境、公众对林业的需求等都发生了很大的变化，如何界定现代林业这一概念，仍然是建设现代林业中首先应该明确的问题。

从字面上看，现代林业是一个偏正结构的词组，包括"现代"和"林业"两个部分，前者是对后者的修饰和限定。汉语词典对"现代"一词有以下几种释义：一是指当今的时代，可以对应于从前的或过去的；二是新潮的、时髦的意思，可以对应于传统的或落后的；三是历史学中特定的时代划分，即鸦片战争前为古代、鸦片战争以后到中华人民共和国成立前为近代、中华人民共和国成立以来即为现代。我们认为，现代林业并不是一个历史学概念，而是一个相对的和动态的概念，无须也无法界定其起点和终点。对于现代林业中的"现代"应该从前两个含义进行理解，也就是说现代林业应该是能够体现当今时代特征的、先进的、发达的林业。随着时代的发展，林业本身的范围、目标和任务也在发生着变化。从林业资源所涵盖的范围来看，我国的林业资源不仅包括林地、林木等传统的森林资源，同时还包括湿地资源、荒漠资源，以及以森林、湿地、荒漠生态系统为依托而生存的野生动植物资源。从发展目标和任务看，已经从传统的以木材生产为核心的单目标经营，转向重视林业资源的多种功能、追求多种效益，我国林业不仅要承担木材及非木质林产品供给的任务，同时还要在维护国土生态安全、改善人居环境、发展林区经济、促进农民增收、弘扬生态文化、建设生态文明中发挥重要的作用。

综合以上两个方面的分析，我们认为，衡量一个国家或地区的林业是否达到了现代林业的要求，最重要的就是考察其发展理念、生产力水平、功能和效益是否达到了所处时代的领先水平。建设现代林业就是要遵循当今时代最先进的发展理念，以先进的科学技术、精良的物质装备和高素质的务林人员为支撑，运用完善的经营机制和高效的管理手段，建设完善的林业生态体系、发达的林业产业体系和繁荣的生态文化体系，充分发挥林业资源的多种功能和多重价值，最大限度地满足社会的多样化需求。按照论理学的理论，概念是对事物最一般、最本质属性的高度概括，是人类抽象的、普遍的思维产物。先进的发展理念、技术和装备、管理体制等都是建设现代林业过程中的必要手段，而最终体现出来的是林业发展的状态和方向。因此，现代林业就是可持续发展的林业，它是指充分发挥林业资源的多种功能和多重价值，不断满足社会多样化需求的林业发展状态和方向。

（二）现代林业的内涵

内涵是对某一概念中所包含的各种本质属性的具体界定。虽然"现代林业"这一概念的表述方式可以是相对不变的，但是随着时代的变化，其现代的含义和林业的含义都是不断丰富和发展的。对于现代林业的基本内涵，在不同时期，国内许多专家给予了不同的界定。有的学者认为，现代林业是由一个目标（发展经济、优化环境、富裕人民、贡献国家）、两个要点（森林和林业的新概念）、三个产业（林业第三产业、第二产业、第一产业）彼此联系在一起综合集成形成的一个高效益的林业持续发展系统。还有的学者认为，现代林业强调以生态环境建设为重点，以产业化发展为动力，全社会广泛参与和支持为前提，积极广泛地参与国际交流合作，从而实现林业资源、环境和产业协调发展，经济、环境和社会效益高度统一的林业。现代林业与传统林业相比，其优势在于综合效益高，利用范围很大，发展潜力很突出。

江泽慧（2000 年）将现代林业的内涵概述为：以可持续发展理论为指导，以生态环境建设为重点，以产业化发展为动力，以全社会共同参与和支持为前提，广泛地参与国际交流与合作，实现林业资源、环境和产业协调发展，环境效益、经济效益和社会效益高度统一。贾治邦（2006 年）指出：现代林业，就是科学发展的林业，以人为本、全面协调可持续发展的林业，体现现代社会主要特征，具有较高生产力发展水平，能够最大限度拓展林业多种功能，满足社会多样化需求的林业。同时，从发展理念、经营目标、科学技术、物质装备、管理手段、市场机制、法律制度、对外开放、人员素质 9 个方面论述了建设现代林业的基本要求，这一论述较为全面地概括了现代林业的基本内涵。

综上所述，中国现代林业的基本内涵可表述为：以建设生态文明社会为目标，以可持续发展理论为指导，用多目标经营做大林业，用现代科学技术提升林业，用现代物质条件装备林业，用现代信息手段管理林业，用现代市场机制发展林业，用现代法律制度保障林业，用扩大对外开放拓展林业，用高素质新型务林人员推进林业，努力提高林业科学化、机械化和信息化水平，提高林地产出率、资源利用率和劳动生产率，提高林业发展的质量、素质和效益，建设完善的林业生态体系、发达的林业产业体系和繁荣的生态文化体系。

1. 现代发展理念

理念就是理性的观念，是人们对事物发展方向的根本思路。现代林业的发展理念，就是通过科学论证和理性思考而确立的未来林业发展的最高境界和根本观念，主要解决林业发展走什么道路、达到什么样的最终目标等根本方向的问题。因此，现代林业的发展理念，必须是最科学的，既符合当今世界林业发展潮流，又符合中国的国情和林情。中国现代林业的发展理念应该是以可持续发展理论为指导，坚持以生态建设为主的林业发展战略，全面落实科学发展观，最终实现人与自然和谐的生态文明社会。这一发展理念的四个方面是一脉相承的，也是一个不可分割的整体。建设人与自然和谐的生态文明社会，是实现全面建设小康社会目标的新要求之一，是落实科学发展观的必然要求，也是"三生态"战略思想的重要组成部分，充分体现了可持续发展的基本理念，成为现代林业建设的最高目标。

可持续发展理论是在人类社会经济发展面临着严重的人口、资源与环境问题的背景下产生和发展起来的，联合国环境规划署把可持续发展定义为满足当前需要而又不削弱子孙后代满足其需要之能力的发展。可持续发展的核心是发展，重要标志是资源的永续利用和良好的生态环境。可持续发展要求既要考虑当前发展的需要，又要考虑未来发展的需要，不以牺牲后代人的利益为代价。在建设现代林业的过程中，要充分考虑发展的可持续性，既充分满足当代人对林业三大产品的需求，又不对后代人的发展产生不良影响。大力发展循环经济，建设资源节约型、生态良好和环境友好型社会，必须合理利用资源、大力保护自然生态和自然资源，恢复、治理、重建和发展自然生态和自然资源，是实现可持续发展的必然要求。可持续林业从健康、完整的生态系统、生物多样性、良好的环境及主要林产品持续生产等诸多方面，反映了现代林业的多重价值观。

2. 多目标经营

森林具有多种功能和多种价值，从单一的经济目标向生态、经济、社会多种效益并重的多目标经营转变，是当今世界林业发展的共同趋势。由于各国的国情、林情不同，其林业经营目标也各不相同。德国、瑞士、法国、奥地利等林业发达国家在总结几百年来林业发展经验和教训的基础上提出了近自然林业模式；美国提出了从人工林计划体系向生态系统经营的高层过渡；在日本则通过建设人工培育天然林、复层林、混交林等措施来确保其多目标的实现。20 世纪 80 年代中期，我国对林业发展道路进行了深入系统的研究和探索，提出了符合我国国情林情的林业分工理论，按照林业的主导功能特点或要求划类，并按各类的特点和规律运行的林业经营体制和经营模式，通过森林功能性分类，充分发挥林业资源的多种功能和多种效益，不断增加林业生态产品、物质产品和文化产品的有效供给，持续不断地满足社会和广大民众对林业的多样化需求。中国现代林业的最终目标是建设生态文明社会，具体目标是实现生态、经济、社会三大效益的最大化。

三、我国现代林业建设的主要任务与困难

（一）我国现代林业建设的主要任务

发展现代林业，建设生态文明是中国林业发展的方向、旗帜和主题。现代林业建设的主要任务是按照生态良好、产业发达、文化繁荣、发展和谐的要求，着力构建完善的林业生态体系、发达的林业产业体系和繁荣的生态文化体系，充分发挥森林的多种功能和综合效益，不断满足人类对林业的多种需求。重点实施好天然林资源保护、退耕还林、湿地保护与恢复、城市林业等多项生态工程，建立以森林生态系统为主体的、完备的国土生态安全保障体系，是现代林业建设的基本任务。随着我国经济社会的快速发展，林业产业的外延在不断拓展，内涵在不断丰富。建立以林业资源节约利用、高效利用、综合利用、循环利用为内容的、发达的产业体系是现代林业建设的重要任务。林业产业体系建设重点应包括加快发展以森林资源培育为基础的林业第一产业，全面提升以木竹加工为主的林业第二产业，大力发展以生态服务为主的林业第三产业。建立以生态文明为主要价值取向的、繁荣的林业生态文化体系是现代林业建设的新任务。生态文化体系建设的重点是努力构建生态文化物质载体，促进生态文化产业发展，加大生态文化的传播普及，加强生态文化基础教育，提高生态文化体系建设的保障能力，开展生态文化体系建设的理论研究。

1. 努力构建人与自然和谐的生态体系

林业生态体系包括三个系统、一个多样性，即森林生态系统、湿地生态系统、荒漠生态系统和生物多样性。努力构建人与自然和谐的完善的林业生态体系，必须加强生态建设，充分发挥林业的生态效益，着力建设森林生态系统，大力保护湿地生态系统，不断改善荒漠生态系统，努力维护生物多样性，突出发展，强化保护，提升质量，努力建设布局科学、结构合理、功能完备、效益显著的林业生态体系。到 2020 年，全国森林覆盖率将达到 23% 以上，建成生态环境良好国家。

2. 不断完善充满活力的发达的林业产业体系

林业产业体系包括第一产业、第二产业、第三产业三次产业和一个新兴产业。不断完善充满活力的发达的林业产业体系，必须加快产业发展，充分发挥林业的经济效益，全面提升传统产业，积极发展新兴产业，以兴林富民为宗旨，完善宏观调控，加强市场监管，优化公共服务，坚持低投入、高效益，低消耗、高产出，努力建设品种丰富、优质高效、运行有序、充满活力的林业产业体系。各类商品林基地建设取得新进展，优质、高产、高效、新兴林业产业迅猛发展，林业经济结构得到优化。

3. 逐步建立丰富多彩的繁荣的生态文化体系

生态文化体系包括植物生态文化、动物生态文化、人文生态文化和环境生态文化等。逐步建立丰富多彩的繁荣的生态文化体系，必须培育生态文化，充分发挥林业的社会效益，大力繁荣生态文化，普及生态知识，倡导生态道德，增强生态意识，弘扬生态文明，以人与自然和谐相处为核心价值观，以森林文化、湿地文化、野生动物文化为主体，努力构建主题突出、内涵丰富、形式多样、喜闻乐见的生态文化体系。加快城乡绿化，改善人居环境，发展森林旅游，增进人民健康，提供就业机会，增加农民收入，促进新农村建设。

4. 大力推进优质高效的服务型林业保障体系

林业保障体系包括科学化、信息化、机械化三大支柱和改革、投资两个关键，涉及绿色办公、绿色生产、绿色采购、绿色统计、绿色审计、绿色财政和绿色金融等。林业保障体系要求林业行政管理部门切实转变职能、理顺关系、优化结构、提高效能，做到权责一致、分工合理、决策科学、执行顺畅、监督有力、成本节约，为现代林业建设提供体制保障。大力推进优质高效的服务型林业保障体系，必须按照科学发展观的要求，大力推进林业科学化、信息化、机械化进程；坚持和完善林权制度改革，加快构建现代林业体制机制，进一步扩大重点国有林区、国有林场的改革；

加大政策调整力度，逐步理顺林业机制；加快林业部门的职能转变，建立和推行生态文明建设绩效考评与问责制度；同时，要建立支持现代林业发展的公共财政制度，完善林业投融资政策，健全林业社会化服务体系，按照服务型政府的要求建设林业保障体系。

（二）我国现代林业建设的困难

目前，虽然我国林业发展呈现出较好的趋势，可是在林业建设过程中还是存在较大的问题。我国由于缺少林业建设的高端人才，在林业的建设规划过程中较为差强人意，这种问题主要体现在林业建设质量的不合格，且在造林植树方面没有合理的规划设计，结构配置较为单一，不能满足生态、经济以及社会效益的相统一。而且在造林结束后期，由于管理的不当，林木的成活率较低，无法对生态效益做出较为显著的提高。

由于我国地形与气候的复杂多变，在我国的沿海城市，经常会因其台风、暴雨等自然灾害造成严重的水土资源流失，使森林系统遭受到破坏，因此也将会导致林业发展建设的巨大损失并影响到林业产业的发展。因在林业建设中的建设项目较少且项目建设之间关联较少，面积分布过于分散，不符合实际的情况，导致在林业建设过程中没有取得良好的生态效应。虽然我国森林资源占有量较多，但由于我国人口较多，因此人均占有率较少，而且由于我国很多地区林业经济发展水平较差，缺少一定的技术和资源，因此，目前我国的实际国情也是林业建设过程中亟待解决的一大难题。

四、现代林业建设的总体布局

21世纪上半叶中国林业发展总体战略构想是：（1）确立以生态建设为主的林业可持续发展道路；（2）建立以森林植被为主体的国土生态安全体系；（3）建设山川秀美的生态文明社会。林业发展总体战略构想的核心是"生态建设、生态安全、生态文明"。这三者之间相互关联、相辅相成。生态建设是生态安全的前提，生态安全是生态文明的基础和保障，生态文明是生态建设和生态安全所追求的最终目标。"生态建设、生态安全、生态文明"既代表了先进生产力发展的必然要求和广大人民群众的根本利益，又顺应了世界发展的大趋势，展示了中华民族对自身发展的审慎选择、对生态建设的高度责任感和对全球森林问题的整体关怀，体现了可持续发展的理念。

现代林业建设总体布局要以天然林资源保护、退耕还林、三北及长江流域等重点防护林体系建设、京津风沙源治理、野生动植物保护及自然保护区建设、重点地区速生丰产用材林基地建设等林业六大重点工程为框架，构建"点、线、面"结合的全国森林生态网络体系，即以全国城镇绿化区、森林公园和周边自然保护区及典型生态区为"点"；以大江大河、主要山脉、海岸线、主干铁路公路为"线"；以东北内蒙古国有林区，西北、华北北部和东北西部干旱半干旱地区，华北及中原平原地区，南方集体林地区，东南沿海热带林地区，西南高山峡谷地区，青藏高原高寒地区8大区为"面"。实现森林资源在空间布局上的均衡、合理配置。东北内蒙古国有林区以天然林保护和培育为重点，华北中原地区以平原防护林建设和用材林基地建设为重点，西北、华北北部和东北西部地区以风沙治理和水土保持林建设为重点，长江上中游地区以生态和生物多样性保护为重点，南方集体林区以用材林和经济林生产为重点，东南沿海地区以热带林保护和沿海防护林建设为重点，青藏高原地区以野生动植物保护为重点。

（一）总体布局

1. 构建点、线、面相结合的森林生态网络

良好的生态环境，应该建立在总量保证、布局均衡、结构合理、运行通畅的植被系统基础上。森林生态网络是这一系统的主体。当前我国生态环境不良的根本原因是植被系统不健全，而要改变这种状况的根本措施就是建立一个合理的森林生态网络。建立合理的森林生态网络应该充分考虑下述因素。

一是森林资源总量要达到一定面积，即要有相应的森林覆盖率。按照科学测算，森林覆盖率至少要达到26%以上。二要做到合理布局。从生态建设需要和我国国情、林情出发，今后恢复和建设植被的重点区域应该是生态问题突出、有林业用地但又植被稀少的地区，如西部的无林少林地区、大江大河源头及流域、各种道路两侧及城市、平原等。三是提高森林植被的质量，做到林种、树种、林龄及森林与其他植被的结构搭配合理。四是有效保护好现有的天然森林植被，充分发挥森林天然群落特有的生态效能。从这些要求出发，以林为主，因地制宜，实行乔灌草立体开发，是从微观的角度解决环境发展的时间与空间、技术与经济、质量与效益结合的问题；而"点、线、面"协调配套，则是从宏观发展战略的角度，以整个国土生态环境为全局，提出森林生态网络工程总体结构与布局的问题。

"点"是指以人口相对密集的中心城市为主体，辐射周围若干城镇所形成的具有一定规模的森林生态网络点状分布区。它包括城市森林公园、城市园林、城市绿地、城郊接合部以及远郊大环境绿化区（森林风景区、自然保护区等）。城市是一个特殊的生态系统，它是以人为主体并与周围的其他生物和非生物建立相互联系，受自然生命保障系统所供养的"社会－经济－自然复合生态系统"。随着经济的持续高速增长，我国城市化发展趋势加快，已经成为世界上城市最多的国家之一，现有城市 680 多座，城市人口已约占总人口的 50%，尤其是经济比较发达的珠江三角洲、长江三角洲、胶东半岛以及京、津、唐地区已经形成城市走廊（或称城市群）的雏形，虽然城市化极大地推动了我国社会进步和经济繁荣，但在没有强有力的控制条件下，城市化不可避免地导致城市地区生态的退化，各种环境困扰和城市病愈演愈烈。因此，以绿色植物为主体的城市生态环境建设已成为我国森林生态网络系统工程建设不可缺少的一个重要组成部分，引起了全社会和有关部门的高度重视。根据国际上对城市森林的研究和我国有关专家的认识，现代城市的总体规划必须以相应规模的绿地比例为基础（国际上通常以城市居民人均绿地面积不少于 $10~m^2$ 作为最低的环境需求标准），同时，按照城市的自然、地理、经济和社会状况已用城市规划、城市性质等确定城市绿化指标体系，并制定城市"三废"（废气、废水、废渣）排放以及噪音、粉尘等综合治理措施和专项防护标准。城市森林建设是国家生态环境建设的重要组成部分，必须把城市森林建设作为国家生态环境建设的重要组成部分。城市森林建设是城市有生命的基础设施建设，人们向往居住在空气清新、环境优美的城市环境里的愿望越来越迫切，这种需求已成为我国城市林业发展和城市森林建设的原动力。近年来，在国家有关部门提出的建设森林城市、生态城市及园林城市、文明卫生城市的评定标准中，均把绿化达标列为重要依据，表明我国城市建设正逐步进入法制化、标准化、规范化轨道。

"线"是指以我国主要公路、铁路交通干线两侧、主要大江与大河两岸、海岸线以及平原农田生态防护林带（林网）为主体，按不同地区的等级、层次标准以及防护目的和效益指标，在特定条件下，通过不同组合建成乔灌草立体防护林带。这些林带应达到一定规模，并发挥防风、防沙、防浪、护路、护岸、护堤、护田和抑螺防病等作用。

"面"是指以我国林业区划的东北区、西北区、华北区、南方区、西南区、热带区、青藏高原区等为主体，以大江、大河、流域或山脉为核心，根据不同自然状况所形成的森林生态网络系统的块状分布区。它包括西北森林草原生态区、各种类型的野生动植物自然保护区以及正在建设中的全国重点防护林体系工程建设区等，形成以涵养水源、水土保持、生物多样化、基因保护、防风固沙以及用材等为经营目的、集中连片的生态公益林网络体系。

我国森林生态网络体系工程点、线、面相结合，从总体布局上是一个相互依存、相互补充，共同发挥社会公益效益，维护国土生态安全的有机整体。

2. 实行分区指导

根据不同地区对林业发展的要求和影响生产力发展的主导因素，按照"东扩西治、南用、北休"的总体布局和区域发展战略，实行分区指导。

东扩：发展城乡林业，扩展林业产业链，主要指我国中东部地区和沿海地区。

主攻方向：通过完善政策机制，拓展林业发展空间，延伸林业产业链，积极发展城乡林业，推动城乡绿化美化一体化，建设高效农田防护林体系，大力改善农业生产条件，兼顾木材加工业原料需求以及城乡绿化美化的种苗需求，把这一区域作为我国木材供应的战略支撑点之一，促进林业向农区、城区和下游产业延伸，扩展林业发展的领域和空间。

西治：加速生态修复，实行综合治理，主要指我国西部的"三北"地区、西南峡谷和青藏高原地区，是林业生态建设的主战场，也是今后提高我国森林覆盖率的重点地区。

主攻方向：在优先保护好现有森林植被的同时，通过加大西部生态治理工程的投入力度，加快对风沙源区、黄土高原区、大江大河源区和高寒地区的生态治理，尽快增加林草植被，有效地治理风沙危害，努力减轻水土流失，切实改善西部地区的生态状况，保障我国的生态安全。

南用：发展产业基地，提高森林质量和水平，主要指我国南方的集体林区和沿海热带地区，是今后一个时期我国林业产业发展的重点区域。

主攻方向：在积极保护生态的前提下，充分发挥地域和政策机制的优势，通过强化科技支撑，提高发展质量，加速推进用材林、工业原料林和经济林等商品林基地建设，大力发展林纸林板一体化、木材加工、林产化工等林业产业，满足经济建设和社会发展对林产品的多样化需求。

北休：强化天然林保育，继续休养生息，主要指我国东北林区。

主攻方向：通过深化改革和加快调整，进一步休养生息，加强森林经营，在保护生态前提下，建设我国用材林资源战略储备基地，把东北国有林区建设成为资源稳步增长、自然生态良好、经济持续发展、生活明显改善、社会全面进步的社会主义新林区。

3. 重点突出环京津生态圈

长江、黄河两大流域，东北、西北和南方大片环京津生态圈是首都乃至中国的"形象工程"。在这一生态圈建设中，防沙治沙和涵养水源是两大根本任务。它对降低这一区域的风沙危害、改善水源供给，同时对优化首都生态环境、提升首都国际形象、举办绿色奥运等具有特殊的经济意义和政治意义。这一区域包括北京、天津、河北、内蒙古、山西5个省（直辖市、自治区）的相关地区。生态治理的主要目标是为首都阻沙源、为京津保水源并为当地经济发展和人民生活开拓财源。

生态圈建设的总体思路是加强现有植被保护，大力封沙育林育草、植树造林种草，加快退耕还林还草，恢复沙区植被，建设乔灌草相结合的防风固沙体系；综合治理退化草原，实行禁牧舍饲，恢复草原生态和产业功能；搞好水土流失综合治理，合理开发利用水资源，改善北京及周边地区的生态环境；缓解风沙危害，促进北京及周边地区经济和社会的可持续发展。主要任务是造林营林，包括退耕还林、人工造林、封沙育林、飞播造林、种苗基地建设等；治理草地，包括人工种草、飞播牧草、围栏封育、草种基地建设及相关的基础设施建设；建设水利设施，包括建立水源工程、节水灌溉、小流域综合治理等。基于这一区域多处在风沙区、经济欠发达和靠近京津、有一定融资优势的特点，生态建设应尽可能选择生态与经济结合型的治理模式，视条件发展林果业，培植沙产业，同时，注重发展非公有制林业。

长江和黄河两大流域。主要包括长江及淮河流域的青海、西藏、甘肃、四川、云南、贵州、重庆、陕西、湖北、湖南、江西、安徽、河南、江苏、浙江、山东、上海17个省（自治区、直辖市），建设思路是以长江为主线，以流域水系为单元以恢复和扩大森林植被为手段，以遏制水土流失、治理石漠化为重点，以改善流域生态环境为目标，建立起多林种、多树种相结合，生态结构稳定和功能完备的防护林体系。主要任务是开展退耕还林、人工造林、封山（沙）育林、飞播造林及低效林改造等。同时，要注重发挥区域优势，发展适销对路和品种优良的经济林业培植竹产业，大力发展森林旅游业等林业第三产业。

在黄河流域，重点生态治理区域是上中游地区，主要包括青海、甘肃、宁夏、内蒙古、陕西、山西、河南的大部分或部分地区。生态环境问题最严重的是黄土高原地区，总面积约为 64 万 km²，是世界上面积最大的黄土覆盖地区，气候干旱，植被稀疏，水土流失十分严重，流失面积占黄土高原总面积的 70%，是黄河泥沙的主要来源地。建设思路是以小流域治理为单元，对坡耕地和风沙危害严重的沙化耕地实行退耕还林，实行乔灌草结合，恢复和增加植被；对黄河危害较大的地区要大力营造沙棘等水土保持林，减少粗沙流失危害；积极发展林果业、畜牧业和农副产品加工业，帮助农民脱贫致富。

东北片、西北片和南方片。东北片和南方片是我国的传统林区，既是木材和林产品供给的主要基地，也是生态环境建设的重点地区；西北片是我国风沙危害、水土流失的主要区域，是我国生态环境治理的重点和"瓶颈"地区。

东北片肩负商品林生产和生态环境保护的双重重任，总体发展战略是通过合理划分林业用地结构，加强现有林和天然次生林保护，建设完善的防护体系，防止内蒙古东部沙地东移；通过加强三江平原、松辽平原农田林网建设，完善农田防护林体系，综合治理水土流失，减少坡面和耕地冲刷；加强森林抚育管理，提高森林质量，同时，合理区划和建设速生丰产林，实现由采伐天然林为主向采伐人工林为主的转变，提高木材及林产品供给能力；加强与俄罗斯东部区域的森林合作开发，强化林业产业，尤其是木材加工业的能力建设；合理利用区位优势和丘陵浅山区的森林景观，发展森林旅游业及林区其他第三产业。

西北片面积广大，地理条件复杂，有风沙区、草原区，还有丘陵、戈壁、高原冻融区等。这里主要的生态问题是水土流失、风沙危害及与此相关的旱涝、沙暴灾害等，治理重点是植树种草，改善生态环境。主要任务是切实保护好现有的天然林生态系统，特别是长江、黄河源头及流域的天然林资源和自然保护区；实施退耕还林，扩大林草植被；大力开展沙区，特别是沙漠边缘区造林种草，控制荒漠化扩大趋势；有计划地建设农田和草原防护林网；有计划地发展薪炭林，逐步解决农村能源问题；因地制宜地发展经济林果业、沙产业、森林旅游业及林业多种经营业。

南方片自然条件相对优越，立地条件好，适宜森林生长。全区经济发展水平高，劳动力充足，交通等社会经济条件好；集体林多，森林资源总量多，分布较为均匀。林业产业特别是人工林培育业发达，森林单位面积的林业产值高，适生树种多，林地利用率高。总体上，这一地区具有很强的原料和市场指向，适宜大力发展森林资源培育业和培育、加工相结合的大型林业企业。主要任务是有效提高森林资源质量，调整森林资源结构和林业产业结构，提高森林综合效益；建设高效、优质的定向原料林基地，将未来林业产业发展的基础建立在主要依靠人工工业原料林上，同时，大力发展竹产业和经济林产业；进行深加工和精加工，大力发展木材制浆造纸业，扶持发展以森林旅游业为重点的林业第三产业及建立在高新技术开发基础上的林业生物工程产业。

（二）区域布局

1. 东北林区

以实施东北内蒙古重点国有林区天然林保护工程为契机，促进林区由采伐森林为主向管护森林为主转变，通过休养生息恢复森林植被。这一地区主要具有原料的指向性（且可以来自俄罗斯东部森林），兼有部分市场指向（且可以出售国外），应重点发展人工用材林，大力发展非国境线上的山区林业和平原林业；应提高林产工业科技水平，减少初级产品产量，提高精深加工产品产量，从而用较少的资源消耗获得较大的经济产出。

2. 西北、华北北部和东北西部干旱半干旱地区

实行以保护为前提、全面治理为主的发展策略。在战略措施上应以实施防沙治沙工程和退耕还林工程为核心，并对现有森林植被实行严格保护。一是在沙源和干旱区全面遏制沙化土地扩展的趋势，特别是对直接影响京津生态安全的两大沙尘暴多发地区，进行重点治理。在沙漠仍在推进的边缘地带，以种植耐旱灌木为主，建立起能遏制沙漠推进的生态屏障；对已经沙化的地区进行大规模的治理，扩大人类的生存空间；对沙漠中人们集居形成的绿洲，在巩固的基础上不断扩大绿洲范围。二是对水土流失严重的黄土高原和黄河中上游地区、林草交错带上的风沙地等实行大规模退耕还林还草，按照"退耕还林、封山绿化、以粮代赈、个体承包"的思路将退化耕地和风沙地的还林还草和防沙治沙、水土治理紧密结合起来，大力恢复林草植被，以灌草养地。为了考虑农民的长远生计和地区木材等林产品供应，在林灌草的防护作用下，适当种植用材林和特有经济树种，发展经济果品及其深加工产品。三是对仅存的少量天然林资源实行停伐保护，国有林场职工逐步分流。

3. 华北及中原平原地区

在策略上适宜发展混农林业或种植林业。一方面建立完善的农田防护林网，保护基本耕地；另一方面，由于农田防护林生长迅速，应引导农民科学合理地利用沟渠路旁、农田网带、滩涂植树造林，通过集约经营培育平原速生丰产林，从而不断地产出用材，满足木材加工企业的部分需求，实现生态效益和经济效益的双增长。

同时，在靠近城市的地区，发展高投入、高产出的种苗花卉业，满足城市发展和人们生活水平逐渐提高的需要。

4. 南方集体林地区

南方集体林地区的主要任务是有效提高森林资源质量，建设优质高效用材林基地，集约化生产经济林，大力发展水果产业，加大林业产业的经济回收力度，调整森林资源结构和林业产业结构，提高森林综合效益。

在策略上首先应搞好分类经营，明确生态公益林和商品林的建设区域。结合退耕还林工程加快对尚未造林的荒山荒地绿化、陡坡耕地还林和灌木林的改造，利用先进的营造林技术对难利用土地进行改造，尽量扩大林业规模，强化森林经营管理，缩短森林资源的培育周期，提高集体林质量和单位面积的木材产量。另外，通过发展集团型林企合成体，对森林资源初级产品深加工，提高精深加工产品的产出。

5. 东南沿海热带林地区

东南沿海热带林地区的主要任务是在保护好热带雨林和沿海红树林资源的前提下，发展具有热带特色的商品林业。在策略上主要实施天然林资源保护工程、沿海防护林工程和速生丰产用材林基地建设工程。在适宜的山区和丘陵地带大力发展集约化速生丰产用材林、热带地区珍稀树种大径材培育林、热带水果经济林、短伐期工业原料林，尤其是热带珍稀木材和果品，发展木材精深加工和林化产品。

6. 西南高山峡谷地区

西南高山峡谷地区的主要任务是建设生态公益林，改善生态环境，确保大江大河生态安全。在发展策略上应以保护天然林、建设江河沿线防护林为重点，以实施天然林资源保护工程和退耕还林工程为契机，将天然林停伐保护同退耕还林、治理荒山荒地结合进行。在地势平缓、不会形成水土流失的适宜区域，可发展一些经济林和速生丰产用材林、工业原料林基地；在缺薪少柴地区，发展一些薪炭林，以缓解农村烧柴对植被破坏的压力。同时，大力调整林业产业结构，提高精深加工产品的产出，重点应发展人造板材。

7. 青藏高原高寒地区

青藏高原高寒地区的主要任务是保护高寒高原典型生态系统。应采取全面的严格保护措施，适当辅以治理措施，防止林、灌、草植被退化，增强高寒湿地涵养水源功能，确保大江大河中下游的生态安全。同时，要加强对野生动物的保护、管理和执法力度。

8. 城市化地区

加大城市森林建设力度，将城市林业发展要纳入城市总体发展规划，突出重点，强调游憩林建设和人居林生态林建设，从注重视觉效果为主向视觉与生态功能兼顾的转变；从注重绿化建设用地面积的增加向提高土地空间利用效率转变；从集中在建成区的内部绿化美化向建立城乡一体的城市森林生态系统转变。在重视林业生态布局的同时也要重视林业产业布局。

东部具有良好的经济社会条件，用政策机制调动积极性，将基干林带划定为国家重点公益林并积极探索其补偿新机制，出台适应平原林业、城市林业和沿海林业特点的木材采伐管理办法，延伸产业，形成一、二、三产业协调发展的新兴产业体系。持续发展，就是要全面提高林业的整体水平，实现少林地区的林业可持续发展。

西部的山西、内蒙古中西部、河南西北部、广西西北部、重庆、四川、贵州、云南、西藏、陕西、甘肃、宁夏、青海、新疆等地为我国生态最脆弱、治理难度最大、任务最艰巨的区域，加快西部地区的生态治理步伐，为西部大开发战略的顺利实施提供生态基础支撑。

南部的安徽南部、湖北、湖南、江西及浙江、福建、广东、广西、海南等林业产业发展最具活力的地区，充分利用南方优越的水热条件和经济社会优势，全面提高林业的质量和效益；加大科技投入，强化科技支撑，以技术升级提升林业的整体水平，充分发挥区域自然条件优势，提高林地产出率，实现生态、经济与社会效益的紧密结合和最大化。

北部深入推进辽宁、吉林、黑龙江和内蒙古大兴安岭等重点国有林区天然林休养生息政策，加快改革就是大力改革东北林区森林资源管理体制、经营机制和管理方式，将产业结构由单一的木材采伐利用转变到第一、二、三产业并重上来。加速构筑东北地区以森林植被为主体的生态体系、以丰富森林资源为依托的产业体系、以加快森林发展为对象的服务体系，最终实现重振东北林业雄风的目标。

另外，在进行区域布局时应加强生态文明建设，"文明不仅是人类特有的存在方式，而且是人类唯一的存在方式，也就是人类实践的存在方式。""生态文明"是在生态良好，社会经济发达，物质生产丰厚的基础上所实现的人类文明的高级形态，是与社会法律规范和道德规范相协调，与传统美德相承接的良好的社会人文环境、思想理念与行为方式，是经济社会可持续发展的重要标志，和先进文化的重要象征代表了最广大人民群众的根本利益。建立生态文明、经济繁荣的社会，就是要按照以人为本的发展观、不侵害后代人的生存发展权的道德观、人与自然和谐相处的价值观，指导林业建设，弘扬森林文化，改善生态环境，实现山川秀美，推进我国物质文明和精神文明建设，促使人们在思想观念、思维方式、科学教育、审美意识、人文关怀诸方面产生新的变化，逐步从生产方式、消费方式、生活方式等各方面构建生态文明的社会形态。

中国作为最大的发展中国家，正在致力于建设山川秀美、生态平衡、环境整洁的现代文明国家。在生态建设进程中，我们必须把增强国民生态文明意识列入国民素质教育的重要内容。通过多种形式，向国民特别是青少年展示丰富的森林文化，扩大生态文明宣传的深度和广度。增强国民生态忧患意识、参与意识和责任意识。

第三节　现代林业对我国生态文明建设的意义

一、提升我国生态文明建设质量加速林业生态发展

可持续发展是林业建设的最终目标，这是实施中国可持续发展战略的必然要求。在这一进程中，发展始终是第一位的。没有发展，中国林业先天不足的缺陷就无法弥补，中国林业的落后面貌就不可能改变。我国森林资源从总体上看有以下五大特点：一是森林类型多样，物种资源丰富；我国地域辽阔，地貌类型齐全，气候的地域地带分异极大，自然条件复杂多样，从而形成了我国森林类型多样、植物种类繁多的特色。二是绝对量大相对量小，资源分布极不均匀。根据联合国粮农组织汇编的《世界森林资源状况1997》，中国森林面积和蓄积分别位居全世界第五位和第七位。但因为中国人口多，占世界总人口约22%，从而使人均占有量小。而且资源分布极不均匀，总的趋势是东南多，西北少。三是森林资源结构不够合理。各林种比例现状与充分发挥森林资源的多种效益的要求不相适应；林龄结构不够协调，林分低龄化问题突出。四是林地利用率低，单位面积蓄积量小。我国的林业用地利用率仅为50%左右，而一些林业发达国家一般都在80%以上。五是人工林面积大，但质量有待提高。

在生态环境不断恶化和社会对林业的多样化需求日益增长的新形势下，我国林业发展的现实远远不能适应全面建设小康社会的要求。在全面建设小康社会的特殊

阶段，要求林业必须跨越式发展。因此，加速林业发展，在提高发展速度的同时全面提高建设的质量，是全面建设小康社会对林业的特殊要求。

二、多层次、多目标的林业生态建设任务是我国生态文明建设的基本要求

我国的生态文明建设从总体上来说还是低水平的、不全面的、发展很不平衡的，林业在这一时期的建设任务是多层次、多目标的。从社会发展的总体水平看，我国已经进入了小康社会，但只是刚刚进入小康社会的门槛；即使是低水平的小康，全国也还没达到；在地区间和城乡间，发展还很不平衡。这就使得社会对林业的总体需求虽然发生了根本性的改变，但在地区间、城乡间因经济社会发展水平的巨大差异，仍停留在与其发展阶段相适应的水平上。在建设目标上，经济较为发达的地区，基本摆脱了经济上对森林的依赖，即使是发展林业产业，也能够在多目标之间进行有效的协调；而在经济相对落后的地区，人们的生产生活依然没有摆脱对森林资源的依赖，并且在追求经济发展的过程中往往以牺牲环境为代价。缩小发展差距，整体推进小康，处理利益冲突任务艰巨，责任重大。

三、现代林业在我国生态文明建设中的地位与作用

（一）林业在生态建设中的首要地位和主体作用

森林是陆地生态系统的主体。以森林资源保护和经营为对象的林业，是生态环境建设的主体，是主要从事维护和改善生态环境，促进经济和社会可持续发展，以向社会提供多种服务、又以生态服务为主的具有双重属性的特殊行业；既是一项极其重要的公益事业，又是一项重要的基础产业，在经济社会可持续发展中有着不可替代的作用。而且，不同时期林业的地位和发挥的作用是不尽相同的。

1. 现代林业在生态文明建设中的首要地位

跨入新世纪，我国进入了全面建设小康社会，加快推进社会主义现代化的新的发展阶段。但是，恶劣的生态环境已经成为制约我国经济与社会可持续发展的根本性因素之一，社会对生态环境的关注达到了前所未有的程度，改善生态环境日渐成为社会对林业的主导需求。随着国家可持续发展战略和西部大开发战略的实施，以六大林业重点工程的全面启动为标志，我国林业进入了一个以可持续发展理论为指

导，全面推进跨越式发展的新阶段。加强生态建设成为林业工作的主要任务。天然林资源受到严格保护，大规模的退耕还林逐渐展开，森林生态效益补偿制度开始实施，全社会办林业形成气候。

林业正在经历着一场由木材生产为主向以生态建设为主转变的极其深刻的历史性变革。重视和加强生态环境建设已成为世界林业发展的潮流，在人类当前要解决的问题中，没有任何问题比林业更重要了，在可持续发展中，应该赋予林业以重要地位；在生态建设中，应该赋予林业以首要地位。这是中国实现可持续发展的重大使命，也是新时期林业建设的重大使命。在这个重要历史进程中，林业的地位和作用发生了根本性的变化，正处在一个十分关键的转折时期。

2. 现代林业在生态环境建设中的主体作用

森林资源是陆地生态系统的主体，是自然功能最完善、最强大的资源库、基因库和蓄水库，具有调节气候、涵养水源、保持水土、防风固沙、改良土壤、减少污染、美化环境、保持生物多样性等多种功能，对改善生态环境、维护生态平衡，起着决定性的作用。与森林资源的直接经济效益比起来，其生态效益的贡献要大得多。

跨入新世纪，我国进入了全面建设小康社会，加快推进社会主义现代化的新的发展阶段。但是，恶劣的林业生态环境已经成为制约我国生态文明建设在可持续发展的根本性因素之一，社会对生态环境的关注达到了前所未有的程度，改善生态环境日渐成为社会对林业的主导需求。

由于社会对林业主导需求的变化，确立了林业的生态优先地位。随着生态优先地位的确立，林业成为生态文明建设的主体，是维护国家生态安全的重要保障，从而使林业定位发生了实质性的变化。

现代林业是生态文明建设的主体，是国土安全的重要保障，是社会经济可持续发展的基础。林业的作用是不可代替的，林业是全球生态平衡的维持系统。频繁的自然灾害一直在不停地给人们敲响着警钟。尤其是 1998 年的特大洪灾，受灾范围遍及全国 29 省（区、市），由此造成的直接经济损失达 2000 多亿元。根据专家们的分析，水灾的根本原因是森林采伐和植被减少所造成的水土流失和泥沙淤积。随着对森林资源生态作用认识的加深，林业在生态环境建设中的主体作用已逐渐得到确认。"林业是经济和社会可持续发展的重要基础，是生态文明建设最根本、最长期的措施。在可持续发展中，应该赋予林业以重要地位；在生态文明建设中，应该赋予林业以首要地位。"

总之，在全面建设小康社会的新时期，改善生态环境已成为当前刻不容缓的一件大事，而林业在生态环境建设中的主体地位是任何其他行业都不能替代的。

（二）现代林业在生态建设的基础地位和作用

林业在全面建设小康社会时期，既是一项重要的公益事业，又是一项重要的基础产业。

"林业不仅要满足社会对木材等林产品的多样化需求，更要满足改善生态状况、保障国家生态安全的需要"。森林资源的丰富与否，在某种程度上决定了一个国家生态环境的优劣和经济发展的潜力。林业生态建设在社会发展中的基础地位和作用，主要表现在以下几个方面。

1. 现代林业是我国生态文明建设可持续发展的保证

林业生态建设是促进社会发展的重要保障，林业区别于其他行业的最大特点是同时兼有经济效益、生态效益和社会效益。可持续发展是人类永恒的主题，可持续发展的前提是人与自然的协调，人与自然的协调关键是人地的协调，森林在缓解人地矛盾中占有重要位置，森林是既能改善生态环境，又能提供人们物质生活的重要产品。目前林业重大工程的启动，生态支撑功能大大加强，资源利用中的利益和效益的分配正在走向合理，在满足当代人和后代人的需求方面（包括生存需求、健康需求和享受需求）有所起步，有所加强，效益将不断显示出来。因此，林业生态建设在可持续发展中的地位无疑会得到强化和提高。今后只要在生态良好的前提下，发展多样化、多元化的林产业，可以支持经济、社会可持续发展，使资源、环境、产业协调发展。

2. 现代林业建设是改变生态文明落后面貌的需要

与世界发达国家的林业相比我们还有很大的差距，要想根本改变林业的落后局面，这就要求我国林业必须采取超常规的发展模式，在一个不太长的时期内，跨越世界多数国家都走过的边破坏、边治理的漫长历程，真正实现以木材生产为主向以生态建设为主的历史性跨越，直接进入可持续发展的新阶段，满足我国经济社会发展对生态良好和日益增长的林产品的需求。林业生态建设是改变林业自身落后面貌的需要。

第二章 现代林业的基本特征

第一节 现代林业的森林生态经济生产力

现代林业是以森林生态经济生产力水平表示的，森林生态经济生产力是一个动态的开放系统，在这一系统运动过程中，森林产出目标的诱导，使森林投入结构趋于合理化，由此推动森林生态经济生产力向前发展。下面将阐述森林生态经济生产力含义，发展阶段，投入与产出以及森林生态经济生产力的标志。

一、森林生态经济生产力的含义和构成

（一）含义

传统经济学把生产力定义为：人类征服自然，改造自然，以获得物质资料的能力。在这里，把发展生产力的活动看成为一种人类向自然索取的单向运动。具体地讲，林业生产力是人们采取一定的技术进行生产活动的经济结果，即取得培育出来的森林、采伐的木材、加工的林产品等的物质，一般可以经济指标表示，如产量、产值。众所周知，人类的经济活动都是人类对生态循环的干预，这种干预可以是正的，也可以是负的作用，囿于生产力定义的片面性，结果是不可避免地导致生态平衡的破坏，在取得经济增长的同时，出现生态赤字。

生态经济学认为生产力是人力和自然力的合成，生产力的活动是人与自然进行物质与能量交换的双向运动，人们称为生态经济生产力。在此活动中，人类不仅要求持续获得物质资料，而且要求有一个有利于人类生存与发展的良好的生态环境。与传统经济学对生产力的认识不同，生态经济生产力不仅包括获得物质资料的能力，同时包括获得良好的生态功能；不仅包括获得现实的生产能力，同时包括获得再生产的潜力；它不仅注重生产的结果，而且关注生产活动的过程及其后果；它不仅以经济指标衡量生产力，同时还采用相应的生态指标。因此，人们在经济活动之前就

需统筹经济增长与生态环境的改变，以防在经济活动获得经济增长的同时引起的负的生态作用。

森林生态经济生产力可以定义为：人们以森林资源及其生态环境为基础，利用一定的科学技术，投入相应数量与质量的社会经济资源，在林业生产过程中，把森林自然生产力转化为森林经济生产力，以获得人们生产和生活日益需要的产品和服务的持续能力。森林生态经济生产力也可以定义为：人们对森林生态经济系统进行开发、利用和保护，以获得森林产品和服务，改善森林质量，保持和提高森林资源再生产的能力（包括现实的和潜在的能力）。

从生产力系统观点看，森林生态经济生产力是森林生态经济系统的物质、能量和信息的传递、转换，以及价值的形成、转移和增殖的综合功能的质量水平与持久性。换句话说，森林生态经济系统物质、能量、信息和价值转换效率的增进与持久性能，是森林生态经济生产力的内核。

森林生态经济生产力是在森林自然生产力与森林经济生产力相互转换和交织过程中体现出来的。森林自然生产力是森林自然生态系统所具有物质和能量的积累、循环、转化的能力，人工干预及外界经济资源的注入，会导致森林生态系统物质循环和能量转换的通道、方式和效率的变动，此时森林自然生产力转换为森林经济生产力，而森林经济生产力也具有延续性，并非一次性效用，森林经济系统的物质和能量在循环转换中也会凝结在森林生态系统中并转换成森林自然生产力，森林自然力与森林经济生产力的循环转换过程，即森林生态经济生产力的实现过程。

（二）森林生态经济生产力的构成

森林生态经济生产力是在森林自然生产力与森林经济生产力相互转换和交织过程中体现的。森林生态经济生产力涉及森林自然生产力、森林经济生产力与社会生产力等范畴，它们之间不是一种简单的总和与复加关系，而是森林生态经济循环中相互转换和交织的耦合关系，尽管三者之间的界线具有模糊性，但森林生态经济系统的结构层次性仍很明显。

森林自然生产力是森林生态经济生产力的基础。森林自然生产力是森林自然生态系统所具有的物质和能量的积累、循环、转换的能力，包括二大类，即自养者的生产力，为绿色植物的初级生产力；异养者的生产力，为各种动物和微生物利用的初级生产力进行同化作用的次级生产力。自然生产力作为生态经济生产力的组成因素，具有以下特征。

1. 利害双关性

这种利害双关的二重性，决定人们在生产时，既要利用有利方面，把自然优势转化为经济优势，促进生产与发展；又要防止其有害方面，尽可能化害为利，保护生产力发展，纠正那种只注意利用有用性而忽视有害性的片面作法。如自然力在森林生长过程中起独立作用，天然更新可获得人工更新得不到的经济、生态效益，当然自然灾害可引起山地滑坡、荒芜地沙化等，使林地资源损失。

2. 区域差异性

森林自然生产力的区域差异十分明显，如世界不同气温带的树木净第一性生产量，热带雨林比矮生疏林灌丛高22倍。这种区域差异性形成社会分工的自然基础。世界各国都十分关心热带雨林的开发，因为热带雨林的存在与毁灭关系到全球气候变化，影响世界各国的安危，因此这一区域资源引起全球关注。

3. 使用有偿性

森林资源是一种稀缺的资源，为限制并有效地利用资源，对生态环境进行保护和管理，需要对自然力实行有偿索取，如近半个世纪来森林资源价涨幅远远超过一般产品涨价幅度，就是人们的长期无偿使用资源致使资源耗尽，资源的供求矛盾突出，改无偿使用资源为有偿使用，以减少资源的损耗。

4. 相对独立性

自然力与劳动力是两个不同的生产过程的部分，生产过程还包括劳动过程中断后自然力独立发挥作用的过程——自然过程，这在营林业中表现极为明显。认识上述森林生态系统中生产的二大类及自然力的特征，以便人们有效地提高速率——生产力的时间效率，以及提高效率、生产力的投入与产出。如超短轮伐期的工业人工林就是这种认识的实践，它超越了传统林业生产力由于森林生长周期长而很少计较速率，超越了传统林业面积广、自然力无价而很少计较效率。由此可见，森林自然生产力不仅是森林生态经济生产力的重要组成要素，而且可以转化为森林经济生产力，从而以直接的经济形式表现出来。

社会生产力是以人的合理需要为发展动力的，它是一个通过一定的技术手段将经济物质要素渗入森林生态经济系统并与森林生态要素匹配；一方面形成满足社会需求的经济系统循环再生的动态过程，另一方面使森林自然生产力转化为森林经济生产力。在森林自然生产力向森林经济生产力转化过程中，受社会生产力水平的直接影响，也就是说社会生产力制约着森林经济生产力。

森林自然生产力在与社会生产力的结合过程中生成森林经济生产力，森林经济生产力与森林自然生产力复合构成森林生态经济生产力，与此同时，森林经济生产力也向森林自然生产力转化，并且森林生态经济生产力又会反过来影响和决定社会生产力和森林自然生产力的发展变化，从而维持延续不断的开放循环。

二、森林生态经济生产力发展

人类社会发展的全部历史是人与自然结合的历史，森林是地球上陆地生态系统中重要的自然资源，它与人类生存发展息息相关。在人类历史长河中，人与自然的关系大致经历三次大转变，即人完全依赖于自然，人与自然相对抗，人与自然和谐相处。如果从环境与发展看，相应的三次大转变分别是直接取自然资源、工业技术加工和排废、环境加新技术发展。森林生态经济生产力发展阶段与上述转变相对应而划分为原始阶段、传统阶段和现代阶段。

（一）原始生产力阶段，为人类第一次大转变

这是在渔猎社会的基础上，由于发明和应用了农业生产技术而引起的，由此出现了农业文明。在许多地方跨越了漫长的奴隶社会和封建社会。这一转变，改变了主要靠采摘森林中野生植物果实和猎获野生动物为主，使大片森林被改作牧场和农田，形成了原始农业生产力；与此同时人们仍从森林中获取木材和烧柴等自然物品以维持生存。这时期，因为森林相对的无限性和人类对森林利用的无能为力，森林生态系统处于纯自然循环之中，森林生产力主要来自森林自然生产力，森林生态经济系统基本没有物质和能量的补充，因而是一种封闭式系统，森林经济系统极不发达，经济因素与自然因素的结合是松散的，森林生态经济流程简单，流量弱小，系统内生态经济运行呆滞。这时期人完全依赖于自然，直接索取自然资源，人类对森林的依附地位稳定，行为上直观地遵循依附森林的生态限制。

（二）传统生产力阶段，为人类第二次大转变

这是由于蒸汽机等大机器的出现和应用，发生了工业革命，进入工业化社会。人类社会在若干发达国家采用大机器生产，科技大发展，出现了巨大的生产力；但同时又由于其生产过程不符合生态规律，过度消耗自然资源，排放大量废弃物，严重地破坏了生态环境，从而导致全球性的生态环境恶化。

随着人类社会的发展，人口增长增加了对森林产品的需求，人类与自然的交流也逐渐发展起来，人借助机器体系的强大动力，极大地提高了人类对森林资源的开发利用能力，甚至走向掠夺式的利用方式，其特征表现如下。

1. 明显的追求经济生产力，特别是森林采运技术的发展，极大地提高了木材生产能力，为工业提供更多的木材。与此同时以先进的科技营造人工林，形成人工生态系统，提高森林生产力，缩短生产周期。这样的经济系统与生态系统结合成的复合系统，由封闭型转为半开放型，流程复杂，通过人工配置的各种生态经济流程的链网关系，一次或多次地进行物能转化和价值增值再生，形成多种形式的森林产出。这种森林生态经济系统的有序结构主要是依赖于经济要素的投入来维持，生态系统处于基础地位，但这个基础的变化已在很大程度上要由经济要素的变化来主宰。这就是人类社会发展中潜在危机产生的根源。

2. 有使资源耗竭的趋势，对森林掠夺式的采伐利用，有极强的吸收自然资源的能力，虽然森林是可再生资源，但采伐生产力更大地超越森林更新的能力，会使森林资源减少。全球森林面积每年从 1800 万 ~ 2000 万公顷的速度减少，使 1950—1980 年森林面积减少了 35%，与此同时，森林资源加工利用不当，资源单一化利用、一次性利用、低效利用，使资源利用率低，加剧了资源耗竭的趋势，并且在大量消耗森林资源的同时还极大地消耗能源、水资源及其他自然资源。

3. 资源利用过程中产生的废弃物，造成严重的环境质量损害，林产品加工过程排出的三废很少回收利用，工业化生产引起的空气污染、水体污染、土壤污染等正在引致森林生态环境要素的退化，伤害森林资源这个基础。北欧的针叶树被酸雨杀害，正是环境恶化的后果。

在这一转变中，人类扩大了对自然资源的利用，促使林业中营林业和工业两大产业取得长足进步，特别是 19 世纪后半叶，社会生产力突飞猛进，人类一系列征服自然的活动节节胜利。从此，人类差不多超脱了自然的限制，一跃变成了大自然的主人，开始了向大自然索取的大进军。人们对自然的改造性、适应性演化为对森林进行掠夺式征服，在人类向森林开发与索取的过程中，忽视了人与生态系统的和谐性与统一性，逐渐酿成了一系列生态灾难，如土地沙化、物种灭绝、环境污染、能源危机、森林破坏等。因此传统森林生态经济生产力系统必然要向更新的阶段演变。

（三）现代生产力阶段，为第三次大转变

由于全球性的生态环境恶化，导致"有害环境技术"向"无害环境生产技术"的大转变，通过这次大转变，将导致一次更高级的、生态化的大发展。这就是现代生产力阶段，有人称为后工业化社会，总的是突出了环境和新技术发展。人类目前正处在这一转变的前夕，将产生一系列广泛深刻的影响，主要表现如下。

1. 生产技术的大转变

一切有害于环境的生产技术，将逐步受到限制、淘汰；无害环境的生产技术，将得到大发展，并逐步占领市场。有的学者指出高技术"绿化"将是一种必然趋势。

2. 人类自然观大转变

人类对自然的认识将进一步深化，并重新调整自己与自然界的关系，这种关系由对立、掠夺转向和谐。

3. 传统经济学受到严重挑战

传统经济学缺乏生态观念，因而在处理经济与环境协调发展这个重大问题上显得无能为力。客观规律要求经济学应由单纯追求经济目标向追求经济、生态双重目标转变。可持续发展战略思想将成为人类社会发展的主导潮流。

现代生产力阶段将最大量外界资源输入森林生态经济生产力系统，使系统处于高度开放状态，森林生态经济链拉长（如林产品加工业发展、森林旅游业发展），并与社会经济大系统联合衔接，使森林生态经济生产力系统的物质、能量、信息、价值的综合转换器由原来的低价值自然实体为主，转变为高附加值的经济生态实物态为主体的转换器，转换器的机理与性能的变化，成为推动森林生态经济生产力发展的一种机制。由森林生态系统与森林经济系统协同增长而推进森林生态经济生产力的发展。

现代林业应该属于现代生产力阶段，但是森林生态经济生产力发展的三个阶段是紧密相联的，有其内在的客观必然性。从世界整体看，我们的时代正处在第二、第三阶段及第二阶段向第三阶段转轨时期。在这一转变前夕，发展中国家处于经济增长期，以期摆脱贫困和落后，一方面要消耗大量森林资源，另一方面限于技术和资金，在经济增长的同时给生态环境造成极大的损害。一些发展中国家随着经济发展已开始注重生态环境问题，如限制森林采伐，限制原木出口，发展社会林业，以求得森林经济系统与生态系统协同发展。发达国家已进入第三阶段，由于长期高消费引致掠夺资源，给全球森林及其他资源造成大量损失，他们由此从造成严重的生态灾难中惊醒，正在调整资源政策，协调生产与环境的关系，以求全球森林生态经济生产力系统持续稳定增长。

三、森林生态经济生产力的投入与产出

森林生态经济生产力系统运动过程表现为包含一系列物质、能量、信息和价值投入与产出过程，并且投入产出要遵循生态经济准则。

（一）森林生态经济生产力系统投入要素

包括若干基本的、必不可少的并且相互联系和相互制约的诸要素，可归纳为6类。

1. 劳动力要素

是主导性要素，是生产力诸要素中唯一具有能动性的要素。

2. 劳动对象和劳动资料要素

是物化形态存在的要素，具有载荷功能。劳动对象即森林生态经济系统。劳动资料是一个结构复杂的物质系统，包括林业生产过程中所必需的设备和物质条件，如林业机械设备、化肥、农药等经济要素，也包括森林自然环境，如气候资源、水资源等。

3. 科技要素

是知识形态的生产力，要转化为现实的森林生产力，必须与劳动、劳动对象和劳动资料等投入要素相结合，使科技渗透到每一要素中去。

4. 信息要素

是向森林生态经济生产力系统输入的传导性要素，包括生物信息、市场信息、森林资源信息系统、森林生态经济信息等。

5. 资本要素

是森林生态经济生产力系统的价值形态的投入要素，又具有独特的交换流通功能，因而是诱导森林资源配置优化的重要信号，可以有效地提高系统整体的功能。

6. 组织管理要素

主要是通过组织管理的运筹职能，把投入生产力系统的诸要素组配起来，促成现实森林生态经济生产力的产生，从某种意义上讲，它是最高层次的投入要素。

（二）森林生态经济生产力系统的产出目标

产出目标包括两个方面。

1. 产出效益目标

森林生态经济生产力系统的产出目标应该是系统运行的生态效益、经济效益与社会效益的协调和统一，即系统获得最佳的森林生态经济综合效益。森林生态效益是指森林生态经济生产力系统运行对生态环境的影响所产生的对人类有益的全部价值。森林生态效益的增长一般反映在森林生态系统绿色植物覆盖得到保护和发展，森林生物量持续扩大；水土流失、土地沙化通过生物措施同工程措施的实施得到基本控制，森林自然景观得到恢复和改善；借助森林自给营养保持并提高地力。森林经济效益是指森林生态经济系统被人们开发利用以经济形式表现出来的那部分效益，并包括系统与外部环境所实现的经济平衡状况以及经济再生产的潜力。森林社会效益则是指森林开发、利用、保护和整治活动中从根本上对人类社会有利的各种效益。森林生产力系统运行的生态效益、经济效益和社会效益是同时产生，同时存在的，具有共生性和相伴性，而且如果处理不当会产生此消彼长，得此失彼的后果。因此，人们在森林自然再生产和森林经济再生产过程中，不能单独追求某一效益的增长，而忽视其他效益的同时增长。所以说，森林生态经济生产力系统的产出目标不是片面追求单一效益目标最优，而是综合效益最佳。这就意味着人们必须在总体上将森林生态效益、经济效益和社会效益放在同等重要的位置上，以生态效益为基础，以经济效益为中心，以社会效益为终结和归宿，在提高生态效益中争取尽可能高的经济效益，在提高经济效益中追求生态效益，并促进社会效益的实际增长，从而实现森林生态经济综合效益的最优化。

2. 森林再生产目标

森林再生产包括森林物质资料再生产和生态环境再生产两个方面。森林物质资料再生产又包括生产资料再生产和消费资料再生产，前者是通过劳动对象与自然界相互联系，形成生产力，其中某些自然要素的变动毕竟会引起整体的变化，所以也产生出若干生态经济问题，因此物质资料再生产必然属于生态经济再生产；后者是用于全社会人口物质和文化需求的那部分产品，这种消费资料再生产，同样也与自然生态系统相联系，也具有生态经济再生产的性质。文化产品的消费是属于精神产品再生产的范畴，这里的文化是狭义的，特指教育、艺术、科技理论等精神产品，作为消费资料主要指有形产品的物质资料再生产，如利用生态景观发展的旅游业，其生产过程是在有生态景观基础上，添加某些服务、基础设施，对其进行再加工，达到开展旅游项目标准，再进行"生产"过程，但其最终产品是无形的，即满足消费者的精神。

生态环境再生产包括环境保护、恢复生态平衡、资源更新与再生、生态景观再加工、商品储存与保管等。这些生态建设内容贯穿在再生产的各个环节，即生产、分配，交换与消费；林业的营林、加工、服务等部门行业。所有物质生产部门都有生态建设问题，营林业——农业本身是在生态系统中进行的，须恢复地力、更新生物再生产能力；工业、交通运输、服务等部门会产生环境污染和生态结构破坏。这些都属于生态建设。从森林生态经济生产力系统看，其投入与产出贯穿在森林再生产过程中，前一生产过程中的产出制约着后一生产过程的投入，进而决定着森林再生产过程的维持与扩展。森林生态系统的能量流呈现的金字塔型和森林经济系统的价值流呈现的倒金字塔型构成森林生产力系统循环的两大特点，这对于森林再生产过程具有特殊的意义。从森林再生产过程看，森林生态经济生产力系统第一性生产力的增长和一定的经济盈余的产生是森林生态经济生产力系统基本的产出目标。从系统的结构和功能角度分析，森林再生产过程实际上是森林生产力系统结构的复制（简单再生产）或转换（扩大再生产），功能的维持或发展。因此，森林生态经济生产力系统的产出不得给系统结构的复制或转换设置障碍，如森林过伐就不利于系统结构复制与转换效率的提高。

（三）投入产出的生态经济准则

主要包括以下两个法则。

1. 森林资源利用的生态经济阈限法则

森林生态经济生产力系统由一系列数量关系所表现的内部质变临界点，叫做森林生态经济阈，有上临界点和下临界点，分别称阈上限和阈下限。生态效率的特有的变动区间制约着经济效率的"过度"扩大。森林生态系统内的负反馈机制，使其内部的物质、能量的转化效率及其积累量具有连续涨落的相对稳定性，当森林经济过程与这一涨落相吻合时，会获得最佳的森林经济效益；相反，若越出这一涨落区间，会破坏森林生态稳定性，林地回报则会下降。人们通常称违反森林生态规律，一味追求林木的经济效益，结果使林地地力下降就是例证。

2.森林生态经济生产力要素供求均衡法则

森林生态经济生产力系统的投入要素的投放必须与系统各要素的需求相适应，实现森林生产力要素的动态均衡。森林生态经济生产力系统的运行必须不断地进行生产力要素的补给，而系统对劳动、物质、技术、管理及自然环境等要素的输入均具有最适需求量，投入过多或过少都会影响森林生产过程而降低系统产出。因此，在生产过程中，必须坚持森林生态经济生产力要素的供给与需求相一致，以符合森林生态经济生产力规律。森林生态经济生产力要素的供求均衡主要表现为要素供给的品质、规格、种类应符合系统输入的要求；输入要素在数量上要与系统需求相平衡；要素供给在时间上必须与森林生态经济生产过程的时序相一致；森林生产力的地域异质性决定了森林生产力要素供给也必然具有空间布局的地域异质性。也就是说，为使符合森林生产力要素供求均衡法则，在投入资源的质量配置、数量配置、时间配置和空间配置诸方面寻求最适的组合方式。

四、森林生态经济生产力标志

北欧国家在五六十年代对森林生产力曾提出四高一低指标，即年采伐量高达蓄积量的 1/35，间伐量高达年采伐量的 50% ~ 60%，年生长量高达 3% 以上，伐下的立木利用率高达 95%，自然灾害损失低到年生长量的 3% ~ 5%。这些指标的提出是基于这些国家森林资源丰富，生态环境未遭破坏，林业主要目标是木材，林业生产力指标以经济指标为主，也含有生态指标。实践的结果，达到均衡生产、愈伐愈多、永续经营的目的。我国林业部于 20 世纪 60 年代初曾否定了 20 世纪 50 年代学苏联以木材为中心的林业生产力标志，转而向北欧三国采用四高一低为林业生产力标志，但由于国情林情差异太大，未能实施，也不可能实施。

进入 70 年代后期，林业部门学者和实际工作者纷纷发表意见，开展了对我国实现现代化的讨论，提出各种林业现代化的标志，归纳起来有以下一些指标，即森林覆盖率，森林单位面积生长量，单位面积采伐量，木材利用率，劳动生产率（指森林采运），林道密度。这些指标反映以木材为中心，也含有部分生态含义，但是对我国存在着的水土流失、土地沙化、采伐迹地荒芜、林地地力退化等森林生态问题，毫无反映，这是囿于传统经济观念，只以经济指标代表现代林业标志，显然是不全面的，不科学的。随着 20 世纪 80 年代开展的批判木材利用为中心和主张生态利用原则的讨论，对从生态经济社会全方位评价森林生产力有了共同的认识。

第二节　现代社会对森林的需求

人类发展生产，提高生产力的最终目的是满足社会和个人的需求，需求的不断满足和不断更新，推动着生产力的不断发展，与生态经济生产力的发展相适应，人类的需求是生态经济的全面需求，是一个需求系统；现代社会对森林的需求发生需求结构变化。

一、生态经济的全面需求观

全面需求就是人类的物质生活需求、精神生活需求和对良好生态环境需求的总和。简单的说即物质需求和生态需求。

（一）不同生产力阶段对全面需求的认识

传统生产力阶段，遵循传统经济学理论，人们追求经济增长，提高生产力，给社会提供产品消费，满足人的物质需求。世界林业大会从 1926 年的第一届到 1966 年的第六届，会议的主要议题就是木材生产、木材贸易等经济问题，当时人们尚未认识到良好的森林生态环境的供求是木材供求的基础，或只认为生态环境是社会公共事业广而非林业经济问题。传统的市场经济制度，以开展森林资源和生产新产品来诱导人们的需要，从经济增长意义上说，就是诱导"需求"，出现了过度消费，以消费刺激生产，使用 GNP 一类的累积指标来看供求关系；与此同时，为满足当代人的需求，把发展生产力看作生态上合理的概念，出现如营林生产中产出物的热量小于投入的能量这种低效率的生产，因为这种产出的货币量计算是对 GNP 的增长，于是导致资源的极大浪费。

就生态需求而言，它包括洁净的空气、水和无污染的食物；无污染、无噪音的生活空间；优良的人工或自然植被环境，数量充足、质量精良的环境资源和生态景观三种形态。

人们对于生态需求，不仅仅是生态系统中获得物质和能量，更重要的生态需求是满足人类自身的生理、生活和精神消费的需求，是全面需求的中心内容。如上所述，传统经济观过分强调对生态系统的物质和能量的需求，产生一系列生态破坏、环境污染等恶果，从而破坏了人类的生理、生活对良好生态环境方面的需求。生态需求是现代生产力阶段人类的最根本的需求。全球对森林的需求由木材第一转向生态环境第一。

综上所述，可见人类的需求在不同生产力发展阶段有相应的物质需求和生态需求，总的看是由低级到高级，由追求物质向追求物质和生态全方位的需求，呈现出一个层次结构，到现代社会才可能实现人类的全面需求。

（二）传统经济观抑制了人类的全面需求

传统经济观无视人类对经济需求的无限性与生态供给的有限性这一生态经济基本矛盾，结果是制约了人类的全面需求，传统经济观对全面需求的抑制主要表现如下。

1. 对森林生态资源压力不断增加

森林的物质、能量的生产性需求日益增长，加剧了人类对森林资源需求与对生态系统负荷过重，而供给能力相对缩小之间的矛盾。我国一方面是人均森林资源小国，另一方面又是森林资源消费大国，开发利用的森林资源中约半数被烧掉，利用率极低。目前我国能源利用率只有30% 左右，比国外先进水平低 20 ～ 30 个百分点。有人估计人类从生态系统获得的能量，14 年就增加 1 倍。因此，要维持森林物质、能量的生态需求的增长，必须提高资源再生能力，寻找替代资源及适当限制资源滥用几个方面入手。

2. 生态系统的自净能力和自然再生能力被破坏，环境质量下降

包括污染物进入水体、大气、农田、森林等环境空间，其数量超过生物正常生长这种自净力的时候，污染物会通过富集致害生物甚至人体，如酸雨使森林环境质量下降，使森林自身衰退。另外，在山区森林破坏引起水土流失，林地失去肥力（地力），使环境质量下降，水源减少，直至影响人的饮用水。

3. 对优美生态景观的需求也受到威胁

现代社会文明，对优美生态景观的需求，在人们的消费生活中占有愈来愈重要的地位。现代经济生活中新的部门——森林旅游的兴起是这种生态需求的主要表现。但由于传统需求观，满足这种形态的生态需求正在受到威胁。地球上自然景观的地盘愈来愈少，许多名胜古迹遭到破坏，生物基因库中的宝贵物种正在迅速消失，这又是与森林尤其是热带林、原生林的减少直接相关。

4.过度消费抑制了现代社会的全面需求

经济发达国家长期来以传统经济观追求过度消费，占世界人口 15% 的发达国家消耗地球上 2/3 的资源，制造了全球 4/5 的污染物和废物，导致全球资源大量浪费，生态环境恶化，直接影响了现代社会对生态经济的全面需求，20 世纪 90 年代世界环境会议上号召全球人适度消费，以适应全球生态供给的有限性。

（三）现代社会的需求系统

上述满足人类的全面需求，它是一个需求系统，包括基本需求、发展需求和生态环境需求。

1.基本需求

也有称生存需求，主要是基本物质需求，是为人的生存的需求。这里指森林为人类提供薪材、住房建材、保持水土以保护生活用水、林地间作粮食及经济作物等；林区有简易的道路通向山内外；林区人口自然控制，人口有基本的文化水平和对森林共同管护水平；人们的生态意识成长。人类基本需求——生存需求随时间演替具有变动性，传统经济观认为在生产力低下的农业社会属此类需求，熟知现代社会由于原来的生态环境破坏和被污染，失去往日生存条件，加之人口意识和环境意识的增强，因此再提出持续生存需求，当然其内涵已大大超越原始生产力阶段的生存需求。

2.发展需求

在满足基本需求的同时，以人的发展为主体的森林生态经济发展，就是要把发展目标融合在满足上述基本需求的后期，并向"发展"层次过渡。包括物质资料的需求，含生活资料和生产资料需求，有众多的森林加工产品替代了直接利用木材初级产品，提高了资源利用率，同时降低能耗；林区道路成网，加强了与区域内外、各经济部门的经济技术信息往来；林区人口控制，减轻人口对森林的负荷，增加就业机会，提高人口受教育程度以及对森林经营管理的普及水平；生态资源开发更新，天然林的保护和管理，森林保护国土，"三废"及有机废弃物资源化管理；生态经济持续发展意识，生态经济效益考核，有效与无效价值、有害与无害价值、技术进步效益比重、资本利用率等指标比较。

3.生态环境需求

旨在大范围内要求国土整治和绿化，发展高生态效益的天然林，增加自然保护的比重，以改善大气环境和保护生物物种；扩大环境林，增加防护林和风景林的比重，提高人造生态景观和自然生态景观的持续利用度，以满足人们对生态景观的需求；发展绿色工业、绿色产品，保持优良水质和森林质量（免遭污染），实现人与森林的和谐。

二、现代社会对森林的需求

（一）现代社会对森林需求发生了结构性分化

经济需求方面，木材仍是森林的基本产品，是人们对森林的经济需求的主要物质，随着科技发展，会有许多木材替代品，但对木材的需求量仍不减少。不少研究指出，21 世纪中叶国际市场将出现木材匮乏。我国木材供需形势严峻，年消耗资源不断增长，我国森林资源总量少，成过熟林已接近枯竭，木材供需矛盾十分突出。与此同时，随着科技发展，可以充分利用小材、劣材、废材和非木质树木资源，发展各类加工业；开发利用树木以外的林内多种生物资源，可直接提供食物、饲料、药材等产品，或为加工业提供原材料，以满足人类对森林的多种物质需求。生态需求方面，自 20 世纪 60 年代以来，人类经济与社会发展对森林的生态需求越来越紧迫。美国林业经济学家 G.Rbinson Gregory（1972）提出："随着 20 世纪 60 年代出现的环境危机，公众的价值观念发生了深刻变化，人们认识到了财富多并不意味着生活质量高。公众价值观念的改变引起了对环境问题的关注，从而对林业产生了深远的影响。"日本林野厅的一份材料指出："我们以至进入了这样一个时期：鉴于森林在经济及社会中的重要地位，公众强烈地要求开发森林的公共效用，如果人们不理会这种要求而一味执行传统的森林经营计划（经济生产），无疑会导致社会冲突，而未来环境问题将远比今天更甚。"我国的生态问题十分严重，水土流失面积已由新中国成立初的 116 万 km²，增加到目前的 150 km²，每年有 50 亿 t 土壤流失；目前已沙漠化的土地 33.4 km²，并在继续扩展；河湖淤塞地也十分严重，自 1954 年至今，仅长江下游水系水面就减少了 1.3 万 km²；水资源危机也很严峻，闹水荒的城市已占 20%。我国的农业生态和人类生存环境问题已经相当突出。社会需求是指林业为社会提供生态、经济需求以外的一切需求，反映在人类社会精神文明状态的改善方面，包括林间游憩及森林旅游，增加社区就业和收入，森林保健和卫生等。总之，现代社会对森林的需求量方面有惊人的扩张，而且发生了结构性分化，人们对森林的经济需求相对地要次于生态、社会需求，全球生态环境恶化以及人类对森林的精神需要越来越重于对森林的物质需要，这也反映了现代社会需求特征。

（二）我国现阶段对森林的全面需求

这里指到 21 世纪初的近期，根据我国人口增长、经济发展、生态环境保护等对森林的全面需求。在我们向现代林业转轨的过程中，对森林的需求的各个方面都大于供给，而且供求矛盾在某些方面、某些地区还是十分尖端的。如上所述，我国人口总量大，人均占有森林资源少，人们对改变生活消费水平低的愿望值高，也迫切希望改善生活的环境质量。这就是人口与发展导致对森林需求的基本因素。

在我国涉及大范围的生态灾难，如黄河流域和长江中上游的水土流失、西北广阔的沙化面积，都需要森林并配以一定的工程建设，以保持水土、固沙防风，改善生态环境，人们方能有生存环境，这是人的基本需求，但这种基本需求不同于传统生产力阶段，它要求与发展需求相结合，以现代科学技术手段进行系统的、规模的治理国土，恢复森林植被，以满足人们持续生存的需求，又为发展需求打下了基础。我国又正处于工业化进程中，经济发展规模大，经济增长快，对森林的物质需求量十分大，这种物质需求是空前的，是属于发展需求，与此同时也含有资源不合理利用造成的资源浪费，以及工业污染给生态环境带来的恶果，现已引起人们重视，在追求发展需求的同时注意生态环境需求，防治"三废污染"避免走先建设后治理之路。我国的经济发展可借鉴工业发达国家处理"发展与环境"的经验教训，在工业化过程中就注重生态环境问题，这种生态环境需求是全面的，它同时包括人的自身全面发展需要的文化、精神、环境诸方面的需求，而这种需求也只能在发展中实现。

我国对森林全面需求包括以下几个方面。

①保护国土，改善大环境的需求，通过扩大新造林面积，保护仅剩的天然林，限制采伐量，建设各类防护林工程，扩大自然保护区等的实施，以提高森林覆盖率，扩大生态功能高的森林比重，保护农田，控制水土流失和土地沙化面积，保护生物物种资源。

②生产工业原材料和其他林副多种产品的需求，通过扩大木质和非木质的工业原材料的森林培育，以及林副产品的培育，以增加森林的物质资料的供给，包括食品、医药、化工、轻工等多行业所需物资。

③利用森林景观资源，满足人类休闲保健的需求，扩大森林公园及森林景观点和保健疗养点的建设，为人们提供众多回归自然的旅游休憩场所。

④建设现代山区的需求，开发山区森林资源，改善山区生态环境，发展以林为基础的多部门经济，增加山区就业机会，改变山区落后的社会经济面貌。

第三节　现代林业与碳汇管理

碳是一种重要的生命物质，是一切生命体中最基本的成分，有机体干重的45%以上都是由碳构成的。据估算，全球碳的储存量约为75×10^{15} t，分别储存在大气、海洋、岩石圈和陆地生物圈四个巨大的碳库中，并以各种形式在碳库内部和碳库之间循环往复，以维护地球生命的营养和能量要求。

碳在各种碳库之间，即在大气、海洋、陆地生物圈和岩石圈之间（包括碳库的内部）交换，循环往复。但是自然界中碳循环的主要过程是大气与陆地生物圈之间的交换以及大气与海洋的交换。自然界中每年的碳循环数量是相当可观的，约占大气中碳量的1/4，其中的一半是与陆地的生物群落交换，另一半则通过物理和化学过程穿过海洋表面。森林是地球上最大的陆地生态系统，是全球碳循环的主要组成部分。据政府间气候变化专门委员会（IPCC）估计，全球陆地生态系统碳储量中，植被碳储量约占20%，土壤碳储存量约占80%。占全球土地面积27.6%的森林，其森林植被的碳储存量约占全球植被的77%，森林土壤碳储存量约占全球土壤的39%；由此可见，森林生态系统碳库储量占陆地生态系统碳储量的46.6%，更主要的是森林碳库是陆地生态系统中最活跃的碳库，并且可以通过人为活动增加其碳汇容量。人类对于森林的合理经营对于大气二氧化碳浓度具有很重要的影响。全球森林植被和土壤中储存的碳，低纬度森林占37%，中纬度森林占14%，高纬度森林占49%。

大气与陆地生物圈的碳交换主要是通过两种过程完成的。一是陆地植物通过光合作用吸收大气中的二氧化碳变成有机物，将碳储存于植物和土壤中，这一过程减少了大气中的二氧化碳含量和浓度，有助于延缓温室效应的发生；二是陆地生物圈中的碳经过植物呼吸、腐殖质分解等将二氧化碳释放回大气。化石燃料燃烧，则直接向大气排放二氧化碳等温室气体。

陆地表层碳循环是一个很复杂的过程。通过光合作用，绿色植物固定二氧化碳，将大气二氧化碳变换成生物有机碳。陆地碳库碳储存量的增加和减少取决于光合作用量、分解量及有机质燃烧量。森林环境中陆地表层中的植被生物量、凋落物量以及土壤腐殖质三大碳库，构成了现代林业生态系统碳储存和碳循环的主体。它们之间的相互联系以及与其他碳库之间的碳交换和碳循环构成了陆地生态系统碳循环的最基本模式。

一、现代林业碳汇基本理论

（一）现代林业碳汇基本概念

地球大气中的成分，除了某些惰性气体外，大多数是从地球表面排放出去的。在大气里，它们经过一系列物理和化学变化，再以不同的物质形态汇聚到地球的表面。通常我们将某个大气排放物质的原始地点（或物质）称做排放"源"（Sources）；这些物质在空间可能经过各种复杂的物理和化学变化过程，然后形成新的产物，这些新的产物会不断地迁移、汇集到一个新的场所（或载体），我们将这个新的场所（或载体）叫做"汇"（Sinks）。大气中所有微量物质，几乎都经历了一个相似的循环过程，即由源排放到大气，在大气中转化成其他的形态，然后再回到地球的"汇"，在源与汇之间，构成了物质循环过程。正常情况下，微量物质在源和汇之间保持一种动态的平衡，但是由于现代人类的各种活动，这种平衡已经逐渐被打破，大气中某些微量元素的浓度正在不断增加，最明显的莫过于大气中二氧化碳浓度增加的数量和速度，这种情况的发生，导致了气候变暖和一系列气候异常。

1. 碳源

它是指自然界中向大气释放碳的母体。动植物的呼吸作用，动植物本身的分解，化石燃料燃烧、大规模森林破坏、土地利用形态的改变，均形成大量的碳排放到大气中，全球每年约有 70 亿 t 碳经各种生物生存以及人类生产活动排放到大气中。

2. 碳汇

它是指自然界中碳的寄存体。碳汇主要是指海洋、土壤、岩石与生物体，现在国际科学界对这几种碳汇储存和固碳能力的估计与测算结果有很大差别，还没有取得共识。

3. 光合作用

二氧化碳是植物生长的重要营养物质，植物把叶子吸收的二氧化碳和根部输送上来的水分在光能的作用下转变为糖和氧气。植物这种利用光能将水与二氧化碳转变成葡萄糖，并释放出氧气的过程被称为植物的光合作用。

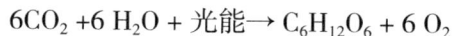

$$6CO_2 + 6H_2O + 光能 \rightarrow C_6H_{12}O_6 + 6O_2$$

其中 $C_6H_{12}O_6$ 就是葡萄糖，再经转化就生成淀粉等。在这个过程中，绿色植物通过光合作用将太阳能转化为化学能，将大气中的二氧化碳转化成有机物，为人类提供最基奉的物质和能量来源，正是植物的光合作用使植物吸收的二氧化碳以有机物的形式储存起来，形成了树干、树枝、树叶等，对大气中的二氧化碳达到吸收、固定作用，从而减少大气中二氧化碳浓度，减缓温室效应。

4. 碳循环

碳循环是指碳元素可由环境进入生物体内，再释放回环境的循环过程。环境中能够为生物利用的碳，主要指大气中的二氧化碳。大气二氧化碳可因植物的光合作用而固定于植物体内，形成有机碳，再由食物链进入动物体内，同时海洋亦能储存大量的二氧化碳。生物体内的碳可借呼吸作用及分解者分解之后再形成二氧化碳，回归与大气，形成碳的循环。

5. 碳沉降

当某一碳库碳吸收量大于碳沉降量形成了差额，这一差额就被认为是碳沉降。现代林业中说的"碳沉降"是指森林中森林植物吸收的二氧化碳多于它们释放的二氧化碳，从而形成了植物所具有的固碳作用。另外，现代林业中的碳沉降也可以理解为森林吸收、储存二氧化碳的过程、形式。

6. 碳库

现代林业的碳汇作用形成碳沉降，使森林具有储存碳的"库"的作用，因此我们也可以形象地将森林看做储存碳的"碳库"。

（二）现代林业碳汇性质研究

1. 森林是大气二氧化碳重要的碳汇

在现代林业中，森林是二氧化碳的主要消耗者，同时树木也要吸收氧气排出二氧化碳以维持其生存，森林吸收二氧化碳的功能使得森林成为一座巨大的碳库。

森林植物在其生长过程中通过光合作用，吸收大气中的二氧化碳，将其固定在森林生物量中。研究表明陆地植被通过光合作用每年从大气中吸收 1200 亿 t 碳，其中植物呼吸返回大气约 600 亿 t 碳，土壤有机质分解返回 500 亿 t 碳，干扰返回约 90 亿 t 碳，陆地植被年净碳吸收量 10 ~ 15 亿 t。

2. 森林具有碳汇和碳源"二重性"

从一种物质是吸收还是释放出二氧化碳的角度出发，我们在研究地球碳循环时，将所有物质划分为碳汇和碳源。而在现代林业中，森林作为最活跃的陆地生物碳库的组成部份，它既有碳汇的功能，同时也具有碳源的特性。当森林处于旺盛生长状态，其二氧化碳吸收量大大超过二氧化碳释放量，从而形成碳沉降，以有机体的形式对二氧化碳形成固定作用，这是森林的碳汇作用。当森林出现火灾或者森林被大量破坏的时候，森林就会释放出以前被固定的碳，形成碳源效果。由此可见，森林具有碳汇和碳源双重功能，其功能的发挥方向和作用结果的大小完全取决于人类对于现代林业的经营活动。森林所具有的碳汇和碳源"二重性"要求人类应该合理地经营现代林业。

3. 森林碳汇的依附性

现代林业的碳汇作用主要是通过树木固碳、林下植物固碳、林地固碳实现的。而树木固碳、林下植物固碳和林地固碳都和森林环境直接相关。可以说良好的林业环境促进树木生长，促进树木固碳量增加，与此同时林下植物（含凋落物）和林地固碳作用也会增加。现代林业碳汇与以树木为主体的植物生物量（以森林蓄积表示）之间具有近似的直线线性关系，现代林业碳汇对于林木蓄积具有很强的依附性。

4. 现代林业碳汇具有公共性

现代林业碳汇作为森林的生态作用之一，长期以来不被社会所认识，并被当做一种公共产品来消费。林业生产单位得不到应有的经济补偿，影响了林业企业的经济效益和可持续发展，也影响了现代林业碳汇产品的可持续发展。

5. 现代林业碳汇具有商品性

在新时期和新形势下，现代林业碳汇的资源属性逐渐显示出来，与此对应的商品属性也逐渐被大家所认识、所接受，特别是《京都议定书》生效，使现代林业碳汇的商品性得到更全面的体现，也为全面开展现代林业碳贸易打下了基础。

6. 现代林业碳汇具有不稳定性

现代林业碳汇在遭到人为破坏、森林火灾、甚至在正常生产采伐过程中，其碳汇性质都会发生改变，这时森林成为排放二氧化碳的源。鉴于此，现代林业生产应该着眼于森林资源的合理经营管理，使它充分发挥碳汇作用。尽量避免和降低碳源作用。

（三）现代林业碳汇基本经济问题

二氧化碳排放空间作为一种可再生的无形资源，要实现可持续利用，就必须加强对人类自身生产方式、经济行为的约束，必须在生产领域提高生产效率，在消费领域改变消费方式，以达到最高限度地利用资源和最低限度地产生废弃物。资源资产问题、资源产权问题、资源价值问题、资源核算问题与资源产业问题，被称为资源经济研究与决策的最基本的问题。

1. 资源资产问题

一般经济学理论认为，能够带来收益的物品称为资产。无论是天然的还是经过人类劳动投入形成的自然资源，都可以为人类社会带来收益，自然资源既有固定资产的特征又有流动资产的特征，因此自然资源也是资源资产。现代林业碳汇作为二氧化碳排放空间的具体的载体，是一种无形的资源资产。

2. 资源产权问题

现代林业碳汇作为资源资产与其他资产一样，也存在产权管理问题。只有明确产权关系，改变资源无偿占有和无偿使用制度，才有可能从根本上建立起资源有效利用的内在机制，促使资源资产化工作、市场化工作的进展。

3. 资源价值问题

关于现代林业碳汇的价值问题我们已经做了一些研究和探讨。所有的自然资源，包括未经人类劳动参与或者为参与交易的天然的自然资源，都是有价值的。资源的价值是资源所有权经济权益的具体体现，这种价值取决于自然资源对人类的有用性，稀缺性和开发利用条件等因素。

4. 资源核算问题

资源核算是完善资产管理、实现资源价值和促进资源产业发展的重要手段，也是实现森林碳交换的基础性工作。实行资源核算制度是缓解和消除经济发展中资源危机、寻求长期利益和短期利益平衡的重要途径。有助于全面、客观、合理的评价经济社会发展程度、发展水平和未来发展潜力；有助于可更新资源的不断补充和耗竭资源有节制的消费；有助于界定资源资产的所有权关系；有助于理顺资源产业内部及其与外部的关系。

5. 资源产业问题

资源产业是通过社会投入进行保护、恢复、更新、增加和积累自然资源的生产事业，是协调经济系统、社会系统和自然系统关系，完善资源资产管理，实现自然资源可持续利用的重要措施。

二、现代林业固碳形式分析

现代林业的固碳作用可以划分为直接固碳作用和间接固碳作用。现代林业直接固碳是指森林中树木固碳、林下植物固碳和土壤固碳三种情况；现代林业间接固碳是指森林产品固碳作用的延伸以及森林产品代替其他材料从而带来其他材料生产过程中能源的节约，减少二氧化碳排放两个方面。

法国科学家所绘制的现代林业固碳及二氧化碳减排示意图比较形象说明现代林业固碳的整体效果。现代林业固碳及二氧化碳减排示意图表示在一块空地上进行造林和再造林作业，轮伐周期为 40 年，考察周期为 100 年，现代林业所形成的固碳和减排效果累积、扩大的效果。其中碳汇功能共有八个方面组成：木材能源代替化石能源的二氧化碳减排作用、木材高效能源产品二氧化碳减排作用、林产工业产品固碳作用、短周期寿命木制品固碳作用、长周期寿命木制品固碳作用、森林固碳作用、林下植物与腐殖质固碳、林地固碳。

另外也可以看出，现代林业最初的固碳包括森林固碳、林地固碳、林下植物及腐殖质固碳。其中林地固碳和林下植物及腐殖质固碳随着森林蓄积增长也在不断增长。当森林采伐后，现代林业固碳改变了形式，各种木制品及林产工业产品继续发挥固碳作用，林下植物和腐殖质固碳达到一个比较高的水平。由于木制品平均寿命期为 18 年，所以第一个轮伐期产生的木制品在 60 年左右其固碳作用就消失了，第二个轮伐期生产的木制品的固碳作用到 100 年左右也消失了。轮伐后新的森林继续起到固碳作用，森林固碳作用在不断累积、延伸和扩大。

（一）现代林业直接固碳分析

1. 树木碳沉降

二氧化碳是树木的粮食。树木通过光合作用，将空气中的二氧化碳吸收后变成有机碳，固定在植物体内的各个部分，同时向大气中释放出大量的氧气。有一点不能忽视，树木在生长过程中也要吸收氧气释放二氧化碳以维持其正常的各种生物学功能。

专家比较一致的观点是：树木通过光合作用每生产 1 t 立木蓄积就要吸收 1.6 t CO_2，或者说森林每增长 1 m^3 立木蓄积净吸收 CO_2 量为 1 t，同时释放 730 kg O_2，储存 270 kg 碳（当然根据树种不同这种换算关系有一些差别）。

计算依据是：碳元素相对原子质量为 12，氧元素相对原子质量为 16。

1 t CO_2 ~（12/44）t 碳 ~ 0.27 t 碳

现代林业中，碳沉降与树木的生长息息相关。当树木生长达到最旺盛时期，单位时间内森林形成的碳沉降增量达到最大。当森林达到成熟，立木蓄积量达到最大，这时候森林碳沉降作用已经降到最低，而其碳储存量却达到最大。当森林进入过熟时期，树木和森林的碳沉降增量变为零，而此时现代林业碳汇作用在一段时间内保持最大，但是随着时间的推移，森林健康状况慢慢变坏，现代林业碳汇作用将会逐渐消失，现代林业碳源的性质将会慢慢地表现出来。在一个轮伐期内，林业资源的合理经营、可以最大限度地增加森林固碳速度、增加森林碳汇容量。从森林合理轮伐角度考虑，森林资源的合理采伐利用则会最大限度的发挥土地的生产力和自然力的作用，在一定时间长度上扩大森林的固碳量和固碳效果。森林采伐后可以提供更多的土地资源用于再造林，为培育森林新的固碳能力提供新的地域和空间。森林的碳沉降增长曲线与树木生长曲线基本吻合。

国内外学者在研究森林碳沉降初期，研究结果普遍认为森林由光合作用固定的二氧化碳与森林呼吸时释放出的二氧化碳量基本相同，森林的净碳沉降量很低。但是最新的科学研究成果表明，现代林业的固碳能力在以往远远被低估了。树木和森林的碳储量问题是一个比较复杂的问题，它涉及树种、地域等因素，当然也存在测量与计算方法等方面的差别，中国专家和国外专家在这一问题上虽然有不同的看法，但是关于现代林业资源的碳沉降作用的认识是一致的。

2. 林下植物与腐殖质碳沉降

林下植物在生长过程中，也吸收了大量二氧化碳。碳吸量大小取决于林下植物的生物生产力的大小。这部分植物一般生长快、生命周期短，它们与树木生长过程中产生大量的枯枝落叶，将固定的碳形成腐殖质储存于林地表面，其中部分腐烂分解后，在比较短的时间内碳元素又回归大气，进入碳循环过程。而绝大部分分解为土壤有机质，形成了碳沉降，这部分碳沉降数量也比较大。

3. 现代林业中土壤碳沉降

土壤是地球上主要的碳汇之一，林地中的土壤在这方面的作用也是巨大的。如果不改变林地的性质，林地土壤固碳作用不会发生太大变化，所以一般不对这一部分内容进行过多的研究。但值得注意的是：一般认为林地固碳作用要比其他的土壤大一些，应该尽量不要改变林地的性质，如大量的毁林开荒会导致林地固碳作用的降低。

（二）现代林业间接固碳分析

1.现代林业固碳作用的延伸（林产品碳储存）

树木固定大气中的二氧化碳形成立木蓄积生物量，森林采伐后树木不再吸收二氧化碳，部分采伐剩余物迅速被燃烧或者分解，这部分碳又回到大气中进入碳循环。但大部分立木蓄积生物量以木材等各种实物形态被长期利用，从而形成了对二氧化碳继续固定作用。经过各种加工方式生产的各种林产品（制材、合成板、组合板、纸及纸版、家具等）则是将林木吸存的碳转为林产品形式予以储存。延长林产品使用寿命以及资源循环再生利用，是减少碳排放的有效途径。

森林采伐后，大部分木材被用作建筑材料和家具用材。这样森林所固定的碳被转变成建筑材料和家具等形态加以储存。建筑用材一般可以储碳时间长度在 30 ～ 50 年，甚至达到更长的时间；家具用材储碳时间长度要比建筑材料短一些，一般为十几年到几十年，然后这些材料所储存的碳又会以各种形式回归到大气中；合成材尤其是合成板材储存碳的时间长度一般在 10 ～ 25 年；造纸材相对来讲储碳时间较短，但是由于废纸的循环利用，又大大地延长了其储碳时间。一般来讲造纸材储碳时间在数月到数年，甚至更长（书籍用纸）；木材纤维及木材化工产品的储碳时间长度一般为 2 ～ 5 年。

总体来讲，计算林木产品整体的储碳时间长度是一个很重要的问题，也是一个很棘手的问题。国外专家认为林木产品整体储碳时间长度在 10 ～ 30 年。在计算时许多采用 20 年为计算期。法国在计算木材产品平均寿命时，一般取值为 18 年（纸和纸板除外）。

2.森林对于二氧化碳减排的作用（代替其他建筑材料或作为能源）

在木材利用的整个过程中，森林所具有的减少二氧化碳排放的作用还可以被放大。主要体现在以下两个方面。

第一，木材可以代替其他建材，从而减少其他材料生产过程中排放的二氧化碳量。木材生产的主要过程是在自然作用下完成的，在生产和加工中所需要的能量比较少。据专家测算，生产同等重量的材料，水泥所需要的能源是木材所需能源的 3 ～ 4 倍；塑料所需要的能源是木材所需能源的 35 ～ 45 倍；钢铁所需要的能源是木材所需能源的 50 ～ 60 倍；铝所需要的能源是木材所需能源的 100 ～ 130 倍。

另外还要考虑到这些材料在运输中所需要能源的差别。随着木材科学的发展，在很多情况下，木材代替其他材料越来越成为可能。木材具有良好的结构特性，与许多合成材料相比较轻。比如说，一根可以承重 20 t 的横梁，木材（云杉）重量是 60 kg，钢材需要 80 kg，水泥需要 300 kg。专家测算，利用同等重量木材与利用水泥比较，可减少二氧化碳排放 15 ~ 20 倍，与钢材比较可以减少二氧化碳排放 66 ~ 80 倍。由此可见，木材代替其他材料所形成二氧化碳减排作用是巨大的。

第二，木材能源代替化石性能源减少二氧化碳排放。薪炭材或者其他的木制品、木质建材等，在结束寿命周期时，可以作为能源来生产热量或电力，木材能源是一种可再生的绿色能源，与化石能源相比较，具有许多优势。据测算，1 t 木材所释放的热量相当于 500 kg 石油，而所释放的二氧化碳却少得多，从而减少了二氧化碳的排放。可再生能源生产还可以安排大量就业，带来间接的社会效益和经济效益。森林是可再生能源，从木材能源整个生产和消费过程考虑，木材作为能源排放的二氧化碳很少，因为如果木材能源保持可持续发展的话，木材能源在使用过程中释放的二氧化碳，在其下一个培育周期会全部吸收。并且从长远考虑，木材替代其他化石性能源带来的二氧化碳减排效果可以累积计算。

（三）森林碳储量的估算方法

要综合、全面考察森林碳沉降和固碳效果，就要多方面考虑树木、林下植物（凋落物）和林地吸收二氧化碳以及林木产品平均生命期内固碳总效果。这一指导思想可以简单用以下公式表示。

森林固碳量 =（树木二氧化碳吸收量 – 树木二氧化碳排放量）+（林下植物二氧化碳吸收量 – 林下植物二氧化碳排放量）+（林地二氧化碳吸收量 – 林地二氧化碳排放量）+（林产品平均寿命周期内固碳量 – 林产品平均寿命周期内碳排放量）

国外在考察森林固碳作用的时候，一般也要考虑木材的固碳效果。法国研究报告显示，法国森林碳储量为 20 亿 t 碳，其中森林固碳 8.6 亿 t，平均每公顷 59 t 碳；林下植物和土壤固碳 11.40 亿 t，平均每公顷 79 t 碳。木制品固碳 54 亿 t。

在考察森林对减少空气中二氧化碳含量作用时，还要考虑木材作为一种对环境最友好的材料（与钢材、水泥、塑料等比较），其生产过程和使用过程中所耗费的能源要比其他材料生产和使用所耗费的能源少得多。能源的节约有利于人类社会和经济的可持续发展，同时也意味着二氧化碳排放量的减少。目前关于木材代替其他原材料或代替其他能源时所起到的减少二氧化碳排放量的有关研究一般只做定性描述，而定量计算不是很多。我国应该加强该领域的研究，提出可信的数据说明木材代替其他原材料所形成的二氧化碳减排量，从而正确确定林业为生态建设的贡献，也为我国林业碳汇工作的开展起到更好的指导作用。

（四）森林参与碳循环的宏观分析

1. 森林参与碳循环过程分析

陆地生态系统是四大碳库之一，在调节大气二氧化碳浓度方面起着主要的作用。森林又是陆地生态系统的主体，也是陆地生态系统中生产力最高、碳储量最大的植被类型。在陆地生态系统内部碳循环以及与其他碳库碳交换和碳循环过程中发挥着主导作用。

实际上，森林一直处于不间断地碳循环过程中。一方面树木吸收空气中的二氧化碳，在光合作用下形成有机碳，起到固碳作用。树木生长就代表了它所形成的碳降量在不断增加，另一方面树木呼吸也要向大气中排放二氧化碳；树木的枯枝落叶不断地被分解，一部分直接向大气排放二氧化碳，一部分成为腐殖质继续起到固碳的作用；森林火灾可以大量排放树木所固定的碳。

森林成熟后被采伐，采伐和加工剩余物如果被当作薪炭材，则其所固定的碳会很快回归大气。但是，薪炭材对于减少二氧化碳排放的贡献主要体现在薪炭材对化石性能源的替代作用，从而形成的二氧化碳减排；如果木材被深加工，则继续起到固碳作用，大气二氧化碳—森林碳汇—木制品固碳—大气二氧化碳的循环链被延长，木材产品固碳时间随着产品的不同有很大差别，产品的循环再利用也可以延长固碳时间。

2. 森林固碳减排效果倍数扩大原理

从表面看，由于地球上可用于造林的土地有限，森林的二氧化碳固碳作用是有限的。如果考虑到森林产品的继续固碳和替代作用，那么森林固碳与二氧化碳减排之间也成倍数扩大关系。所以全面衡量森林碳汇的作用不仅要考虑森林固碳作用，还要考虑木材利用和木材替代其他材料带来的二氧化碳减排效果。

三、碳汇产业对生态功能区发生的重要作用

发展生态功能区碳汇产业有助于培育生态功能区绿色发展能力，完善生态功能区绿色减贫机制，对促进生态功能区健康持续发展具有重要综合价值，是生态功能区发展的现实选择。

（一）有助于更好发挥生态功能区的生态功能

我国生态功能区在调节气候、涵养水源、保持水土、调蓄洪水、防风固沙、改良土壤、减少污染、美化环境、维系生物多样性等方面发挥着重要作用，具有不可替代的生态功能。当前，我国二氧化碳排放总量已经上升至全球首位。伴随工业化、城镇化进程的持续推进，未来段时期我国能源消耗仍将呈不断增长态势，二氧化碳排放总量还将持续增加，减排压力与日俱增。在此基础上推动中国二氧化碳的排放量在 2030 年左右达到峰值，并力争早日达到峰值。在严峻的减排形势下，结合生态功能区的资源禀赋优势，加强生态功能区碳汇产业发展，开展碳汇开发和交易，通过市场化机制加强生态产品和服务的经营与管理，将有利于生态功能区在保护与修复的同时促进开发和发展，更好地减少温室气体排放和解决生态环境问题，更好地发挥生态功能区的生态调节功能、产品提供功能与人居保障功能。

（二）有助于培育生态功能区的绿色发展能力

绿色发展不是只要绿色不要发展，而是强调在不损害资源与环境再生能力的基础上，不以降低经济社会福利水平为条件，既要绿色、又要发展，更加突出在可持续基础上的发展。我国生态功能区大多林木覆盖率高，拥有丰富的森林、农田、草地、湿地、滩涂等资源，生态优势比较明显。但同时，许多生态功能区也面临加快发展与资源环境约束趋紧的压力，亟待形成能够发挥自身优势、加快传统产业升级和新兴产业培育的有效途径。生态功能区的发展不能单纯以追求经济利益为根本目标，继续沿袭高消耗、高污染、高排放的粗放型发展模式，而应积极推动绿色转型、发展绿色经济。推动生态功能区碳汇产业发展，是生态功能区平衡生态保护和经济发展的现实选择，不仅可以促进生态功能区经济活动过程和结果的"绿色化""生态化"，有助于传统产业节能减排和转型升级。同时，碳汇产业发展还能激励绿色产品和服务的供给和需求，挖掘生态功能区的生态资源、生物资源、气候资源、农产品资源以及人文资源的价值，培育生态旅游、绿色休闲、低碳文化等新兴绿色业态发展，

形成新的经济增长点，是"绿水青山"真正产生"金山银山"有效途径。

（三）有助于完善生态功能区的绿色减贫机制

生态功能区很多是老少边穷地区。由于我国目前以省际生态效益或成本外溢为衡量基础的横向补偿转移支付制度尚没有形成，在全国区域发展格局中，生态功能区的生态价值往往并不能够充分体现，生态功能区当地政府的财政收入也相对较低，自身缺乏可持续发展能力也很难为地区贫困人口提供充分的公共产品和服务。推动生态功能区碳汇产业发展，通过碳汇开发和碳汇交易市场的建设，可以使传统被忽略的生态功能区的生态系统服务价值充分体现，使生态保护成本、发展机会成本等相对隐形成本显性化，使地区之间生态环境的建设者和受益者在成本分担与收益享受上趋于合理。同时，碳汇作为生态产品和服务，是一种能够带来经济和社会效益的生态资源，在经济社会发展的资源环境约束趋紧和国家减排政策日益强化的背景下，其价值逐渐得到凸显。碳汇开发和交易可以使贫困人口成为生态资本、产品和服务的供给者，并用市场化手段推进生态修复、发展生态产业、保护生物多样性、改善环境和自然景观，将生态环境保护与减缓贫困有机结合起来，将绿色资源变为绿色资本、绿色产品、绿色服务，能够增加贫困人口收入，让贫困群体通过生态建设脱贫致富，实现绿色减贫。

（四）我国生态功能区碳汇发展面临的主要挑战

当前，我国生态功能区碳汇发展仍然面临一系列挑战，需要给予高度重视。

1. 碳汇有效需求有待挖掘

生态功能区碳汇发展首先需要考虑市场需求问题。

碳汇有效需求是生态功能区碳汇发展的前提，也直接影响着生态功能区碳汇的生产规模和质量。在理想状况下，政府制定的强制减排政策，排放企业在特定时间内对自身的碳排放量缴纳等额排放配额，如果企业排放量超过其拥有的配额量，则需要在碳市场上购买更多排放配额来完成履约责任。碳汇需求企业可以根据自身实际情况在节能改造和购买排放配额间进行选择，从而以最低成本实现减排。随着经济发展、技术进步和企业环境责任意识加强，碳汇需求会相对稳定。但由于碳汇产品具有作为公共产品的外部性特征，其价值的实现既要求市场化来保证，又不能通过市场的自身运行和企业的自觉行为得到完全实现。如果缺乏能够体现约束与激励相容、强制与自愿结合的制度安排，往往很难形成长期、稳定的碳汇市场需求。从我国已经开展的碳市场试点发展情况来看，碳交易已被证明是典型的政策性市场。减排政策和激励政策健全、执行力强的地区往往碳需求相对旺盛。例如，深圳市和北京市都由市人大出台了地方性法规或决定，上海市、深圳市和广东省分别以市长令、市政府令和省长令的形式发布了政府规章性质的管理办法，对排放企业的约束力和推动力相对较强，企业参与碳汇交易的需求也相对较大。

反之，一些试点地区基本以政府规章进行规制，个别试点地区甚至仅以部门文件为依据，层级较低、缺少罚则，约束力不足，则具有碳减排需求和意愿的企业的碳汇购买意愿较低，交易所内碳减排实际成交量占挂牌交易量的比例相当低，造成很多试点地区处于"有场无市"的尴尬境地。同时，碳需求与经济发展态势也密切相关。当前我国经济下行压力较大，一些地方特别是欠发达地区的经济形势恶化和债务压力加大，加之片面追求发展的速度和粗放型经济增长方式仍未从根本上得到改变，往往倾向于在制定区域和产业发展规划中放松环境规制，同时很多企业经营状况受经济形势影响，也容易从经济利益的角度出发逃避环境责任，削减减排开支，这都将影响碳汇的有效需求。

2. 碳汇供给质量和能力仍需提升

不少生态功能区拥有较为丰富的生态资源，具备较强的碳汇供给能力。但从碳汇供给质量上看，我国生态功能区的碳汇质量有较大提升空间，尤其是新增碳汇方面需要加强质量管控。实践中，由于碳汇项目开发往往需要满足包括土地、林木、残余处理、土壤扰动等多方面的严格技术要求，有些生态功能区投入了大量人力物力，营造了不少碳汇农林地，但由于碳汇方法学认知和掌握程度限制，导致这些农林所产生的碳汇由于无法满足改策、技术等要求而不能进行交易，碳汇的生态价值难以体现。同时，目前我国生态功能区碳汇供给主要依赖政府规划和推动，但长远来看，保持碳汇可持续供给，仍需多方参与、多元投入，在政府宏观管理的基础上通过调动社会资本的积极性来提升碳汇供给能力。在具体实践中，碳汇虽然能够减少排放、保护环境、促进生态功能区绿色经济发展，为所在地的经济发展和人民生活带来效益，但这些效益往往无法直接反映在社会资本投资者的实际收益中，所以实践中很多社会资本投资者往往在价值上认同碳汇项目的意义，但出于经济利益考虑对进行生态功能区碳汇项目开发仍然存在顾虑。同时，与其他工业减排项目只要开工就可实现减排项目相比，碳汇项目实施往往要求高、投入大、周期长、程序多、回报慢。例如大多数林业碳汇项目的碳汇量随着林木生长而逐渐积累，达到峰值一般需要 5～20

年，且碳汇项目初期投入和审核成本较高，短期内很难获得交易收益，短期成本与长期收益很难匹配，也直接影响着社会资本的碳汇参与意愿和行为，不利于碳汇可持续供给能力的提升。

3. 碳汇交易市场和配套服务体系不健全

从全球来看，控制碳排放的手段总体来说都在从行政手段向市场手段转型，而运转良好的碳市场则是开展碳汇交易的重要保障。2013 年，中国开始碳市场的试点工作，目前全国七个碳交易试点已经建立较为完整的碳排放权交易体系，培育起一批碳市场交易参与方，在碳交易各项要素的设计上有了积累，也为碳市场建设提供了政策法规体系、覆盖范围划分、配额分配和核查核算标准、交易系统建设等多方面的经验。在国家发展改革委《关于落实全国碳排放权交易市场建设有关工作安排的通知》（发改办气候〔2015〕1024 号）和《国家发展改革委办公厅关于切实做好全国碳排放权交易市场启动重点工作的通知》（发改办气候〔2016〕57 号）等文件下发后，各地正在积极为全国性统一碳市场的启动进行项目准备与储备，碳市场发展进入了新的时期。

但对于生态功能区碳汇发展而言，一方面国际上运行成功的碳市场案例并不多，加之我国碳市场分割、标准不统一问题在全国范围仍然存在，生态功能区开展碳汇交易、发展碳市场，将仍然会面临一些全国性的共性问题。另一方面，我国区域发展非均衡特征明显，与先行试点地区和发达地区相比，生态功能区在碳市场规则设计、产业基础、能力建设、服务保障等方面仍存在较大差距。例如碳交易所作为碳交易活动的一个资本流动平台，能够将碳排放权的卖方、买方、套期保值者、投机者等主体汇集在一起进行交易，并具有信息传递、价格发现和影响功能，对降低交易费用、提高交易效率、影响交易价格发挥着关键作用。但我国生态功能区往往缺乏交易所建立、活动和业务开展的经验和能力。同时，碳汇项目开发和交易具有很强的专业性，项目设计、审定、备案实施与监测、减排量核证、减排量签发等流程，都需要运用计量方法并通过严格的设计、审定、计量和核证等程序，还要证明其环境上的额外性和计算实际的减排量；由专业的碳汇公司申请，报国家发展改革委审批后，经第三方机构认定等流程，确定碳汇所有权，才能够按照市场规则进行交易。而生态功能区往往缺乏相应的专业服务机构、人才队伍，这都将制约生态功能区碳汇发展。

4. 碳汇发展的产权制度和合作机制仍需完善

产权是交易的前提和基础。产权的界定能够为外部效应内部化提供动机和激励，使得私人成本和社会成本趋向一致。有效的产权界定要求产权主体对资源具有使用的排他权、自由转让权以及收益的享有权，从而保证产权主体在市场交易中的责、权、利的统一，进而增加交易的确定性并减少机会主义行为。生态功能区碳汇储量丰富，但在碳汇产权界定上，长期自然形成的原有碳汇储量作为"公共产品"，产权无法界定，无法进行交易进而产生市场价值。只有新增的碳汇储量，通过计量监测、认证、注册，最终才能将碳储量由产品变成商品进行交易，这就需要相应的产权制度配套。然而，从目前的情况来看，现有促进碳汇发展的相关产权制度仍需完善。以与生态功能区碳汇发展高度关联的林权制度为例，长期以来，林权制度围绕广大林农与集体林权关系进行调整，形成了"分与统""放与收"的模式，但仍存在产权保护不严格、生产经营自主权落实不到位等问题。同时，生态功能区碳汇发展需要促进环境保护与经济发展的统一，既要绿色又要发展，形成提高生态产品供给能力、提升生态环境价值、促进经济社会发展等多重效益，构建系统综合、融合发展的绿色产业体系。目前，生态功能区地方政府力量有限，社会资本介入不足，如何实现政府和市场协同推进、调动各方积极性、充分发挥市场主体的作用也是生态功能区碳汇发展需要解决的问题。

四、促进生态功能区碳汇发展的政策建议

促进生态功能区碳汇发展，需要通过强化约束、政策激励和责任引导，激发碳汇市场需求，增强生态功能区碳汇可持续供给能力，完善生态功能区碳汇交易市场及配套服务，推动碳汇发展体制机制创新。

（一）通过强化约束、政策激励和责任引导，激发碳汇市场需求

促进生态功能区碳汇发展，需要增强碳汇需求对碳汇供给的拉动作用，以提升生态功能区碳汇发展的水平。

一是强化约束。重点强化政策约束，推进碳汇需求的强制性和规范化。鼓励生态功能区排摸减排潜力，形成适应生态功能区需求的配额分配方式，在符合国家政策和技术标准的前提下，赋予生态功能区地方政府在确定参与碳市场的重点排放单位、排放配额分配、核查管理、履约管理、市场监督等方面的自主性，开发有助于实现地区减排目标、促进地方经济发展转型的排放配额分配方法，制定保障完成核查任务的政策措施，制定保障企业履约的惩罚措施等。

二是政策激励。重点完善鼓励企业参与生态功能区碳汇开发和交易的激励政策。对于参与生态功能区碳交易的企业初期可以免征碳交易税和相关的手续费；制定针对参与生态功能区碳交易企业的补贴办法；加大政策性贷款对参与碳交易企业的倾斜力度在不降低上市准入条件的前提下，在相同申请条件下给予碳交易企业上市的优先权。

三是责任引导。重点将志愿行为和强制行为有机结合，强化企业环境责任和"环境伦理"，通过企业责任和社会形象建设引导企业参与碳汇项目。给予碳交易企业参评荣誉称号、评优资格的优先权；充分利用官方举办的研讨会、展销会、洽谈会等多种方式，以优惠条件为积极从事碳汇开发和交易的企业创造推介机会。

（二）增强生态功能区碳汇可持续供给能力

一是"增汇减源"。重点核查生态功能区碳储量与碳汇量的现状、变化与潜力情况，继续推进生态功能区草场资源保护、退耕还林还草、防护林体系建设等重点工程，积极扩大森林、草场、湿地等面积，增加林草蓄积，增强生态功能区碳汇生产能力。同时积极推进经济绿色转型，促进产业结构调整、提高清洁能源消费占比、推广节能减排技术、淘汰落后产能等措施，降低生态功能区各排放源的排放量，打造近零碳排放区。

二是推动碳汇科技和方法学应用。重点支持生态功能区提高对碳汇项目储备与开发的认识，提高碳汇技术自主创新和集成创新能力，依靠科技提升生态资源的固碳功能，利用适用的方法学储备和开发碳汇项目，并积极开发符合生态功能区特色的方法学，保障生态功能区碳汇质量。是通过绿色金融促进社会资本投入。重点鼓励金融机构开展业务创新，发展绿色信贷，为社会资本开展碳汇项目和碳汇交易提供融资服务。发展绿色保险，建立碳汇市场风险保障机制，为社会资本合理分配和规避长期的碳交易过程中各种不确定风险。发展绿色碳基金，由政府牵头与金融机构、私人投资者合作成立碳基金，拓宽碳汇投资渠道，扶持碳汇开发，碳汇标准制定，碳汇测量、监测、信用发布，碳汇宣传和推广项目。

（三）完善生态功能区碳汇交易机制及配套服务

一是积极对接全国碳汇市场，与现有碳交易所联合加强区域碳交易所建设，建立生态功能区碳交易信息平台，及时跟踪和发布碳交易所形成的碳现货及期货的交易量、交易价格等关键信息，推动生态功能区内碳汇"走出去"和区外需求"引进来"，并参与和影响碳汇价格机制形成，提升生态功能区碳汇价格话语权。

二是积极研制和开发碳汇产品，在碳配额、碳信用等现货交易的基础上，结合生态功能区生态资源特色推动碳汇产品创新，开发碳汇期货、期权、远期、互换等碳汇衍生品。

三是积极引入和培育交易中介服务机构，以碳汇开发和交易过程中的碳项目投资、碳数据盘查与审核、碳信息化服务与管理、碳项目咨询、碳市场法律服务、碳管理培训等为重点，加快培育专业化、多元化、本土化碳交易服务机构。四是加强碳汇教育培训。围绕碳汇有关的专业知识如造林学、遥感技术、碳计量等，与碳咨询有关的专业知识如经济管理、统计学、供应链管理等，与碳资产管理信息化有关的专业知识如物联网、工业信息化、数据监测、智能化分析等，与碳金融有关的金融学专业知识如碳期货、碳融资、碳债券、碳保险等领域，针对各级管理部门、企业、林农等，开展专业培训和系统教育，使其深入了解碳汇相关的理论和方法。

（四）推动碳汇发展体制机制创新

促进生态功能区碳汇发展，需要推动体制机制创新。要以产权安排和合作机制为核心，加快推行生态产品市场化改革，形成更多体现生态产品价值、运用经济杠杆开展生态保护的制度体系。重点完善产权分置机制，针对生态功能区的林木、草场等生态资源，完善集体所有权、承包权、经营权分置运行机制，落实集体所有权，稳定承包权，放活经营权，重点拓展和完善经营权能促进经营权在更大范围的优化配置，保障基于经营权所产生的碳汇归项目收益实施方所有，鼓励和引导社会资本采取转包、出租、入股等方式流转经营权，通过产权明晰和规范流转，保障参与碳汇开发的经营者的合法权益。同时，创新合作机制。坚持发挥市场在资源配置中的决定性作用和更好发挥政府作用，在碳汇发展中建立健全共同经营、共享收益的多形式利益合作机制，运用政府和社会资本合作（PPP）模式共同推动碳汇基础设施建设和项目开发，通过构建生态功能区现代特色产业体系、生产体系和经营体系，推动一二三产业融合发展，引导各类生产经营主体开展联合、合作经营，充分调动社会资本参与生态功能区碳汇发展的积极性。

第三章 现代林业生态环境建设的特点及现状

第一节 林业生态环境建设的作用

一、林业生态环境建设的作用

面对生态环境日趋严重的形势，人们逐步认识到，作为地球陆地生态系统主体的森林，在保护和建设生态平衡、保障工农业生产和人类生活方面的支柱作用和意义。林业生态环境建设已成为国土整治的一项核心内容，成为维护生物多样性、治山治水、保护和恢复生态环境的重要手段。

环境问题的实质是生态系统的维护和退化问题，全球环境战略的重点将是优先改造或解决与全球环境密切相关的森林环境问题。基于对环境保护的新认识，我国环境保护工作的重点应由污染防治转移到整个生态环境的保护，应由城市综合整治扩展到整个国土范围的生态建设，以避免头痛医头、脚痛医脚的被动局面。

森林是陆地生态系统的主体和人类赖以生存的重要自然资源，是地球上功能最完善、结构最复杂、生物产量最大的生物库、基因库、碳储库和绿色水库，是维护生态平衡的重要调节器。林业生态环境建设是国家生态环境保护和国土整治的根本出路和首要任务，是实现农业高产稳产、水利设施长期发挥功效、减轻自然灾害的重要保障和有效途径。原全国人大环境与资源委员会主任曲格平指出"农业能不能实行良性循环，林业起着重要作用""治理沙漠、防止水土流失的最根本办法是植树造林"。原林业部徐有芳部长指出"从某种意义上说，治理贫穷根本在于治理环境，治理环境根本在于治山兴林"。发达的林业是国家富足、民族荣和社会文明的重要标志之一。林业生态环境的实质是森林对环境的影响起到关键作用。它不仅可以保护现有的生态系统，而且可以使已破坏的生态系统重建、更新和恢复。林业生态环境建设的目的就在于通过森林生态系统的保护、恢复与重建，充分发挥森林的作用。森林是解决全球生态环境危机的关键。

（一）森林能提高大气质量

1. 森林能有效地减缓温室效应

气候变暖主要是大气中温室气体（二氧化碳、甲烷、氧化亚氮等）的增加所致。研究表明，当全球大气中二氧化碳增加到当前水平的二倍时，全球气温将上升1.5 ~ 45 ℃；到21世纪末气候变暖将使海面上升0.3 ~ 10 m，那时东京30%的地区可能受淹，全球30%的人口势必迁移。陆地生态系统碳贮量约达5600 ~ 8300亿t，其中9%的碳自然存贮于森林中。森林每生长1 m³可固化350 kg二氧化碳。热带林是生物圈中二氧化碳的有效贮存库和调节器，其碳贮量占全球陆地碳贮量的25%，但目前热带林的破坏就减少固定二氧化碳约2亿t。

2. 森林是主要的氧源

森林在其光合作用中能释放出大量的氧气。1 hm²的阔叶林，一天消耗1 t二氧化碳释放37 t氧气，可供约1000人呼吸。全世界森林每年可释放氧气555亿t。

3. 森林可减少臭氧层的耗损

臭氧层可保护地球上的生命免遭太阳的有害辐射。1985年科学家发现南极上空出现大如美国的臭氧空洞。臭氧层的破坏主要是由于人类生产或毁林烧垦中产生的氨和氢的氧化物、硝酸盐、甲烷在平流层中被光解或氧化后破坏臭氧分子。森林可以有效吸收二氧化氮，每公顷森林每年可吸收二氧化氮0.3万t，森林对烧垦产生的气溶胶有巨大的吸附能力。

4. 森林可净化空气

森林对大气污染物有一定的吸收和净化作用。美国环保局研究结果表明，每公顷森林可吸收SO_2 748 t、NO_2 38 t、CO_2 2 t。森林通过降低风速、吸附飘尘，减少了细菌的载体，从而使大气中细菌数量减少。许多树木的分泌物可以杀死细菌、真菌和原生物。

5. 森林有调节温度的功能

森林有繁茂的树冠，可以阻挡太阳辐射能，形成林内昼夜和冬夏温差小，并可减轻霜冻的危害。

（二）森林可有效保护生物多样性

森林问题和生物多样性问题是一对相互关联的问题，森林消退是生物多样性面临的最大威胁。生物多样性是与人类社会可持续发展息息相关的最重要因子。据生物学家估计，现在地球上约有 8 万种植物可以供人食用，目前仅利用了 3000 多种，而人类所需植物蛋白的 95% 只来自其中的 30 种，50% 以上的植物蛋白仅来自 3 种——小麦、水稻、玉米。世界医药复合物中约有一半来自植物或从植物中提取的有用成分。人工饲养或种植的动植物，其生产力或抗病虫能力很大程度上依赖于它的野生或半野生、半人工的遗传基因资源。野生生物在人类心理、文化和精神上的价值更是无法估计，美国 1990 年用于狩猎、钓鱼等娱乐性消费估计达 148 亿美元。

1. 森林与物种多样性

森林是物种多样性最丰富地区之一。由于森林破坏（年毁林面积达 18002000 万 hm²）、草原垦耕、过度放牧和侵占湿地等，导致了生态系统简化和退化，破坏了物种生存、进化和发展的生境，使物种和遗传资派失去了保障，造成生物多样性锐减。如果片森林面积减少为原来的 10%，能继续在森林生存的物种将减少一半。目前地球上的全部物种已消失了 25%，有 20% ~ 30% 还有消失的危险。

2. 森林与生态系统多样性

森林占陆地面积的 13%，其生物量约占整个陆地生态系统的 90%。在森林生态系统中，植物及其群落的种类、绍构和生境具有多样性，也是动物种群多样性赖以存在的基础和保证。

3. 森林与遗传多样性

一个物种种群内两个体之间的基因组合没有完全一致的，灭绝一部分物种，就等于损失了成千上万个物种基因资源。森林生态系统多样性提供了物种多样化的生境，不仅具有丰富的遗传多样性，而且为物种进化和产生新种提供了基础。森林的破坏导致基因侵蚀，使得世界上物种单一性和易危性非常突出

4. 森林对其他生态系统多样性的影响

森林的破坏导致生态环境恶化，特别是引起温室效应、水土流失、土地荒漠化、气候失调等问题，从而严重影响农田、草原、湿地等生态系统的生物多样性。

（三）森林能有效逼止沙漠化

据联合国环境规划署统计，世界上受到沙漠化威胁的土地面积达 45 亿 hm²，每年有 2700 万 hm² 的土地变为沙漠，预测到 2050 年全球陆地的 13% 将变成不毛之地。目前全世界 16% 的人口受到沙漠化威胁。在干旱和半干旱区，森林植被破坏后，由于阳光曝晒和雨水冲刷等因素，使得土壤团粒结构崩解，土地养分流失，土地生产

力逐渐丧失。如古巴比伦文明和古印度文明的发源地随着森林消失，逐渐形成今日满目荒凉的伊拉克沙漠与塔尔沙漠。据调查分析，我国土地沙漠化面积扩大的主要原因是人为造成的，自然成因仅占 5.5%。科学与实践证明，林网超过 10%，沙暴的危害就会减少到最小限度，因此植树种草是防止沙漠化的最重要措施之一。

（四）森林可防止土地力衰退

全球地力衰退和养分亏缺的土地面积为 299 亿 hm^2，占陆地总面积的 23%，受沼泽化土地面积 13 亿 hm^2，占陆地总面积的 10%。在干旱和半干旱地区盐碱化土地面积约占 39%。土地退化已威胁到生物圈的未来，对人类的生存构成了威胁。著名的古埃及文明、古巴比伦文明都困于毁林造田，再加上不合理的排灌方式，造成土地盐碱化和沙漠化，并沦为不毛之地，古老的文明从此衰落。纵观国内外的历史和现状，土地退化发生过程常常是毁林毁草垦地耕地的不合理利用—土地生产力下降—最终弃耕。联合国环境规划署在《1984 年世界环境状况》中指出砍伐森林是土地退化的最主要原因。

森林能在一定程度上减缓和防止土地退化，其原因有如下。

①由于林冠的阻挡，森林土壤表层的盐分含量很小，既使表层盐分含量高，也会因降水和林地渗透而淋溶进入地下水；

②森林利用根系吸收土壤深层水分以供树叶蒸腾，从而降低地下水位；

③森林生产力高，其生长过程需要吸收利用大量的盐分；

④森林有较强的自肥能力，还能防止水蚀、风蚀以及温差剧变。

（五）森林能缓解水资源危机

目前全世界已有 100 多个国家缺水，严重缺水的国家已达 40 多个，全球 60% 的陆地面积淡水资源不足，20 多亿人饮用水紧缺。我国人均水量非常低，全国有 200 多个城市水资源紧缺，其中北京、天津、上海、长春、青岛等 40 多个城市缺水严重。水是生命之源，水资源危机的后果是灾难性的，它不仅阻碍了经济发展，而且严重影响了人民生活和生存，甚至还成为邻国纠纷和诉诸武力的根源，是导致国际社会动荡的重要因素之一，森林缓解水资源危机的作用表现如下。

①森林是"绿色水库"，森林及其土壤像"海绵"一样可吸收大量的降水，并阻止和减轻洪水灾害，增加枯水期的河水流量，增加有效水。

②森林可防止水土流失，维护江河湖库的蓄积能力，延长水利工程设施的寿命，

减少无效水损失，并且还能有效地缓减水体盐碱化和富营养化。

③森林可以促进水分循环和影响大气环流，增加降水，起"空中水库"的作用。林区云多、雾多、水多的现象就是最好例证。根据目前权威性的估计，森林蒸腾的水汽有 58% 又降到陆地上，这可增加陆地降水量 21.6 mm，占陆地年均降水量的 29%。

（六）森林能消除就减轻噪声污染

噪声特别是城市噪声已严重危害人类的生活和身心健康。现在德国有 50% 的人口受到多种噪声的污染；我国区域环境噪声污染也十分严重。森林可有效地消除噪声，为人类生存提供一个宁静的环境。噪声经树叶各方不规则反射而使声波快速衰减，同时噪声波所引起的树叶微振也可消耗声能。森林还能优先吸收对人体危害最大的高频和低频噪声。据测定，100 m 树木防护林带可降低汽车噪声 30%，摩托车噪声 25%，电声噪声 23%。

二、森林是关系环境与经济可持续发展的纽带

以环境代价换取经济发展的不合理生产方式，造成了森林资源的大量破坏和消失，引发了一系列环境问题，形成了贫困—环境破坏—贫困的恶性循环。森林对地球上生物界特别是人类的生存有至关重要的意义，其价值可分为生物学—生态学价值—经济价值和社会—精神价值。森林可持续发展是社会—经济环境系统协调持续发展的基础和关键所在，林业以其保护性和生产性的特征，积极参与和协调社会—经济—环境大系统的循环。正如联合国环境与发展大会秘书长莫里斯·斯特朗所指出的"在推动环境与经济领域一体化这件事情上，为协调国家利益和全球范围的环境保护利益方面取得一致意见，没有在何别的问题比林业更重要了。

（一）森林是可持续发展的物质基础

陆地四大生物生态系统——农田、湿地、森林和草原支持着世界经济。除矿产原料外，它们为工业提供了几乎所有的原材料；除海产外，它们为人类提供了几乎所有的食物。森林是陆地生态系统的主体，在四大生物生态系统中处于主导地位，并对农田、湿地和草原系统有着深刻的影响，在维护农田、湿地和草原的高产、优质、稳产上具有不可替代的作用。在可持续发展的社会中，广泛利用农林综合体进行生产，这样既可提供粮食、生物质、饲料和生物能源，又可增加土壤中的营养，防止土壤退化，

保证稳定的粮食供给。

（二）森林是可持续发展的环境基础

可持续发展必须遵循生态平衡准则，要在经济－环境协调中求发展。森林是人类生存的自然环境基础，也是人类社会经济活动的物质基础。林业经营的环境效益是社会经济环境良性循环不可缺少、取代不了的基本因素。社会经济发展必须以依赖森林生态系统为基础的环境发展，否则是无源之水、无本之木。只有保护和发展森林资源才具有真正促进可持续发展的意义。

（三）森林是生物能源的主体

可持续发展的社会将不再以煤、石油和天然气为能源，而以太阳能和生物能为主要能源。目前世界各国在可持续发展的探索中，对生物能源的开发极为关注。森林是一种清洁能源，可固化大气中的 CO_2，既可提供能源，又可控制温室效应。美国环保局 1989 指出，全世界若能营造 4 亿 hm^2 速生短轮伐人工林，一年则可生产 40 ～ 80 亿 t 生物能源，同时还可固定 60 亿 t CO_2。

三、森林联系着人类的前途和命运

森林孕育了人类的文明，森林文明是人类最早的文明形式，也是人类最基本的和永恒的文明形式。人类文明发展中，森林文明将成为最重要的文明形式。虽然人类早已摆脱了采摘、狩猎的生活方式，对森林的直接依赖性有所降低，但对森林的整体依赖性并没有减少。因为人类社会的生存和发展与以森林为主体的生态环境息息相关，而且随着当代森林的大幅度减少，人类生存对森林的依赖性更加突出。没有了森林，人类社会将失去其最基本的生命维持系统，人类也就没有了未来。古巴比伦、古埃及、古印度文明伴随着森林的消失而衰败。我国的古黄河文明也是建立在当时林海茫茫、沃野千里的黄河流域。在西周时期，黄土高原森林覆盖率曾高达53%，黄河还是条清水河，此后森林毁灭，生态环境日益恶化，历史上的政治、经济、文化中心从此退出，黄河孕育的文明开始衰落。历史证明，森林能促进人类文明，森林的毁灭也能使千年文明毁于一旦。500 年前哥伦布登上加勒比岛北部的海地时曾赞叹："这儿是人间最美的地方"，然而经过数百年的殖民统治，98% 的森林已荡然无存，昔日人间天堂变成了一片荒漠。反之，我国陕西榆林地区在唐代以前林遮天，环境优美，但由于唐朝屯兵开荒，毁林种田，逐渐变成一片"四望黄沙不产五谷"

的凄凉景象。但经过最近几十年综合治理，已治沙造林 80 万 hm²，恢复和保护草场 15 万 hm²，而今该地区已成为商品粮生产基地，昔日文明得到了重现和发展。

第二节　林业生态环境建设的特点

一、林业生态环境建设的内涵

生态环境建设是指运用生态系统原理，根据不同层次、不同水平、不同规模的生态建设任务，模拟设计最优化的人工生态系统，按模型进行生产，以取得预期的最佳生态效益和经济效益。这种生态工程设计可广泛地用于自然资源利用、国土开发利用、城乡建设规划、农林业的集约经营、环境治理和环境建设工程等许多方面。

林业生态环境建设是指从国土整治的全局和国家可持续发展的需要出发，以维护和再造良性生态环境以及维护生物多样性和具代表性的自然景观为目的，在一个地域或跨越一个地域范围内，建设有重大意义的防护林体系、自然保护区和野生动植物保护等项目，并管护好现有的森林资源，如天然林保护。

（一）防护林体系建设

防护林体系建设是指根据自然条件和林业可持续发展的需要，以林木为主要手段，将有关林种及林、农、收、水等有机结合成一个整体，以发挥最大的防护作用和综合效益，并充分合理利用土地，发挥土地最大生产潜力。其主要形式是各种类型防护林相结合，防护林与用材林、薪炭林、经济林相结合；乔灌草相结合；工程造林、封山（沙）育林育草与保护天然森林植被相结合，形成片、网、带相结合的有机联系、浑然一体的人工生态系统。从防护目的来看，防护林体系主要由防风林、固沙林、水源涵养林、水土保持林、农田防护林和环境保护林等几大类型组成。从综合效能来讲，防护林体系由一般生态防护林、生态经济型和经济生态型防护林组成。

1. 一般生态型防护林

是以发挥生态效益为主要目的，其主要类型如下。

①禁伐性水源涵养林；

②禁伐性水土保护林；

③自然保护林；

④城市保护林；

⑤风景林；

⑥护路林；

⑦护岸护堤林；

⑧固沙林。

2. 生态经济型防护林

是以发挥生态效益为主，兼顾经济效益为目的，其主要类型如下。

①经营性水源涵养林；

②经营性水土保持林；

③坡地农田防护林；

④平原农田防护林；

⑤庭园林。

3. 经济生态型防护林

是以发挥经济效益为主，兼顾生态效益为目的，其主要类型如下。

①用材林；

②竹林；

③经济林；

④薪炭林。

（二）天然林保护工程

天然林保护工程是项复杂、庞大的系统工程，涉及面广，技术复杂，管理难度大。根据国家林业局有关资料，工程建设总的思路是：保护、培育和恢复天然林，以最大限度地发挥其生态效益为中心、以森林的多功能为基础、以市场为导向，调整林区经济产业结构，培育新的经济增长点，促进林区资源环境与社会经济协调发展。工程以长江上游（三峡库区为界）、黄河中上游（以小浪底库区为界）为重点，在工程管理上实行管理、承包与经营一体化；业务上以科学技术为支撑。本着先易后难的建设原则，根据国家和林区的经济条件，分期分批逐步实施。

我国有 25 个天然林区。天然原始林主要分布在大、小兴安岭与长白山一带，其次在四川、云南、新疆、青海、甘肃、鄂西、海南、西藏和台湾也有一定面积的原始林。按照建设的总思路和原则，将 25 个林区划分为 3 个大的保护类型。

1. 大江、大河源头山地、丘陵的原始林和天然次生林

这包括东北针叶、落叶阔叶林区；云贵高原亚热带常绿阔叶林区；南亚热带、热带季雨林、雨林区；藏高原的高山针叶林区；蒙新针叶、落叶阔叶林区。

2. 内陆、沿海、江河中下游的山地、丘陵区的天然次生林

这包括暖温带落叶阔叶林区；北亚热带落叶阔叶林带；中南亚热带常绿阔叶林带；闽、粤、桂沿海丘陵山地雨林和常绿阔叶林区与台湾山地雨林、常绿阔叶和针叶林区；阴山贺兰山针叶、落叶阔叶林区。

3. 自然保护区、森林公园和风景名胜区的原始林和天然次生林

我国的自然保护区、森林公园和风景名胜区，大部分分布在河流上游，其原始林和天然次生林的保护，是天然林保护工程的重要组成部分。

4. 自然保护区建设与野生动植物保护工程

自然保护区建设与野生动植物保护工程是根据自然保护和生物多样性保护的需要，在全国范围内建立以保护天然森林生态系统和珍稀濒危野生动植物及其栖息地为主的保护网络。自然保护区就是国家把森林、草原、湿地、荒漠、海洋等各种生态系统类型或自然历史遗迹等地划出一定的面积，并专门设置保护管理机构。建立自然保护区的目的如下。

①自然保护区可提供衡量人类活动结果优劣的评价准则，为某些自然地域生态系统指出今后的合理发展途径，以便人类能按照需要而定向地控制其演化方向；

②自然保护区是各种生态系统以及生物物种的天然贮存库；

③自然保护区是科学研究的天然实验室；

④自然保护区是进行宣传教育的自然博物馆；

⑤自然保护区具有潜在的旅游价值，在不破坏自然保护区和实行严格的管理条件下，可以有限制地开展旅游事业；

⑥自然保护区可以保护天然植被及其组成的生态系统，维护基本生态过程和生命维护系统，是保存、维护和改善环境的重要实体。

野生动植物保护有就地保护（即自然保护区）迁地保护和离体保护 3 种形式，其中就地保护是野生动植物保护的战略重点。

二、林业生态环境建设的特点

（一）综合性

林业生态环境建设是以协调和改善社会、经济、环境复合生态系统为根本目标，从人类生存和发展空间的环境整体优化出发，既要对生态环境进行弥合、治理、复和重建，还要顾及与复合生态系统相关的社会、经济因素的协调。它强调社会与经济、宏观与微观、部门与整体、区域与全球、自然科学与社会科学的有机结合、共同协作。

（二）先行性

在社会经济活动开展前，先预测可能出现的生态环境问题，同时分析现有环境状况对社会经济发展的限制和未来社会经济发展对环境的要求。工程建设要遵循以防为主、因害设防、超前治理的原则，充分利用森林的自我调节和再生产能力，以促进区域生态系统的良性循环。

（三）主动性

林业生态环境建设追求的环境目标并不是原始的环境，而是与当代社会相适应的、符合当代人及后代人生活要求和生存需要的环境。人类主动按发展建设的需要，对生态系统的组成、结构和功能进行积极地调控、重组和再造，使生态系统实现良性演替，符合当代与未来人类的需要和价值趋向。

（四）协调性

林业生态环境建设必须为乡村经济发展、国家经济建设做出自身应有的贡，必须保证生态、经济和社会多重效益的协调。没有健康的森林生态系统，就没有生物多样性的保障，也就没有良好的生态环境，同时也不可能得到木材和其他林产品的持续生产。

第三节　林业生态环境建设现状

一、我国林业生态环境建设的目标与原则

（一）林业生态环境建设的总目标和总方针

林业生态环境建设的总目标是根据我国自然条件和社会经济发展的需要，通过保护、改善、建造森林生态系统，保护野生动物资源，发展森林资源，提高森林覆盖率，维护生物多样性，使我国绝大部分地区的水土流失得到控制和根治，减少或减轻风沙、旱涝、台风、海潮等各种自然灾害的危害，防止沙漠化，提高国土保安能力，保障农牧业稳产、高产，促进区域经济的发展，奠定持续发展的基础，推动全球环境的改善。林业生态环境建设的总方针是在国民经济、社会发展和自然保护总目标以及林业生态环境建设总目标指导下，因地制宜、因害设防、统一规划、合理布局，保护为主、合理利用，综合治理、突出重点，讲求实效、总体最佳，实现生态效益、经济效益、社会效益的统一。

（二）林业生态环境建设的基本原则

1.防护林体系建设原则

（1）按照不同区域的自然和经济特点，坚持统一规划，合理布局

各项林业生态工程是国土整治和环境建设的重要组成部分，必须从国家经济与社会总体发展状况和自然环境特点出发，考虑国家、地方和人民在人、财、物上的承受能力，全面规划各项林业生态工程；同时，每项林业生态工程又是一项庞大系统工程，在工程区域范围内，存在与农、牧、水、工业等如何协调发展问题，从自然条件看，存在气候类型、地质地貌、主要生态灾害差异性大的特点，应依据不同的防护目的和地貌类型，营造各种人工防护林，同时结合其他林种和原有的天然林，形成一个完整的生态系统。

（2）以防为主，防治并量，综合治理，协调共建

切实保护好现有森林资源，特别是江河上游及主要支流现有森林和典型森林生态系统正确处理好防、治、用的关系，造林绿化与改善不合理的耕作制度和开发利

用方式相结合，实行护、造、管相结合，防止一边治理，一边破坏，破坏大于治理的被动局面，充分认识农、林、水三者的关系，将治山与治水、兴修水利与林业建设、发展农业与振兴林业作为个整体，坚持生物措施与工程措施相结合，治源与治流相结合，在农业综合开发中做到山水林田路综合治理，建成多层次、多种模式的农林牧水结合的复合生态经济体系。

（3）从实际出发，因地制宜、因害设防、先易后难、分步实施

林业生态工程建设必须遵循工程范围的自然规律，因害设防，因地制宜。针对工程区内生态经济环境中存在的问题，区别突出重点，在以防护林为主的前提下，适当发展用材林、经济林和薪炭林，多林种结合，到乔、灌、草搭配，片、网、带齐上，封、造、飞并举，造、管、护相结合，有重点、有步骤地按工程区域内不同类型的特点，首先建成一批区域性防护林体系，适当集中建设资金、种苗和技术等力量，造育一片，成林一片，逐步推进。

（4）道自然规律，视科学技术，大力调整结构，确保工程质量

围绕建设防护林体系的总目标，走科技兴林之路，有计划、有步骤地在工程建设中推广配套实用技术成果，重视示范区建设；实行工程造林，集约经营，强化质量意识，落实质量管理制度，把提高质量贯穿于工程建设的全过程；大力改造不合理的林种结构，改变单一的林业生产经营模式，建成一个既有生态效益，又有经济效益，多树种、多功能、高质量、协调发展的生态经济型或经济生态型防护林体系。

（5）充分调动各方面的积极因素，坚持依靠全社会力量建设防护林体系

林业生态建设实行以群众造林为主，国家、部门、集体、个人一起上的原则。贯彻"各负其责、各受其益""谁造、谁有、谁收益""长期不变，允许继承，允许折价转让"等有关政策，积极发展国家、集体、联户合作、农户个人和集体入股等多层次、多形式的林业经营模式。这项工程是一项社会性很强的公益事业，投资于林、造福于民、功在当代、利在千秋。

（6）坚持国家投资为辅，地方投入和群众投工投劳为主

在建设资金的投入上，实行国家专项扶持、多方集资、地方财政配套和群众投劳相结合的办法。在生态经济原则指导下，逐步开展生态补偿征收试点。发展多种经营，长短结合增强自我发展能力，确保工程建设顺利开展。加强建立资金管理、资金使用、计划管理等制度。

（7）国土整治与开发利用相纳合，发挥优势，繁荣经济，兴林致富

工程建设是以工程区生态环境治理的需要和林业生产的客观现实提出的，因此工程要立足长远，但也必须结合工程区林业基础薄弱、人民群众生活水平不高的实际，把工程建设与当地经济发展、人民脱贫致富结合起来，处理好眼前利益和长远利益的关系，保护资源和开发利用的关系，注重当地资源优势向经济优势的转化，使防护林体系建设达到总体最优，既起到防护效果又增加群众的经济收入。只有将生态和经济效益相结合，让群众既有长远利益可盼，又有近期利益可图，才能引导群众从"要我治"转变到"我要治"的轨道上来。

2. 天然林保护工程实施原则

天然林保护工程是实现林业生态环境建设的重要组成部分，森林可持续经营是实施天然林保护工程最基本的原则和目标。尽管森林可持续经营的标准和指标体系各国还在探索之中，但是就现有的保护生物多样性、提高林地生产力、水土保护及其他环境社会效益都应该是天然林保护工程追求的目标和依据。鉴于我国天然林的特点，实施保护工程应遵循以下原则。

（1）积极集约保护原则

天然林保护隶属林业经营范畴，是林业经营的一种措施。仅就森林资源而言，天然林保护绝不是简单的封山、护林。因为我国现有天然林不论是用材林、防护林、薪炭林、经济林、特用林其存在、分布以及功能、价值都很不完善，如现有天然用材林与"保护水平"相距甚远，必须坚持积极保护的原则，采取一系列营林技术，提高天然林的"质量"，使天然林成为我国森林资源可持续经营的重要组成部分。反之，消极、粗放的保护，形成低质量林分占据珍贵林地的状况，难以实现越保护越多，越保护越好的目标。

（2）分区分类保护原则

天然林广布全国，区域分布不均，林种、林分差异巨大，功能价值各异，实施天然林保护工程必须建立在科学的天然林分类基础上。根据天然林保护目的构筑的分类体系，进行具体的分类保护，设计、实施不同的保护措施。如首先对全国天然林区进行分类，确定重点保护区，再将一个地区的天然林划分重点保护、一般保护和非保护类型，区别对待。对重点林区、重点保护类型（如国家主要国有林区的用材林基地、大型水库的水源涵养林等）加大投入力度，使其起到工程的骨架作用，进而推动全国天然林保护工程的实施。

（3）有序运作原则

天然林保护工程无论是全国还是一个具体实施的单位，都具有工程作业面积大、资金额度大、工期长、效果显示期长的特点，是一项庞大的系统工程。实施运作保护工程存在空间、时间的顺序性，这不仅取决于工程的必要性与迫切性，还受制于工程投资的回报效益、劳动力资源的重新配置、原有依赖天然林资源企业的调整等。实际上天然林保护工程的效益是从有序运作原则开始，切忌一哄而起、一哄而散、短期行为等无序运作，使保护工程健康发展。

（4）目标标准化原则

为了积极有效地保护天然林，充分发挥天然林多用途、多效益的整体功能，就要制订天然林保护的标准、指标体系和验证体系，以规范天然林保护的行为和保证天然林保护的效果由于天然林保护工程涉及面很宽，标准和指标的选择要力求完善，既要包括生物学和环境方面，又要包括社会经济方面和政策法规、监控能力等支撑条件方面。但各标准和指标要切实反映天然林特征或外部条件的真实性，要有明确的含义和可应用性，要有一定的灵活性或时效性和变化趋势，更重要的是各标准和指标要构成一个整体衡量的体系。工程面积大，内容条件变化复杂，除制订国家天然林保护工程标准外，还要对不同的森林类型制订更为详尽的地区性标准和指标体系。

（5）自然保护区建设原则

①统一规划布局，力求齐全合理

我国地域辽阔，森林和野生动物资源丰富，种类繁多，应按照自然地理分布的递变规律，在不同地带选择典型性和代表性的生态系统建立自然保护区，优先保护生物多样性中心和国家重点保护动植物的主要分布区。使自然保护区的类型和布局应尽可能齐全合理，最大限度地使珍稀、濒危和其他保护物种及其生境的精华部分就地保护下来，为保持典型自然生态环境、生物多样性和指导防护林体系建设提供基本的保证。重视湿地、荒漠、高山、热带林自然保护区的建设和人口稠密地区自然保护区建设。

②坚持依靠地方，依靠群众，搞好保护区建设

针对我国自然保护区内外群众多，山林资源是他们世代生产生活的重要来源，应采取教育、疏导、扶持等一些切实措施，引导他们靠山养山、劳动致富。解决当地居民的生活和保护的矛盾，调动群众保护自然区的积极性。充分考虑保护区完整

性，划定部分生产用地，积极发展以集约化农业为主的各种种植业、养殖业等产业，改变对资源破坏较大的生产利用方式。核心区是自然保护区的精华，居住在这里的群众必须迁出保护区外，并加以妥善安置。

③坚持依法建设，依法管理

依据《自然保护区管理办法》和《自然保护区设计标准》等法规进行自然保护区建设和管理，防止随意改变保护区的原有性质和范围。在建立适当机构的基础上，建立健全管理制度，使管理工作规范化，逐渐向国际标准靠拢。由于保护区类型多，大小不一，条件千差万别，加之山林权属不同，保护区的建设规模、管理体制和组织形式要求在有利于管理的前提下允许多种多样。

④坚持多层次、多集道筹集资金，加快保护区特别是国家级保护区的基本建设

在国家、部门、地方给予财力、物力、人力和政策扶持的基础上，增强自然保护区自身的经济活力。积极贯彻"全面规划、积极保护、科学管理、永续利用"的方针，在保证自然保护区目标得以实现的前提下，利用自然保护区的资源优势，在缓冲区或实验区因地制宜、合理开发、适度经营。这样既可以解决自然保护区的部分经费，又可探索创造适应人口、资源、环境与发展协调共进的途径。

⑤开展国际交流，争取国际捐赠或贷款，树立我国自然保护区建设的国际形象。

（6）野生动植物保护原则

①认真贯彻执行《野生动物保护法》和各项政策规定，遵守和履行我国加入的各项国际公约。

②在积极保护的基础上，实行科学养殖，合理利用，努力实现科学研究向生产力的转化，确保猎捕利用量不超过资源增长量，加强珍稀濒危物种的保护。

③广泛开展爱护野生动物的宣传教育，增强全民保护野生动物的积极性和自觉性。

二、我国林业生态环境

我国林业生态环境建设从布局上可分为流域林业生态工程、区域林业生态工程以及跨区域林业生态工程。目前，流域林业生态工程包括：黄河中游防护林工程、长江中上游防护林体系建设工程、淮河太湖流域综合治理防护林体系建设工程、辽河流域综合治理防护林体系建设工程、珠江流域综合治理防护林体系建设工程；区域林业生态工程包括：沿海防护林体系建设工程、太行山绿化工程；跨区域林业生态工程包括"三北"防护林体系建设工程、平原绿化工程、防沙治沙工程。

　　区域内发展布局林业生态工程，首先是因地制宜。应考虑森林植被的生长发育所需求特定的水热组合。同样，特定的水热组合又可以满足特定的植被群落。影响水热组合的素很多，必须先从气候条件、土壤条件、植被条件、土质地貌等方面进行综合分析。其次是因害设防。针对区域内存在的自然灾害与环境问题，充分发挥森林植被保持水土、涵养水源、净化水质、改变和影响区域气候等生态功能，达到减灾防灾、改善环境的目的。再次是获取最佳生态效益、经济效益和社会效益。对于我们这样一个农业人口多，土地生产压力大的国家而言，尤其重要。也就是说，林业生态工程的发展布局，应与社会经济发展水平相适应。最后，林业生态工程规划与布局要充分注意到地域完整性，以便于工程管理。

　　我国幅员辽阔，自然地理条件复杂，林业生态建设的发展布局既要考虑全国的气候、土壤、植被、地形、地质的分异分区及存在的自然灾害与主要环境问题，又要考虑区域和社会经济条件，同时，还要考虑林业生态工程的管理运行。由于各区域的情况不同，生态环境问题的外在表现及治理建设内容不同。根据各种不同类型的生态环境区划、农业区划、林业区划及国土整治的要求，结合林业生产建设特点，按照工程建设因害设防、因地制宜、合理布局、突出重点、分期实施、稳步发展的原则，对各区域的林业生态建设布局作简要的阐述。

（一）东北区

　　东北区（包括辽宁、吉林、黑龙江和内蒙古东部）不仅是我国重要的工业基地，还是全国林业、农业、牧业基地。此外，还有内陆水面和辽阔的海洋。本区的森林、水、土地资源丰富，但热量资源不足。由于重工业和森林业的发展，森林与环境破坏严重，欠账太多。因此，在兴安岭林区和长白山林区主要是保护现有天然林，加强自然保护区的管理，绿化荒山荒地，恢复迹地森林，建设保护改造型林业生态工程；在松嫩、三江平原和辽西平原大力营造农田防护林，搞好农林复合经营，注重发展经济林，建设生态经济型复合林业生态工程；在内蒙古东部发展牧业防护和林牧结合的林业生态工程体系；同时，加强辽西地区工矿区的植被恢复和绿化工作，把沿黄海、渤海湾地区的城市绿化与海岸防护林结合起来。

（二）黄淮海地区

　　黄淮海地区（包括北京、天津、山东、河北及河南大部，以及江苏、安徽的淮北地区）总土地面积46.95万 km^2，是全国重要的商品粮、棉、油、肉生产基地。该区城镇密集，交通发达，地理区位优势突出，资源丰富，工业基础雄厚，基础设施完善，科技教育发达，是我国的政治、经济、文化中心。黄淮海地区地处中纬度季风气候区，海拔低（一般在 100 m 以下）旱涝灾害频繁，土地盐渍化严重，夏季的干热风对作物危害较大；此外，还存在黄沙区的风沙和风蚀及沿海地区的风暴潮和海水入侵。同时，城市化和工业化带来的负面影响，使该区的环境问题（包括水资源短缺、水污染、海洋污染、采煤塌陷等）日趋加剧。因此，在平原农业区应在原有的农田防护林基础上，扩大农国林网的面积，加强农林渔复合经营，注重发展经济林及种植园防护林，并注意村镇绿化建设，建立以农田防护为主的复合林业生态工程体系；在低洼平原及沿海地带，应加强河滩地、滨海滩地、盐碱沙荒地、黄沙沙地的劣地改良林业生态工程的建设，并与沿黄海、渤海湾地区的城市绿化与海岸防护林结合起来，形成环境改良、防灾减灾的林业生态工程体系；同时，加强北京、天津、唐山、石家庄、邯郸、济南、青岛、徐州、焦作等大城市的绿化和工矿区的植被恢复与绿化工作。

（三）黄土高原区

黄土高原区位于黄河中上游和海河上游地区，作为地理学上的确切概念尚无定论，根据中国科学院黄土高原综合考察队确定的区域，其东起太行山，西至乌鞘岭，南达秦岭，北止阴山，包括黄土高原全部和郸尔多斯高原的阴山、贺兰山与长城之间地区。其地理位置为东经 100°54′ ~ 114°33′，北纬 33°43′ ~ 41°16′，土地总面积 628 万 km²，占全国总土地面积的 65.4%（若扣除乌拉特中旗与乌拉特后旗，则为 627 万 km²，占全国土地总面积的 6.53%）。行政区域包括山西和宁夏，陕西秦岭以北的关中与陕北地区，甘肃乌鞘岭以东的陇中和陇东地区，河南豫西地区，青海青东地区，内蒙古蒙南地区。整个地区黄土广布、沟壑纵横、地形破碎，森林覆盖率低，土地、草场退化严重，水资源匮乏，干旱、水土流失和荒漠化日趋加剧。此外，晋陕蒙接壤区、晋豫接壤区等能源重化工基地的环境破坏十分严重，生态环境建设的任务相当艰巨。

（四）长江中下游地区

长江中下游地区是指淮河 – 伏牛山以南，福州 – 梧州一线以北，鄂西山地 – 雪峰山一线以东地区，包括豫东及苏、皖、鄂、湘大部，沪、浙、赣全部，闽、粤、桂北部，共 523 个县市，总土地面积 969 万 km²，人多地少，水热资源丰富，农、林、渔业发达，农业生产水平高。全区属北亚热带及中亚热带，气候温和湿润，年降水量达 800 ～ 2000 mm。全区平原占 1/4，丘陵占 3/4。土地平坦肥沃，水网密布，湖泊众多，为我国主要农业区和淡水水产区。

平原区在原有农田防护林完善的基础上，积极营造海岸防护林，并向内陆延伸，与渔业防护林、堤岸滩岸防护林、种植园防护林、村镇绿化、城市绿化、道路绿化、农林水复合经营一起形成水网综合林业生态工程体系。鄂豫皖低山丘陵区、江南山地丘陵区、浙闽丘陵山地区、南岭丘陵山地区，因地制宜地发展茶园、柑橘园、桑园、油茶园、柚园、香燕园等经济林园及种植园防护林，搞好农、林、水复合经营。在水土流失地区大力营造水土保持林，保护和营造江河上游的水源涵养林，形成生态防护林与经济林相结合的林业生态工程体系。

（五）西南区

西南区指秦岭以南，百色、新平、盈江一线以北，宜昌、溆浦一线以西，川西高原以西的地区，包括陕甘东南部、川滇大部、贵州全部及湘鄂西部、桂北等 430 个县市，土地面积 100 万 km² 以上，山地丘陵占 95%，河谷盆地占 5%，最大的成都平原 700 km²，其他为山间盆地或小块河谷平原。全区为亚热带地区，水热条件好，水田占耕地面积的 43.5%。低海拔地区广泛种植亚热带作物和亚热带经济林木。山区陡坡开垦和森林破坏相当严重。盆地和河谷平原区应在发展商品粮、油、养殖和水产业的基础上，完善和营造农田林网，并与道路、渠系、村镇、城市的绿化相结合；适度发展柑橘、油橄榄、桑等经济林及种植园防护林，把农、林、水产结合起来；在周边山丘区营造水土保持与水源涵养林，形成以农、林、水、养复合经营为主的林业生态工程体系。

高原山地则以林为主，林、农、牧复合经营。在江河上游地区保护和营造水源涵养林，陡坡退耕还林，建立适合于当地的油桐、茶、桑、紫胶、核桃等经济林，并根据立地条件和生产技术水平，加强立体种植，发展复合经营，形成以经济林为龙头的生态经济型林业生态工程体系。

（六）华南区

华南区指福州、大埔、英德、百色、新平、盈江一线以南，包括福建东南部、台湾、广东中部及南部、海南、广西南部及云南南部，陆地总面积 496 km²，191 个县市（不含台湾），全区居南亚热带及热带，是我国唯一适宜发展热带作物的地区。本区高温多雨，水热资源丰富，无霜期 300 ～ 365 天，1 月份平均气温为 12 ℃。作物可一年收获多次，有利于多种珍贵林木及速生林木生长，也有利于发展经济林及水产养殖业。但由于降水量大大，且分布不均，山区水土流失严重。本区应完善水网防护林网，在江河水库上游保护、封育、改造和营造水源涵养林，并扩大自然保护区的面积；丘陵地区大力营造水土保持林；积极发展热带经济林木如椰子、橡胶、腰果、胡椒等，推广桑基渔塘等农林水产复合经营模式；沿海地区应特划注重海岸防护林、种植园防护林、水产业防护林；把村镇、城市及周边地区的绿化、堤岸防护林、渠系防护林、道路防护林结合起来，并注重热带旅游资源的开发和热带森林公园建设，形成热带特有的高效经济、生态、旅游相结合的综合林业生态工程体系。

（七）甘新区

甘新区包括新疆、内蒙古贺兰山以西、祁连山以北地区。

新疆是我国最大的行政省区，面积166 km^2。地广人稀，气候干旱，有大面积的沙漠戈壁，风沙危害严重，土地盐渍化普遍，地表植被稀疏，牧场载畜量低，是依靠灌溉绿洲农业和荒漠放牧为主的地区。新疆矿产资源丰富，如著名的乌鲁木齐煤矿区、艾维尔沟煤矿区、哈密三道岭煤矿区、克拉玛依油田、吐哈油田等。同时，也形成了以绿洲为依托的城市格局。

新疆天山以北包括准噶尔盆地及周围的阿尔泰山、准噶尔界山、天山北坡山地，传统上是以林牧业为主，20世纪50年代后由于军垦，使北疆成为西北干旱区发展最快的农业区。农牧并重，发展农田防护林和收场防护林。本区的森林（天然林）主要分布在天山、阿尔泰山及平原河谷沿岸，保护天然林及防护林对于依靠雪水灌溉的绿洲农业来说，具有极其重要的意义。同时，应搞好矿区、开发建设区和城市的绿化，形成独具特色的林业生态工程体系南疆包括天山和昆仑山之间的46个县市，面积占全疆的70%以上，是新疆古老的绿洲灌溉农业区和军垦农场区。发展水利灌溉设施如坎儿井是农业发展的根本保障。但是春旱、风沙、干热风、盐碱等灾害严重。因此，在原有农田防护林的基础上，完善和发展农田林网，并注意城市的绿化。对南塔里木河大片的天然放牧林（胡杨林和灌木林）应加强管理、保护，大力营造放牧林和护牧林，构成以农田防护与放牧、护牧为主的林业生态工程体系。内蒙古阿拉善盟和祁连山以北武威、张掖、酒泉、敦煌等地区与新疆相似，以灌溉农业和收业为主，除营造农田防护林和防风林带外，重点保护好高山地区的天然水源涵养林。

（八）青藏区

青藏区包括西藏、青海大部、甘肃西南部、四川西部、云南西北部，共 146 个县市，总土地面积 226.9 km²，占国土面积的 23%，为我国重要的农牧区。本区大部分地区由海拔 4000 ~ 6000 m 的高山与台地、湖盆、谷地组成，东部和南部有一些 3000 mm 以下的河谷。2/3 以上的高原面积海拔在 4500 m 以上，只能放牧；东部和南部可种一些耐寒冷喜凉作物；唯南部边缘河谷地带，可种玉米和水稻。青藏区天然草场 13333m²，占全区面积的 60%，东部和东南部是半湿润区，草被盖度很高，是优质草场。南部和东部有广阔的天然林，是我国第二大林区。

藏南区的雅鲁藏布江中游是西藏的主要粮仓，喜马拉雅北城为农牧交错区，东南森林多分布在河流上游。推广农田防护林、草场防护林，实行草田轮作、林草复合、林农复合，保护天然林，建立以农收防护、水源涵养为框架的林业生态工程体系。川藏区即横断山区与雅鲁藏布江大拐弯地区，是青藏高原海拔最低的地区，是我国的第二大林区。岷江、大渡河和滇西林区森林采伐过量，保护天然林和恢复森林并重。以林为主，农、林、牧综合发展，建立生态防护型的林业生态工程体系。青甘区包括柴达木盆地、青海湖以北祁连山以南地区，自然环境复杂，垂直变化明显。海拔 2800 ~ 3200 m 以上面积的 80% 是草场，间有农业耕作；3200 ~ 4000 m 为纯牧区，应在保护好高山水源涵养林的基础上，建立以牧业为主的林业生态工程体系。青藏高寒区，包括羌塘高原及黄河、长江、怒江等江河的上源地区，海拔 3500 ~ 4500 m，无绝对无霜期，地高天寒，草场面积大，以牧为主。东部边缘散布大面积的天然水源涵养林，也是野生动物的主要栖息地，应严格保护。大渡河、金沙江、雅江、澜沧江等河谷地带有一定的农业耕作，应积极发展农田防护林和农林复合经营。

三、天然林保护工程和防护

（一）天然林体系工程现状

新中国成立以来，我国林业有了很大发展，特别是近 20 年，我国森林资源实现了持续增长，为改善我国及全球生态环境做出了重要贡献。目前我国人工造林保存面积累计居世界第一位。

（二）天然林保护工程现状

天然林是我国林业建设的骨干和重点，无论从经济效益、生态效益和社会效益，在我国林业建设中的地位作用，都是举足轻重的。新中国成立之初，经几千年封建统治的破坏，再加上近代帝国主义的掠夺，我国的森林资源可以说已极度贫乏。但相对而言，在我国的东北及西南地区，由于水热条件较好，加之历史上地广人稀、交通不便，直到 19 世纪末，大部分地区仍被原始林所覆盖，从而构成了我国国有林区的主体。但由于建国初期，国家建设对木材的大量需求，1954 年正式成立森林工业管理局，开始统一规划、开发国有林区，重点放在东北、内蒙古和西南林区，同时受苏联学术思想的影响，以机械化作业作为现代林业的标志，林业部首先于1954—1955 年在小兴安岭进行了皆代作业试验，然后于 1956 年颁布了"国有林主伐试行规程"，对东北林区大面积的原始阔叶红松林推行"连续带状伐—顺序皆伐"（即"剃光头"）然后人工更新的采伐更新方式，以利于机械化作业，促进木材生产。这种"大砍大造"的经营方式，过高地估计了人的力量也高估了森林的自我更新能力，其后果不仅破坏红松赖以更新生长的森林环境、森林生态系统中的各种生物资源和森林的防护作用，同时也将使大面积的原始阔叶红松林变为次生林、灌丛、荒山裸地或人工林，从而产生严重的生态后果。其他林种也遭受了类似的破坏。国有林区正是我国主要江河的发源地，50 多年来伐掉了我国主要江河发源地 3000 多万 hm^2 的原始森林。在我国 50 年的林业史上出现了三个并存：一把锄头造林和千把斧头砍树并存；严禁乱砍滥伐和有法不依、有禁不止的现象并存；原始天然林继续减少和超限额采伐并存。

一是采取有力措施，在工程区内逐步停止或大幅度调减木材产量。长江上游、黄河上中游地区已停止天然林资源采伐，停伐量 627 万 m^3，使工程区内 2333 万 hm^2 森林资源得到了有效保护；东北、内蒙古等重点国有林区调减木材产量 312 万 m^3，占应调减木材产量 7515 万 m^3 的 42%，使工程区内 2800 万 hm^2 森林资源得到了有效保护。

二是加大了森林资源保护的执法力度。各省（区、市）政府采取了积极果断的措施，相继发布了禁伐令和有关通告，封存采伐企业一切采伐器具，关闭禁伐区内木材市场，实行封山堵卡和个体管护承包，颁布违纪处理规定。林业、公安、政法、监察等部门齐抓共管，强化执法，对违纪违法行为做到发现一起，严厉查处一起，并公开曝光，严格依法护林。

三是加快了森林植被恢复。

四是妥善分流安置寓余职工。分流安置职工 282 万人，其中长江上游、黄河上中游地区分流安置 173 万人，东北、内蒙古等重点国有林区分流安置 109 万人，分流职工中从事森林管护 11.1 万人，从事公益林建设 11.6 万人，从事商品林建设 1.2 万人，从事种苗建设 08 万人，从事其他工作 35 万人。同时发放一次性安置费解除劳动合同 2.1 万人。

四、自然保护区和野生动植物保护工程现状

（一）自然保护区建设现状

自然资源和自然环境是人类赖以生存和促进社会发展的最基础的物质条件。自然保护区建设，对于维护生态平衡，保护生物多样性，开晟科学研究和对外交流，促进经济发展和丰富人民物质文化生活，都具有十分重要的意义。

长白山、鼎湖山、卧龙、武夷山、梵净山、锡林郭勒、博格达峰、神农架、盐城、西双版纳、天月山、茂兰、九寨沟、丰林、南麂列岛等 15 个自然保护区被联合国教科文组织引入"国际人与生物圈保护区网"，扎龙、向海、鄱阳湖、东洞庭湖、东赛港、育海湖及香港米浦等 7 个自然保护区被列入《国际重要湿地名录》；九寨沟、武夷山、张家界、庐山等 4 个自然保护区被联合国教科文组织列为世界自然遗产或自然与文化遗产。

近年来国家还颁布了《中国湿地保护行动计划》，为我国今后开展湿地保护工作提出全面指导意见。到目前为止，我国共有湿地面积 6300 万 hm^2，占国土面积的 27%，占世界湿地面积的 10% 以上，列世界第四位。其中天然湿地 2600 万 hm^2，包括沼泽 1100 万 hm^2，湖泊 1200 万 hm^2，滩涂和盐沼地 210 万 hm^2。

（二）野生动植物保护现状

经过 50 多年的努力，我国的自然保护区保护了我国 85% 的陆地生态系统类型、85% 的野生动物种群和 65% 的高等植物群落。国家重点保护的 300 余种珍稀濒危野生动物，180 多种珍贵树木的主要栖息地、分布地得到了较好保护。中国的野生动植物保护事业为全球生物多样性保护做出了贡献。

改革开放以来，我国积极开展主要濒危物种的拯救繁育工作，先后建立了 14 个野生动物救护繁育中心和 400 多处珍稀植物种质种源基地，促进了一些濒危物种种群的恢复和发展。组织实施"中国保护大熊猫及其栖息地工程"以来，大熊猫栖息地得到了较好的保护，有效地遏制了野外大熊猫种群下降的趋势，大熊猫移地保护

取得了重大突破。扬子鳄经过 10 多年的人工繁育，从 200 多条发展到 9000 多条。麋鹿、野马、高鼻羚羊重返故里，正在进行繁育和野化。东北虎、金丝猴等一百多种珍贵野生动物人工繁育技术得到突破，初步建立了人工繁育种群。珙桐、银杉、红豆杉等上千种珍稀植物、树木种源得到有效保存。

五、我国林业生态环境建设存在的问题和对策

（一）林业生态环境建设存在的问题

1. 防护林体系建设工程存在的问题

防护林的营造出现了新的形势，开始步入"体系建设"新的发展阶段。从形式设计向"因地制宜，因害设防"的科学设计发展；从营造单一树种与林种向多树种、乔灌草、多林种防护林体系的方向发展；从粗放经营向集约化方向发展；从单纯的行政管理向多种形式的责任方向发展；从一般化的指导向任期目标管理的方向发展。但目前各大防护林体系建设仍然存在一些问题。

（1）有些地方对防护林体系建设的重要性和紧迫性认识不足，对防护林体系建设的长期性、艰巨性缺乏思想准备，没有使广大群众深刻认识防护林系统建设的重要意义，因而造成体系建设并没有真正纳入各级国民经济发展和社会发展计划，建设工作不扎实，不系统，进度不快，法律保障难落实，缺乏有力的扶持政策和措施，未得到全民的共识和全社会的共同行动，毁林事件时有发生。

（2）林业生态工程不仅是一项跨世纪的生态建设工程，而且建设区多是在自然条件非常严酷、经济不发达的"老、少、边、穷"地区。投入严重不足，国家投资少，补助标准偏低，与工程需要不相适应，影响工程进度和质量。随着工程进展，造林难度不断增加，同时，随着物价不断上涨，造林成本不断提高，资金缺口越来越大。

（3）一些地区缺乏统一规划，综合治理的意识不强。防护林建设未与体系总体建设以及当地环境和相关产业综合考虑、规划，因而使之功能难以正常发挥。没能做到宜林则林、宜农则农、宜水则水以及生物措施和工程措施相结合。

（4）树种比例失调，树种单一，结构简单，稳定性差，易遭受病虫害危害，防护功能不能充分发挥。

（5）一些地方仍然存在着不合理的耕作方式、强度樵采和乱砍滥伐现象。

（6）一些地方林业基础薄弱，科技人员偏少。尚有部分（乡）镇没有林业站，或虽有林业站，但没有专业技术员，没有可靠的专项经费来源，形同虚设。

2. 自然保护区建设和野生动植物保护工程存在的问题

尽管林业部门已在中国生物多样性保护上投入了大量的人力和财力，但自然保护区建设和野生动物保护仍有很多不尽人意的地方。

（1）自然保护区建设资金严重短缺。过低的资金投入，尤其是基本建设投资严重不足，使自然保护区的管护、科学研究以及处理与当地人民之间的矛盾和主要工作处于很低的水平。

（2）相当多的自然保护区没有开展必要的科学研究和资源积累，资源本底不清，保护带有盲目性。

（3）自然保护区管理机构比较薄弱，管理质量普遍不高。自然保护区条件艰苦，对一般的科技和管理人才没有吸引力，人才缺乏；相当多保护区机构不健全，缺乏科学的管理计划和发展规划，管理仅停留在看护林子的水平上。

（4）保护区内土地所有权交叉，造成保护工作难以顺利开展；保护区内多群众居住，与当地人民矛盾时常发生。

（5）目前大多数自然保护区面积小，外围人类经济开发活动频繁，保护区缓冲地带逐渐缩小，形成孤岛，野生动物栖息生境难以保证。

（6）部门交叉管理，造成体制混乱。

（7）野生动物资源的保护和合理利用工作脱节。对在保护的基础上，如何发展和合理利用方面做得不够。特别是对野生动物的驯养繁殖、产品的深加工、合理狩猎创汇等经济效益比较高的项目重视不够，没有能够形成一定的产业。

（8）野生动植物资源本底不清，科学研究薄弱。新中国成立以来，除了在部分省（市、区）开展珍稀野生动植物资源调查外，在全国还没有进行过全面的调查，资源不清，变化难以掌握，使野生动植物保护、开发利用存在盲目性。

（9）珍稀濒危动植物的迁地保护，对一些小型兽类、鸟类等特别是非脊椎类保护动物重视不够，缺乏统一的迁地保护规划，尚未形成全国野生动植物物种迁地保护网络。

（10）虽然加入了一些国际组织，但参加的活动很少，合作项目不多，主动程度不够。

（二）对策

1. 树立生态经济思想

林业生态工程建设是牵涉到自然、经济和社会多方面的复杂系统工程，以单纯生态观点指导这些重大的生态工程建设是不可能取得成功的。实践表明，只有从生态经济系统的综合性、整体性和协调性出发，追求综合效益最佳，才能既促进生态环境的改善，又可在生态环境的改善中促进经济的发展，达到生态经济的协调，实现可持续发展。林业生态工程建设既要考虑林业生态经济系统内部的协调，又要考虑有利于促进农业生态经济系统功能的提高以及区域生态经济系统的整体效益。我国各区域间以及某一区域内，生态经济地域差异显著，林业生态工程建设要体现因地制宜的原则，但这种因地制宜要服从大区域和全国生态经济总体最佳的原则。

2. 搞好林业生态工程建设总体规划

林业生态工程建设的总目标是保护生态环境，维护生态平衡，保护生物多样性，实现国土综合整治，促进持续发展，参与全球生态环境保护。各区域林业生态工程建设必须服从总体利益，在总体宏观规划调节下，区域林业生态工程间相互协作，既有分工，又密切联系，形成"全国一盘棋"的合理布局，实现总体利益最优化、长远化。林业生态工程建设的布局和规划，必须建立在对区域有关生态和经济方面诸多因素进行综合评价的基础上。在具体工作中，首先要依据区域的实际情况，确定工程建设的总体规模、具体类型和空间格局；其次依据各地区条件，因地制宜，做好最佳林种、树种结构配置，从而形成区域最佳工程格局。

3. 调动全社会力量建设林业生态工程

林业生态工程建设的成败关键在于广大群众。要积极搞好宣传，提高全社会对林业生态工程建设重要性的认识，加强林业建设方针、政策和措施的制订工作。改善不适应的林业生产关系，做到"山有主、主有权、权有责、责有利"；坚持和完善造谁有、合造共有、允许继承、允许折价转让等林业政策，并且保证其连续性和稳定性，尊重承包者的经营自主权，保障他们的合法权益，使经营者特别是农民得到真正的实惠，放心大胆地兴林致富。实行以国有林和集体林业为主体，多种经济成分并存的政策，完善各种形式的责任制，通过联营分利、股份合作等多种形式，大力发展乡村林场和股份合作林场，兴办绿色企业、专业户造林、合作造林、联营造林及股份制林业。充分调动各行业各部门的积极因素，按统一规划，协同共建的原则，实行"各负其责，各负其费，各受其益，限期完成"的政策，做到责、权、利相结合；实行"护、造、育、用"相结合，坚持多林种多功能的经营方向，林工商综合经营，给经营承包者以真正实惠。坚持和完善各级领导干部任期造林绿化、保护森林等目标责任制，层层落实造林绿化、自然保护区和野生动物保护任务，签定责任状，坚持领导办点，以点带面，一级带着一级干；严格执行检查评比和通报制度，制定和完善相应的法规，强化政府职能，坚持以法治林，确保工程建设稳定协调发展。对个体承包建设的防护林，实行国家按质收购的方式，一方面确保防护林的稳定，另一方面使个体经营者尽快获得效益，增加造林和护林的积极性。

4. 增加资金和技术投入

动员社会力量，广开渠道，建立林业生态工程建设基金制度，分级管理，专项使用，确保工程建设的资金投入：

①增加国家对林业生态工程建设的投资比例，同时在工程建设区进行的状业综合开发、扶贫开发、农田和水利建设、环境保护项目中规定林业生态工程建设资金所占份额；

②实行配套投资，在国家专项资金基础上各级财政应拿出一部分资金用于工程建设；

③坚持以地方集资和群众投工投劳为主，国家补助为辅的方针，坚持和健全农村劳动积累工和义务工制度，不能把农民为了改善自己的生存环境和生产条件进行的劳动积累视为增加农民负担；

④协同共建。在铁路公路两旁、江河两侧、湖泊水库周围，工矿区，机关、学校用地，部队营区以及农场、收场、渔场经营地区，要由各主管部门根据当地人民政府的统一规划自筹资金，限期完成各自的造林任务；

⑤实行长期无息贷款，鼓励群众投入造林，对既有生态效益，又有经济效益的用材林、经济林、薪炭林等，要合理确定有偿投入比例；

⑥实行减缓免税的政策

依靠科技兴林，是振兴我国林业的根本出路，也是搞好林业生态工程建设的基本保证。

在工程投入上增加科技含量，把实用技术推广纳入工程建设计划。要建立健全林业科技推广体系，稳定科技推广队伍，采取多种形式，认真抓好各层次的技术培训、科技信息传递和应用；采取优惠政策，鼓励科技人员投身生产第一线，努力提高科技兴林水平；组织多学科综合研究，组织实施林业生态工程建设技术研究的国家攻关项目，提高质量意识，坚持技术标准，强化技术管理；采用生态经济综合技术指标，指导工程实施并验收、考核工程建设成果。

5. 建立森林生态效益补偿机制

一是根据《森林法》和国家有关法规政策精神，按照"商品有价，服务收费"和"谁受益，谁负担"的原则，需要有关部门共同制定一个全国性森林生态效益补偿办法，并尽快实施。应该认识到森林生态效益补偿费属于生态服务费，而决不是一种行政收费。征收森林生态效益补偿的范围一是依靠森林生态效益从事生产经营活动有直接收入的项目，如征收水费的水库、水电站、城市自来水、风景旅游区门票和营业单位、依靠大型防护林受益的农田、水产养殖业等。

二是由于开发建设使森林遭到破坏和生态效益丧失的开矿、石油等，征收费用于恢复植被，补偿生态效益损失。征收办法可采取在利用森林生态效益从事生产经营活动的单位的现收费的基础上附加；也可与经营单位对现收费比例分成或每年划出一定数额，还可采用其他一些适合当地情况、行之有效的办法（如税收或国民收入再分配等）。

6. 抓好林业生态工程建设中的配套工程建设

林业生态工程建设还必须抓住工程建设区的难点——经济上的贫困和粮食的不足，结合林业生态工程全力抓好改善农村经济和提高粮食产量的配套工程建设。配套工程主要包括两方面，分别是温饱工程和致富工程。温饱工程（包括山地生态工程、农业生态工程等）主要解决粮食问题，其核心是如何提高现有耕地的生产力，使之产出更多的粮食。致富工程（包括乡镇企业、庭园经济等）主要解决农民经济收入低的问题，其核心是如何充分利用林产品和林副产品以及其他资源。投资少、见效快的温饱和致富工程，是改善农民经济生活的有效措施，同时也是整个林业生态工程建设的重要组成部分。随着农民经济收入水平的提高，可以减少对林木的砍伐和对野生动物的猎杀以及对自然保护区的破坏，进而使林业生态工程建设得以保护和发展。

7. 加强国际合作，积极争取外援

林业生态建设无国界，林业问题具有全球性和整体性。森林资源减少造成的水土流失、荒漠化、生物多样性丧失等生态环境问题，不仅是局部性灾害，也是国际公害，许多捐助国和国际组织都把保护森林资源、防治荒漠化、维护生物多样性等与林业关系密切的领域作为优先领域，给予经济和技术援助。我国是世界上森林资源恢复和生

物多样性保护工作面临严峻形势的国家之一，积极开展对外科技交流和经济合作，积极争取国外援助和优惠贷款，引进国外的先进技术和管理经验，认真做好引进项目的消化吸收，将对我国林业生态工程建设起到有力的推动作用。国家有关部门应进一步坚持扩大林业国际经济和技术合作，为改善我国和全球生态环境作出贡献。

第四章 现代林业生态工程建设的类型与作用

第一节 林业生态工程的概念与类型

一、生态工程的概念与内涵

我国著名生态学家马世骏早在 1954 年提出"生态工程"一词。1962 年美国生态学家 H. T. Odum 首次提出了生态工程的概念，即"为了控制生态系统，人类应用来自自然的能源作为辅助能对环境的控制""对自然的管理就是生态工程"。20 世纪 80 年代初期欧洲生态学家 Uhlmann（1983）、Straskraba（1984）与 Gnamsk（1985）提出了"生态工艺技术"，将它作为生态工程的同义词，并定义为"根据对生态学的深入了解，采用花最小代价的措施，对环境的损害又最小的环境管理技术"。1993 年，美国的 Mitseh 将生态工程定义为"为了人类社会及其自然环境二者的利益，而对人类社会及其自然环境进行综合的而且可持续的生态系统管理。它包括开发、设计、建立和维持新的生态系统，以期达到诸如污水处理（水质改善）、地面矿渣及废弃物回收、海岸保护等。同时还包括生态恢复、生态更新、生物控制等目的"。1987 年我国生态学家马世骏将生态工程定义为"生态工程是利用生态系统中物种共生与物质循环再生原理及结构与功能协调原则，结合结构最优化方法设计的分层多级利用物质的生产工艺系统。生态工程的目标就是在促进自然界良性循环的前提下，充分发挥物质的生产潜力，防止环境污染，达到经济效益与生态效益同步发展"。熊文愈教授（1986）认为"生态工程即生态系统工程，是系统工程和生态系统的结合，即利用分析、调整、决策、规划、模拟、预测、设计、实施、管理和评价等系统工程技术，对生态系统进行设计和管理的技术"。云正明等（1998）在《发生态工程》一书中指出"生态工程是应用生态学、经济学的有关理论和系统论的方法以生态环境保护与社会经济协同发展为目的（也可以理解为可持续发展），对人工生态系统、人类社会生态环境和资源进行保护、改造、治理、调控、建设的综合工艺技术体系或综合工艺过程。"生态工程的主要目的，是要解决当今世界面临的生态环境保护与社会经济发展的协同问题，也可以说是要解决现代人类社会的可持续发展问题。

王如松教授 1997 年 7 月 25 日在《中国科学报》海外版发表的《生态工程与可持续发展》一文中指出："生态工程是一门着眼于生态系统的持续发展能力的整合工程技术。它根据生态控制论原理去系统设计、规划和调控人工生态系统的结构要素、工艺流程、信息反馈关系及控制机构，在系统范围内获取高的经济和生态效益。不同于传统末端治理的环境工程技术和单一部门内污染物最小化的清洁生产技术，生态工程强调资源的综合利用、技术的系统组合、科学的边缘交叉和产业的横向结合，是中国传统文化与西方现代技术有机结合的产物。"由于生态工程是一个新的学科领域，在国内外正式开展实质性的试验研究工作，才不过十多年的时间。

如前面所述，国内外很多专家学者已经对生态工程的定义作了大量的研究和探讨。但是，至今尚未能作出一个公认的完整定义。可以说有关生态工程的定义，尚处于广泛讨论和探索阶段，对于它的准确定义尚待进一步完善。

生态工程的关键在于生态技术的系统开发与组装。它不同于传统技术与高新技术的地方，在于着眼于生态系统整体功能与效率，而不是单个产品、部门、单种废弃物或单个问题的解决；强调当地资源和环境的有效开发以及外部条件的充分利用，而不是对外部高强度投入的依赖；强调技（技艺）与术（谋术）的结合、纵与横的交叉以及天与人的和谐。与高新技术相比，生态工程投资少、周期短、技术精度和人员素质要求不太高，其实质是用经济手段解决环境问题，从系统整合中获取资源及废弃物开发的综合效益。

早在 3000 多年前，中华民族就已形成了一套"观乎天文以察时变，观乎人文以功成天下"的人类生态理论体系，包括道理（即自然规律，如天文、地理、水文、气象等）、事理（即对人类活动的合理规划管理，如中医、农事、军事、家事等）和情理（即社会行业的准则，如伦理、法律等）。中国社会正是靠着对这些天时、地利、人和关系的整体认识，靠着物质循环再生、社会协调共生和修身养性自我调节的生态观，维持着其几千年稳定的社会结构，形成了独特的生态工程技术。20 世纪 90 年代以来，在以马世骏院士为首的中国生态学家的倡导下，我国城乡生态工程建设蓬勃发展，农业、林业、渔业、牧业及工业生态工程模式如雨后春笋涌现，取得了显著的社会、经济和环境效益，得到各级政府的广泛支持和群众的积极参与，获得国际学术界的好评。在许多典型示范区，通过生态工程建设，农村能源问题、粮食增产问题、环境治理问题及农村剩余劳力问题都获得了较好的解决。

从实践中可以看出，生态工程的主要内容包括以下几个方面：

（一）生态经济系统的分析与评价

生态工程的对象是某一区域（或流域）的生态经济系统。生态工程的实施不但要清楚实施对象所处的自然环境（即生态系统），同时还要了解它们所处的社会经济条件。

（二）生物种群的选择

生物种群和由生物种群组成的生物群落，是决定生态系统的主要组分之一。生态工程的生物种群选择，首先要根据当地的自然环境特征，选择适生品种。在众多的适生品种中，根据社会经济环境条件，进行最佳生物品种选择。

（三）生物群落结构匹配

根据生态学原理，一个生态系统的生物群落越复杂（多样性），它的生物生产力就越高，稳定性就越强。生态工程的生物群落结构匹配包括生物群落的平面结构匹配与垂直结构匹配两个基本部分。

（四）环境因子的调控（改良）

环境因子包括水、土、热量、光照、营养等要素。环境因子调控体现了人类活动对生物群落环境因子的改良作用。改变一些不利于生物的环境因子，促使人工生物群落得以顺利生长发育。

（五）生物与环境的节律调控

每一种生物的生长发育都有其特定的机能节律。在生态工程的设计与实施过程中，合理调整生物的机能节律与环境因子的时间节律，可以提高生物种群的生产力。

（六）事物链的"加环"与"解链"

事物链"加环"是根据物质能量通过事物链发生"浓集"以及生物之间"相生""相克"原理，以人工生物种群来代替自然生物种群，从而达到废弃物的多级综合利用，增加产品生产和抑制能量物质损失的生物工艺过程。在污染环境的有害物质浓集到一定程度之前，及时断绝其进入人体的通道，这种工艺技术被称为事物链"解链"。在生态工程领域，一切物质都是可以供人类直接或间接利用的，所谓废品（或废弃物）

实际上是一些"放错了位置或者没有能够利用的资源"。

（七）生物产品加工

生物产品加工与事物链原理以及其他动物的事物采集处理具有相同的或相似的含义，它可以增加高能量高价值的产品生产。

（八）生态工程效益预评估

效益预评估是预测生态工程合理与否的重要步骤。生态工程效益预评估包括生态效益、经济效益与社会效益三个方面。

二、林业生态工程的概念与特点

林业生态工程是生态工程的一个分支。根据我国林业生态工程建设实践，我们提出的初步概念如下：林业生态工程是根据生态学、林学及生态控制论原理，设计、建造与调控以木本植物为主体的人工复合生态系统的工程技术，其目的在于保护、改善与持续利用自然资源与环境。

林业生态工程包括传统的森林培育与经营技术，但是，它又与造林和森林经营有以下区别。

第一是传统的造林与森林经营是以林地为对象，在宜林地上造林，在有林地上经营。而林业生态工程以包含多种地类的区域（或流域）为对象。造林与森林经营的目的在于设计、建造与调控人工的或天然的森林生态系统，而林业生态工程的目的是设计、建造与调控某一区域（或流域）的人工复合生态系统，例如农林复合生态系统、林牧复合生态系统。

第二是传统的造林与森林经营在设计、建造与调控森林生态系统过程中，主要关心木本植物与环境的关系，林地上木本植物的种间关系以及林分的结构功能、物流与能量流。而林业生态工程主要关心整个区域人工复合生态系统中物种共生关系与物质循环再生过程，以及整个人工复合生态系统的结构、功能、物流与能量流。

第三是传统的造林与森林经营的主要目的在于提高林地的生产率，实现森林资源的可持续利用与经营。而林业生态工程的目的在于提高整个人工复合生态系统的经济效益与生态效益，实现生态系统的可持续经营。

第四是传统的造林与森林经营的设计、建造与调控森林生态系统过程中只考虑在林地上采用综合技术措施，而林业生态工程需要考虑在复合生态系统中的各类土地上采用综合措施。人们常说的"山水田林路综合治理"，就是这种意思。

三、林业生态工程的主要内容和类型

（一）林业生态工程的主要内容

林业生态工程的目标是建造某一区域（或流域）的以木本植物为主体的优质、稳定的复合生态系统。林业生态工程的主要内容可划分为以下 3 个部分。

1. 生物群落建造工程

这是把设计的种群按一定的时间顺序或空间顺序定植或安置在复合生态系统之中。例如各种农林复合生态系统、农牧复合生态系统。生物种群的合理选择与匹配是建造人工生态系统的前提。林业生态工程的主要种群可以是乔木，也可以是灌木，甚至草类。

2. 环境改良工程

人工复合生态系统主要在非森林环境中建造。为了保证植物（包括作物）正常生长发育，必须改良当地立地条件。例如改善造林立地条件的各类蓄水整地工程、径流汇集工程、风沙区沙地造林采用的人工沙障、防止各类侵蚀的水土保持工程、地面覆盖保墒、吸水剂应用、低湿地排水工程等。目的在于为复合生态系统的建造提供一个良好的环境条件。在一些严重退化的困难立地条件下，不采用环境改良或治理工程，就很难建造稳定的复合生态系统。

3. 食物链工程

食物链工程包括生产性食物链与"减耗"性食物链。生产食物链可以有效地利用绿色植物产品或加工剩余物转化成经济产品。例如有人在太行山区采用肉鸡、肉鹅、肉兔等作为林业生态工程的生产性食物链，取得了较好的经济效益。广东省珠江三角洲的桑基鱼塘，用鱼作为生产性食物链已有几百年成功的历史。

"减耗"型食物链在国内外也都有很多成功的范例。例如山东日照市利用人工放养灰鹊雀控制森林病虫害效果显著，太行山区利用人工放养益鸟控制林冠害虫的效果也很显著。

食物链在林业生态工程中的应用，其本身又是建造人工生态系统工作的一部分。例如，用柞蚕代替食叶害虫，用蜜蜂代替野蜂，用驯化的草食动物代替野生草食动物等。这样有利于提高生态系统的总体效益。

（二）林业生态工程的类型

根据生态系统工程在某一固定区域建设的目的、结构与功能，林业生态工程可划分为以下几种类型：

（1）山丘区林业生态工程；

（2）平原区林业生态工程；

（3）风沙区林业生态工程；

（4）沿海林业生态工程；

（5）城市林业生态工程；

（6）水源区林业生态工程；

（7）复合农林业生态工程；

（8）防治山地灾害林业生态工程；

（9）自然保护区林业生态工程。

第二节　林业生态工程的作用

一、生态环境的概念

生态环境是指影响人类生存与发展的水资源、土地资源、生物资源以及气候资源数量与质量状况的总称。生态环境亦可简称环境。

所谓生态环境问题，是指人类为其自身生存和发展，在利用和改造自然界的过程中，对自然环境破坏和污染所产生的危害人类生存的各种负反馈效应。导致生态环境问题的原因，可分为两大类，一是不合理地开发和利用自然资源而对自然环境的破坏，即通常所指的生态破坏问题，如滥伐森林、陡坡开垦等造成的水土流失、土地退化、物种消失等；二是因工农业发展和人类生活所造成的污染，即环境污染问题。在有的地区，环境问题可能以某一类为主，但在更多的地区都是两类问题同时存在。

如何解决全球生态环境问题和实现可持续发展，是目前国际政治和国际关系探讨的"热点"事务。世界观察研究所所长莱斯特·布朗说，今后几十年"在世界新秩序中，发挥领导作用的很可能是建立在保护环境基础上能持久发展的经验，而不是军事上的强大"。他认为，谁抓住世界新秩序的旗号，谁在生态环境问题上主动采取行动，谁就能在今后的国际舞台上起到领导作用。联合国环境规划署（UNDP）前执行主任托巴尔博士说"冷战已结束，环境问题一跃而成为世界之榜首"。

国际社会关于环境问题认识的一个突出变化就是森林问题日益受到重视，国际化和政治化色彩越来越浓；森林是人类的摇篮，人类从诞生之日起就与森林结下了不解之缘。森林不仅为人类提供了木材和其他林产品，而且还具有涵养水源、保持水土、防风固沙、游憩保健、保护物种等多种作用，给人们提供了一个优美、安谧的生活环境。但随着人口的迅速增长、工农业的不断发展，人类不惜代价地砍伐森林和侵占林地，森林以惊人的速度减少，已严重危及人类的生存环境，同时也制约了经济的发展。全球环境问题如温室效应、生物多样性锐减、水土流失、荒漠化扩大、土地退化、水资源危机、大气污染、臭氧层破坏、噪声污染等都与陆地生态系统主体的森林资源遭受破坏有着直接或间接的关系。目前，国际社会已开始站在人类命运和地球前途的高度来认识森林的作用和地位。

当前森林问题已成为全球生态环境的核心问题，森林是环境与经济协调持续发展的关键，是人类赖以生存和创造文明的基础。保护和发展森林将成为缓解环境危机和实现经济、社会与环境协调持续发展的根本措施之一。

二、我国的生态环境问题

中国科学院生态环境研究中心在《中国生态环境的预警研究报告》中，对我国生态环境做出了基本评价："先天不足，并非优越；人为破坏，后天失调；局部有改善，整体在恶化；治理能力远远赶不上破坏速度，环境质量每况愈下，形成了中国历史上规模最大、涉及面最广、后果最严重的生态破坏和环境污染"。中国主要的生态环境问题有以下几方面。

（一）自然环境先天脆弱

我国是一个多山国家，山区面积约占国土面积的2/3，山区是我国众多江河的源头。由于地形复杂，在重力梯度、水力梯度的外营力作用下易造成水土流失，再加上地质新构造运动较活跃，山崩、滑坡、泥石流危害严重。同时，还有分布广泛、类型多样、演变迅速的生态环境脆弱带，我国沙漠、戈壁、寒漠面积约占国土面积的1/5。特殊的地理位置使我国季风气候显著，雨热同季，夏季炎热多雨，冬季干燥寒冷。我国降水量地区差异和季度变化大，导致全国范围内旱涝灾害频繁，严重影响工农业生产。我国暴雨强度大，分布广，是易造成洪涝、水土流失乃至泥石流、山崩、塌方、滑坡的重要原因。我国北方易形成大风雪天气，在农业上有早、晚霜出现。在我国独特的地质地貌基底上，一旦植被破坏，则水热优势立即会转化为强烈的破坏力量。

（二）水土流失严重

据调查表明，我国土壤侵蚀面积为 367 万 km^2，占整个国土面积的 38.2%。其中水蚀面积 179 万 km^2，风蚀面积 188 万 km^2。

西北黄土高原，面积 58 万 km^2，水土流失面积占总面积的 79%，土壤侵蚀模数平均达 3000 t/（$km^2 \cdot a$），沟壑密度达 1.3 ~ 8.1 km/km^2，每年流入黄河的 16 亿 t 泥沙有 80% 是来自本区。黄河流域输沙量为美国密西西比河的 5 倍以上。燕山、太行山山区水土流失面积占总面积的 50%，土壤侵蚀模数 1000 ~ 5000 t/（$km^2 \cdot a$）。辽河流域水土流失面积占流域面积的 25.9%，平均侵蚀模数 2 000 ~ 3000 t/（$km^2 \cdot a$）。长江流域水土流失面积已达 56 万 km^2，比 20 世纪 50 年代增加了 55.6%，年流失土壤 22.4 亿 t。珠江流域水土流失面积约 7.7 万 km^2，年流失土壤 2.3 亿 t。淮河流域水土流失面积 5.5 万 km^2，丘陵、山区的水土流失面积占总面积的 54%，年流失土壤 1.8 亿 t。

（三）荒漠化扩大

我国是世界上荒漠化面积大、危害严重的国家之一，全国荒漠化土地面积 262.2 万 km^2，占国土面积的 27.2%，超过全国现有耕地面积的总和。主要分布在新、甘、青、宁、陕、内蒙古、晋、冀、辽、吉、黑 11 个省、自治区，形成长达万里的风沙危害线。有近 1/3 的国土面积受到风沙的威胁，60% 以上的贫困县集中在这里。荒漠化扩展速度由 50 ~ 70 年代的每年 1560 km^2，增至 20 世纪 80 年代以来的 2460 km^2。

（四）水资源紧缺，污染严重

我国降水总量约 6 万亿 m^3。但全国现有水利设施供水能力 4660 亿 m^3，实际用水量 4770 亿 m^3，人均占水量仅是世界平均水平的 1/4。预计到 2000 年全国用水总量将超过 7000 亿 m^3，从而进入水资源危机初期。由于我国的季风气候特征，造成水资源在年内、年际变化很大，一些河流出现连枯连丰现象，年径流量的最大值与最小值之比相差几倍或十几倍，如长江、珠江为 4 ~ 5 倍，黄河、海河为 14 ~ 16 倍。

年内雨季集中，造成雨季绝大部分降雨随江河一次性入海，其他季节河流径流量很少，引起洪水泛滥或供水不足。我国水资源地区分布不协调，东南水量占全国总水量的82.2%，西北水量仅占 17.1%。主要干旱缺水区，一是西北内陆河流域，二是黄、淮、海、辽河流域；三是南方高原山丘区；四是辽东等沿海及沿海岛屿。由于大量未经处理的生活与工业废水直接流入江河，造成水质严重污染。

（五）森林覆盖率低

我国生态环境恶劣、自然灾害频繁的主要原因是森林覆盖率低，分布不均。我国森林主要集中分布在东北和西南地区，华东、华中、华南地区的森林面积只占全国森林面积 17.96% 左右，华北和西北地区森林则更少。虽然目前我国实现森林面积、蓄积双增长，但森林覆盖率只有 13.92%（世界平均覆盖率为 23%）；在世界 160 个国家中，我国人均面积和蓄积位于 120 位，我国防护林比重不足，防护林面积仅占全国森林面积的 12.2%。

我国区域性防护林过于零星分散，整体功能不强，与保护生态环境的需求不相适应。全国还有 240 万 hm² 宜林荒山有待绿化，186 万 hm² 农田待建防护林网。根据一些国家的经验，防护林应占森林面积的 20% ~ 25% 比较适宜。2000 年中国环境预测项目研究结果表明我国森林覆盖率应达 30% 左右，专用防护林占森林总面积的25% 左右为宜。

（六）天然林生态系统和野生动、植物面临危机

中国是世界上生物多样性最丰富的国家之一，其丰富程度占世界第 9 位。中国的野生动物和植物分别占世界总数的 9.8% 和 9.9%，中国陆地森林生态系统有 16 大类和 185 类，区系丰富，生态类型多，为野生动物栖息和繁衍创造了优越的条件。中国特有属种相当丰富（种子植物有 10 个特有科、321 个特有属、约有 10 000 个特有种；兽类有 1 个特有科、8 个特有属、63 个特有种）。中国陆地的野生动、植物有 80% 以上物种在森林中生存。红树林是热带和亚热带海岸线上一种特殊森林生态系统，一方面有促淤、防浪护堤的作用，被人们誉为"海岸卫士"；另一方面是多种海洋生物栖息场所。我国海南的东北部和东部沿海一带红树林分布广，过去海南曾有 8000 hm² 红树林，目前只剩下不足 700 hm²。广东、福建沿海大片红树林被破坏。我国的热带森林占国土面积的 0.59%，主要分布在海南和西双版纳等地区。

中国现有天然林主要分布在东北地区和西南地区。天然林生态系统的破坏，致

使野生动物栖息繁衍地日益缩小，加上人为乱捕滥猎，导致物种数量减少和濒临灭绝。据有关资料，中国野生动物有 4000 多种处于濒危和受威胁状态，近几十年已绝迹的有麋鹿、野马、高鼻羚羊等 10 余种，还有 20 多种濒临灭绝，如华南虎现存仅 20 ~ 30 只，赤颈鹤只有 6 ~ 10 只。中国动、植物种类中，已有 15% ~ 20% 的物种受威胁。

（七）气温呈上升趋势

中国近年连续冬暖，最明显的地区是华北、东北、西北地区，平均气温增高了 0.3 ~ 1.0 ℃，这将大大加速华北、东北、西北地带干旱化的进展。研究表明，中国渤海地区目前海面呈持续上升的趋势，将出现浸湿陆地、沿海农田盐渍化、自然生态失调等问题。

三、林业生态工程的作用

环境问题的实质是生态系统的维护问题。全球环境战略的重点将是优先改善或解决与全球环境密切相关的林业生态工程问题。基于对环境保护的新认识，我国环境保护工作的重点应逐步由污染防治转移到整个生态环境的保护与建设。

森林是陆地生态系统的主体和人类赖以生存的重要自然资源，是地球上功能最完善、结构最复杂、生物产量最大的生物库、基因库、碳储库和绿色水库，是维护生态平衡的重要调节器。林业生态工程是国家生态环境保护和整治的基本内容和首要任务，是实现农业高产稳产、水利设施长期发挥功效、减轻自然灾害的重要保障和有效途径。林业生态工程作用的实质是森林对环境的影响。林业生态工程不仅可以保护现有的自然生态系统，而且可以使已破坏的生态系统重建、更新和复壮。

（一）林业生态工程与土壤侵蚀

森林的枯枝落叶层不仅可以吸收 2 ~ 5 mm 的降水，而且可以保护土壤免遭雨滴的冲击。枯枝落叶层腐烂后，参与土壤团粒结构的形成，有效地增加了土壤的孔隙度，从而使森林土壤对降水有极强的吸收和渗透作用。树冠对森林土壤有双重作用，一方面可以减少降水到地面的高度和水量（林冠可吸收 10 ~ 20 mm 降水），另一方面林冠截留的降水要积聚到一定程度才降落而且集中在一点上，使得水的破坏力增强但作用不大。森林中有大量的动物群落和微生物群落活动，林木根系强大的固土和穿透作用都能有效地增加土壤孔隙度和抗冲刷能力。森林土壤的稳渗速率一般在

200 mm/h 以上。马尾松林地平均地表径流系数为 0.073，杂灌草坡地为 0.163。在场降雨条件下，裸露山坡地表流量是马尾松林地的 4.92 倍。坡面土壤流失小区观测成果表明，坡度为 33° 的松栎混交林地与马尾松纯林地年土壤流失量分别为 61.6 t/km² 及 62.6 t/km²，裸荒地（盖度 0.25）为 5 519.6 t/km²。裸荒地年土壤流失量约为林地的 90 倍。农耕坡地的年土壤流失量与裸荒地相近，分别为 3400 t/km² 及 3396 t/km²。林地的保土作用与坡度、郁闭度、活地被物盖度以及枯落物数量有关。据中国科学院水土保持研究所观测，在降水量 346 mm 的情况下，林地上每公顷的冲刷量仅为 60 kg，草地上为 93 kg，农耕地上为 3750 kg，在休耕地上为 6750 kg。

据日本的观测资料，森林采伐后的径流量较采伐前增加 1.15 倍，高峰流量增加 1.05 倍。四川巫山县森林覆盖率从 50 年代初的 23.6% 下降到 11.7%（80 年代）。长江三峡区香溪流域，自 1970 年神农架林区开采以来，产沙量急剧上升，1980 年的产沙量较 1956 年前增加 45.5%。在黄土高原的试验观测表明，在林区汛期降水量比非林区大的情况下，森林覆盖率 67.7% 的林区流域较森林覆盖率 2.7% 的非林区流域减少径流量 25% ~ 78%。研究成果还表明，林地开垦 10 多年后，耕层的有机质、非毛管孔隙度、7 ~ 25 mm 的水稳性团聚体及土壤稳渗速率较开垦前分别降低了 84.3%、44.0%、56.8% 和 76.9%，土壤崩解率和冲刷量分别为林地的 20 倍和 16 倍，每年仅 7、8、9 月 3 个月随泥沙流失的土壤有机质达 398.4 ~ 443.8 t/km²，土壤肥力严重退化。

（二）林业生态工程与荒漠化

荒漠化是全球性的重大环境问题，已引起国际社会的广泛关注。目前，全球陆地面积的 1/4 已受到不同程度的荒漠化危害（非洲 10 亿 hm²，亚洲 14 亿 hm²），且荒漠化每年仍以 5 万 ~ 7 万 km² 的速度在扩大、蔓延；全球现有 10 亿人口直接受荒漠化威胁，其中有 1.35 亿人在短期内有失去土地的危险。由此造成的经济损失每年高达 423 亿美元。

作为世界上人口最多、受荒漠化危害最严重的发展中国家，按《联合国防治荒漠化公约》定义，我国目前实有各类荒漠化土地 262.2 万 km²，约占干旱、半干旱和半湿润干旱区总面积的 80%，占国土陆地总面积的 27.2%。目前，我国荒漠化消长的总体态势是：局部地区基本得到控制，整体仍在扩展和恶化。风蚀荒漠化造成的经济损失达 540 亿元，相当于西北 5 省（自治区）1996 年财政收入的 3 倍。

自 1978 年以来，先后实施了举世瞩目的三北防护林体系建设、全国防沙治沙工程建设、草原建设、农业综合开发和水土流失综合治理工程建设等一系列重大生态建设工程。取得了明显的生态、社会和经济效益。初步探索出了一批生态、社会和经济效益好，适合我国国情的沙区开发治理模式。通过治沙种草、飞播、封育等措施，使一些地区初步形成了比较完善的生态体系，农牧业生产条件明显改善，粮食产量持续增产，荒漠化地区人民生活水平逐步提高。

第三节　我国林业生态工程建设的现状与趋势

环境与发展是当今国际社会共同关注的重大问题，保护和发展森林已成为全球环境问题的主题，越来越受到国际社会的普遍关注。林业生态工程就是以改善优化生态环境、提高人民生活质量，实现可持续发展为目标，以大江大河流域和重点风沙区为重点，在一定区域内开展的以植树造林和资源保护为主要内容的工程建设。

一、我国林业生态工程的简要回顾

（一）我国林业生态工程发展历程

新中国成立以前，林业生态工程建设处在群众自发栽植的"启蒙阶段"。我国曾是一个森林茂密，山川秀美的国家。据考证，几亿年前，中国大地基本上为高大的古森林覆盖，到原始社会全国森林覆盖率仍高达64%，随着人口的增加，战争的破坏，导致森林植被锐减。历史遗留给新中国的是满目疮痍、光山秃岭，生态环境十分脆弱，一些地方甚至失去了人类生存的基本条件，成为世界上水土流失最严重、自然灾害最频繁的国家之一。

中国具有悠久的植树造林历史。一些沙区群众为了保护农田，历史上曾自发地在沙地上营造以杞柳、沙柳、旱柳、杨树、白榆、白蜡条等为主的小型防护林带，由于小农经济的限制，林带布局零乱、规模窄小、生长低矮、防护作用较差，仅处于栽植树木的"启蒙阶段"。新中国成立后，中国林业生态工程进入了真正的发展阶段。半个世纪以来，我国林业生态工程建设又可以分为三个分阶段：

1. 第一阶段——起步阶段（20 世纪 50 年代—60 年代中期）

新中国成立后，在"普遍护林、重点造林"的方针指导下，我国由北而南相继开始营造各种防护林，包括防风固沙林、农田防护林、沿海防护林、水土保持林等。

虽然这一阶段各地开始营造各种类型的防护林，但是，这时营造的林分树种单一、目标单一，缺乏全国统一规划，范围较小，难以形成整体效果。

2. 第二阶段——停滞阶段（20世纪60年代中期—70年代后期）

"文化大革命"期间，林业建设速度放慢甚至完全停滞，有些先期已经营造的林分遭到破坏，致使一些地方已经固定的沙丘重新移动，已经治理的盐碱地重新盐碱化。

3. 第三阶段——体系建设阶段（20世纪70年代后期—20世纪90年代）

改革开放以来，我国林业生态工程建设出现了新的形势，步入了"体系建设"的新阶段，改变了过去单一生产木材的传统思维，采取生态、经济并重的战略方针，在加快林业产业体系建设的同时，狠抓林业生态体系建设，先后确立了以遏制水土流失、改善生态环境、扩大森林资源为主要目标的十大林业生态工程，生态工程规划区总面积705.6万km²，占国土总面积的73.5%，覆盖了我国的主要水土流失区，风沙侵蚀区和台风.盐碱危害区等生态环境最为脆弱的地区，构成了我国林业生态工程建设的基本框架。

通过对1998年长江、松花江和嫩江流域特大洪涝灾害的深刻反思，党中央，国务院作出了重大决策，提出了"封山植树，退耕还林"等32字方针，先后启动了天然林保护工程、退耕还林工程、生态环境重点治理工程等一批新的生态环境建设工程，进入21世纪，我国对重点林业生态工程进行了系统整合，决定六大林业重点工程，从而使我国林业重点工程由生态治理走上了治理与保护相结合的新阶段。

（二）中国林业生态工程的建设成就

1. 森林资源稳步增长

新中国成立后，党和政府十分重视植树造林、改善生态环境，全国森林资源有所恢复。全国先后组织了9次森林资源清查，我国森林资源面积和蓄积量逐步增长，但森林覆盖率和人均占有量仍很低。

2. 林业生态工程初见成效

新中国成立以来，特别是改革开放以来，我国造林绿化事业取得了重大成就，奠定了生态环境建设的基础。我国各项重点林业生态工程建设取得了显著进展，十大工程累计规划营造林任务1.2亿hm²，目前已完成0.5亿hm²，初步形成了我国林业生态环境建设的新格局。

3. 森林资源保护与管理体系日趋完善

全国森林资源保护逐步得到重视和加强，野生动植物及生物多样性保护体系初步形成；林业生态环境监测体系形成了一定基础，并逐步向科学化、网络化方向发展。

目前全国林业系统共建各种类型自然保护区 574 处，总面积达 6112 万 hm²，占国土面积的 6.4%，其中国家级自然保护区 73 处，面积达 1015 万 hm²，占国土面积的 1.1%；各类湿地自然保护区 152 处，面积 1278 万 hm²。并有各级森林公园总数达到 810 处，遍布 28 个省（区、市），面积 720 多万 hm²，占国土面积的 0.75%，其中国家级森林公园 269 处，经营面积 510 万 hm²。

国家森林资源连续清查体系初步建立，全国共有 35 个总体，设置固定样地 22 万多个，调查面积 578 万 km²，占国土面积的 61.2%，建立了初级森林资源监测中心 25 个。已建立森林生态系统定位研究站 18 个，初步形成网络系统。建立了荒漠生态监测站 35 个，并初步建立了跨行业和部门的"荒漠生态监测网络"。20 多年来，在森林生态研究及监测理论、网络建设、信息管理、监测技术方法等方面有了一定的基础，并积累了宝贵的经验。

二、我国生态环境建设面临的新形势

（一）我国林业生态环境建设存在的主要问题

我国林业生态环境建设虽然取得了很大成绩，但仍严重滞后于经济和社会的发展；目前存在的主要问题如下。

1. 森林资源总量不足，分布不均，质量偏低

目前我国人均占有森林面积和蓄积量分别只有世界人均水平的 21% 和 12%，森林覆盖率比世界平均水平 26.6% 低了 10 个百分点。

2. 指导思想上存在着重经济轻生态的偏差

生态环境建设缺乏科学性，没有按不同的目标进行建设，如许多地方营造生态林仍然用营造用材林的办法；长期以来对林业的认识存在严重偏差，世界公认森林是陆地生态系统的主体，这就决定了林业的首要任务是生态环境建设；但长期以来，人们往往把林业只当作产业部门或一般的专业经济部门来看待，忽视了林业的生态效益和社会效益，注重短期经济效益，过度地采伐森林，使我国本来就很少的森林越采越少，加剧了生态环境的恶化。

3. 林业生态环境建设的科技含量低

树种单一,新品种少,造林成活率、保存率低,重人工造林轻封山育林和飞播造林,林种、树种结构配置不合理,纯林多、混交林少,针叶林多、阔叶林少。据统计,在人工造林保存面积中混交林不足 10%,难以发挥最佳的生态、经济效益。

4. 没有建立适应市场经济规律和林业生态环境建设特点的经营机制

根据森林经营的不同目的,采取不同的经营机制,是实行市场经济国家的共同做法,而我国未能根据不同地域的条件对森林进行分类经营。现在随着市场经济的发展,一方面公益性林业缺乏国家必要的保障条件和措施;另一方面商品性林业也没有建立起适应市场经济的经营机制,竞争无力,可以说这不但违背了林业发展的自然规律,也违背了林业发展的经济规律。

5. 缺乏一套保障林业生态环境发展的政策体系

一是长期以来对林业生态环境建设的投入很少,特别是新造林没有管护投入,难以巩固建设成果;二是林业税费负担日益加重。不少集体林区,平均每立方米木材缴纳税费占售价的一半以上,严重挫伤了群众造林绿化的积极性;三是没有形成有利于调动社会力量参与林业生态环境建设的激励机制和森林生态效益补偿制度。

6. 林业生态环境建设管理体制不合理

多头管理,部门分割,形不成合力。

7. 监测评估体系不健全

在一定区域内的森林植被有效覆盖度急需研究。

(二)我国生态环境总体形势十分严峻

生态环境直接影响到人类生存,关系到经济和社会的持续发展,我国生态环境建设虽然取得了举世瞩目的成就,但应清醒地看到,我国生态环境仍很脆弱,边治理边破坏的问题仍很突出,生态环境恶化的趋势还没有得到有效遏制,形势十分严峻。

1. 水土流失日趋严重

我国是世界上水土流失最为严重的国家之一,严重水土流失面积已达 179 万 km^2,占国土面积的 18.7%,全国平均每年新增水土流失面积 1 万 km^2。

2. 土地沙化仍呈不断扩大的趋势

据普查,我国现有沙化土地面积 169 万 km^2,占国土面积的 17.6%,同时由于气候变化、植被破坏等原因,我国土地沙化的速度呈加速发展态势,相当于每年有 1 个中等县的面积被沙化。

3. 生物多样性物种数量急剧下降

我国是世界上动植物种类最多的国家之一。据估计，我国动植物种类约有15% ~ 20%受到灭绝的威胁，高于国际10% ~ 15%的水平。

生态环境恶化，给经济和社会发展带来了极大的危害，加剧了自然灾害，加剧了贫困程度，严重制约了经济和社会的可持续发展。我国每年因各种自然灾害造成的直接经济损失高达2000亿元以上。

（三）对生态环境建设日益高度重视

新中国成立以来，特别是近几年来，党中央，国务院对生态环境建设十分重视。对生态环境建设作出了重要部署，深刻阐述了搞好天然林保护、退耕还林还草和防沙治沙的重大意义以及国家采取的扶持政策。从新世纪开始，我国将进入全面建设小康社会、加快推进社会主义现代化的新的发展阶段。发展是主题，结构调整是主线，改革开放和科技进步是动力，提高人民生活水平是根本出发点。对大力植树种草，推进防护林体系建设，加大防沙治沙力度，加强生态环境建设等提出了新的更高的要求。

三、我国林业生态工程发展目标

21世纪中国林业生态工程的发展，以大力植树造林为主要内容，以尽快增加森林植被覆盖、赶超世界平均水平、基本实现山川秀美为目标。力争到21世纪中叶，使全国适宜治理水土流失地区基本得到治理，适宜绿化的土地植树种草，"三化"草地基本得到恢复，建立起比较完善的生态环境预防监测和保护体系，大部分地区生态环境明显改善，基本实现中华大地山川秀美。可以分为3个阶段。

（一）第一阶段（2000—2010 年）

控制生态环境恶化阶段，森林覆盖率达到19%以上，生物措施治理水土流失3700万 hm^2，治理荒漠化面积2270万 hm^2，全国生态环境恶化趋势基本得到控制。

（二）第二阶段（2011—2030 年）

生态环境明显改善阶段，森林覆盖率达到24%以上，生物措施治理水土流失6000万 hm^2，治理荒漠化面积2700万 hm^2，建立起维系全国生态环境系统良性循环的初步格局。

（三）第三阶段（2031—2050 年）

生态环境完善提高阶段，森林覆盖率稳定在 26%，生物措施治理水土流失 2200 万 hm²，治理荒漠化面积 1100 万 hm²，全国生态环境问题基本得到解决，形成以大江大河流域为主体，辐射全国的良性生态环境系统。

四、我国林业生态工程建设重点与布局

（一）天然林保护工程

这是我国林业建设的"天"字号工程、一号工程，也是投资最大的生态工程。具体包括三个层次：全面停止长江上游、黄河上中游地区天然林采伐；大幅度调减东北、内蒙古等重点国有林区的木材产量；同时保护好其他地区的天然林资源。主要解决这些区域天然林资源的休养生息和恢复发展问题。

该工程包括长江上游、黄河上中游地区和东北内蒙古等重点国有林区以及其他地区的天然林资源保护。其中，长江上游、黄河上中游和东北内蒙古等重点国有林区天然林资源保护工程涉及云南、四川、贵州、重庆、湖北、西藏、陕西、甘肃、青海、宁夏、山西、河南、内蒙古、吉林、黑龙江（含大兴安岭），海南、新疆共 17 个省（区、市）的 734 个县（市、区）、167 个重点森工局（场）。规划调减木材产量 1991 万 hm²，管护 0.94 亿 hm² 森林。长江上游、黄河上中游地区全面停伐天然林，造林 0.13 亿 hm²，规划总投入 962 亿元。

（二）"三北"和长江中下游地区等重点防护林体系建设工程

这是我国涵盖面最大、内容最丰富的防护林体系建设工程。具体包括"三北"防护林四期工程、长江中下游及淮河太湖流域防护林二期工程、沿海防护林二期工程、珠江防护林二期工程、太行山绿化二期工程和平原绿化二期工程。主要解决"三北"地区的防沙治沙问题和其他区域各不相同的生态问题。

该工程涉及北京、天津、河北、内蒙古，山西、陕西、宁夏、新疆（含新疆生产建设兵团）、辽宁、吉林、黑龙江、江苏、浙江、安徽、福建、江西、山东、上海，河南、甘肃、青海、云南、贵州、湖南、湖北、广东、广西、海南等 28 个省（区、市）1696 个县（市、区），初步规划造林 2277.9 万 hm²，对工程区内的 7190.3 万 hm² 森林实行有效保护，总投入 806 亿元。

其中，"三北"防护林体系建设四期工程实施范围包括北京、天津、河北、内蒙古、山西，辽宁、吉林、黑龙江、宁夏、陕西、甘肃、青海、新疆（包括新疆生产建设兵团）等 13 个省（区、市）的 594 个县（旗、区、市），规划 10 年造林 923 万 hm²，其中封山（沙）育林 345 万 hm²、飞播造林 137 万 hm²、人工造林 441 万 hm²，管护工程区内的 4179 万 hm² 森林，2010 年工程区内森林覆盖率由现在的 10.01% 提高到 11.77%，工程投入 463 亿元。

（三）退耕还林还草工程

这是我国林业建设上涉及面最广、政策性最强、工序最复杂，群众参与度最高的生态建设工程。该工程抓住当前我国粮食库存较多、供给充裕的有利时机，采取"以粮代赈，个体承包"的措施，有计划、分步骤地推进坡耕地退耕还林还草，突出治理陡坡耕地，恢复林草植被，解决重点地区的水土流失，最终实现生态、经济的良性循环。

工程实施范围包括云南、四川、贵州、重庆、西藏、湖北、湖南、江西、安徽、广西、陕西、甘肃、青海、宁夏、内蒙古、山西、河南、河北、吉林、黑龙江、辽宁、新疆（包括新疆生产建设兵团）等 22 个省（区、市）1060 个县（市、区、团）。初步规划 10 年退耕还林还草 366.2 万 hm²，宜林荒山荒地造林种草 513.3 万 hm²。到 2010 年新增森林面积 0.8 亿 hm²，工程区内的森林覆盖率由 29.6% 提高到 31.8%，增加 2.2 个百分点。控制水土流失面积 0.23 亿 hm²，防风固沙控制面积 0.27 亿 hm²，年均减少输入长江、黄河的泥沙量 2.6 亿 t。工程规划期内需总投入 739.5 亿元（全部为中央投入），其中中央基建投入 92.7 亿元，中央财政专项资金 646.8 亿元。

（四）环北京地区防沙治沙工程

这是首都乃至中国的"形象工程"，也是环京津生态圈建设的主体工程。虽然规模不大，但是意义特殊。主要解决首都周围地区的风沙危害问题。在对现有森林植被实行有效管护、防止产生新的沙化土地的基础上，对沙化土地通过大力封沙育林育草、植树造林种草，恢复沙区植被，建设乔灌草相结合的防风固沙体系；对退化草原进行综合治理，恢复草原生态及产业功能；搞好以小流域为单元的水土流失综合治理，合理开发利用水资源。

工程实施范围包括北京、天津、河北、内蒙古、山西 5 个省（区、市）的 75 个县（旗、区）。初步规划 10 年造林种草 678.4 万 hm²，其中，封沙育林育草 223.1 万 hm²，飞播造林种草 123.1 万 hm²，人工造林 210.8 万 hm²，退耕还林还草 121.5 万 hm²。保护现有植被 531.4 万 hm²。到 2010 年新增林草植被 500 万 hm²，林草覆盖率由目前的 6.7% 提高到 21.4%，增加 15 个百分点。工程投入 339 亿元。

（五）野生动植物保护及自然保护区建设工程

这是一个面向未来，着眼长远，具有多项战略意义的生态保护工程，也是呼应国际大气候，树立中国良好国际形象的"外交工程"。主要解决基因保存、生物多样性保护、自然保护、湿地保护等问题。

工程实施范围包括全国具有典型性、代表性的自然生态系统、珍稀濒危野生动植物物种的天然分布区、生态环境脆弱区、市场流通活跃区。到 2010 年，重点实施大熊猫、虎、金丝猴、藏羚羊、大象、长臂猿、麝、野生雉类、兰科植物等 10 个野生动植物拯救工程和森林、荒漠和湿地等 30 个重点生态系统保护工程。新建自然保护区 524 个，使总数达到 1800 个，其中国家级自然保护区数量达到 180 个，自然保护区占国土面积的比例达 16.14%。工程投入 277 亿元，其中中央投入 56 亿元，地方投入 46 亿元，其他 175 亿元。

（六）重点地区以速生丰产用材林为主的林业产业基地建设工程

这是我国林业产业体系建设的骨干工程，也是增强林业实力的"希望工程"。主要解决我国木材和林产品的供应问题。

工程实施范围涉及河北、内蒙古、辽宁、吉林、黑龙江、江苏、浙江、安徽、福建、江西、山东、河南、湖南、湖北、广东、广西、海南、云南等 18 个省（区）的 886 个县（市、区）、114 个林业局（场）。初步规划 15 年新建和改造 1333 万 hm²，其中工业原料林 1083 万 hm²，占 81%；大径级用材林 250 万 hm²，占 19%。工程完成后，每年提供木材 13337 万 m²，约占国内生产用材需求量的 40%，加上现有森林资源的利用，国内木材供需基本趋于平衡，可支撑木浆生产能力 1 386 万吨。规划 15 年投入 718 亿元，其中，国家注入资本金 144 亿元，占 20%；申请银行贴息贷款 502 亿元，占 70%；企业自筹 72 亿元，占 10%。

上述六大工程总投入 3800 多亿元，其中中央投入 2700 多亿元，地方投入 400 多亿元，政策性贷款 600 多亿元。通过这些工程的实施，到 2010 年，初步建立起乔灌草搭配、点线面协调、带网片结合，具有多种功能与用途的森林生态网络和林业两大体系框架，重点地区的生态环境得到明显改善，与国民经济发展和人民生活改善要求相适应的木材及林产品生产能力基本形成。

第五章　现代林业生态工程建设模式研究

第一节　林木病虫害预防模式

一、林木病害及其防治

（一）林木病害的预测预报

根据病害发生、发展规律和流行条件，结合当时当地的气象因素寄主生长发育状况及其历年流行的历史资料，预测某种病害流行的时间及可能造成的危害，这叫病害流行的预测；根据预测资料发出通报，使有关地区和单位做好防治工作的准备，这叫预报。预测和预报统称测报。

1. 病害预测的类型

植物病害的预测可按测报的有效期限分为长期预测和短期预测。长期预测一般是指年份间的预测，就是针对种子、土壤或病株、残株等途径传播的病害，以及历年发生、发展有明显的季节变化或年份变化的某些气流传播的病害，对这些病害大发生前不久预测其发生情况；短期预测主要是针对那些受气候条件影响最大的流行性病害，尤其是以降雨量为流行主要因素的病害。目前，植物病害多以短期预测为主。由于影响流行的各种变动因素，如气象因素、植物的感病情况、病原物的数量等，在未来的短期内都较易掌握，因此短期预测的准确性也比较高。

2. 病害预测的根据

植物病害流行的规律是病害预测的主要根据。流行规律了解得愈深，预测就愈可靠病害流行的模式是复杂的，不同的病害有不同的模式，同种病害在不同的地区也有差异所以，病害预测也没有一成不变的公式。一般应掌握以下规律。

①病原物的生物学特性和侵染循环特点；

②寄主感病期的变化；

③病害流行同环境因素的关系，特别是同气候因素的关系；

④发病程度同损失的关系。

在此基础上，根据天气预报资料进行病害预测预报。

3. 病害预测的方法

预测的具体方法因病害种类而异，有的侧重于以病原物的数量为依据，有的侧重于以气象因素为依据，或同时以二者为依据。

森林病害的预测尚不十分为人们所重视，因为许多重要森林病害的严重发生是多年积累的结果，没有很明显的急剧变化，如森林的根腐病和一些枝干病害都是如此。还因为有些森林病害没有可行的临时防治措施，预测也就没有必要。例如，毛竹枯梢病流行同气候的关系是：4 月平均气温 15 ℃以上有利于越冬病菌的发育，5、6 月雨量 300 mm 以上雨日 35 天以上有利于孢子的释放传播和侵染，7、8 月雨量 200 mm 以下、雨日 25 天以下有利于发病。在这样条件的年份，如果林中残留病竹较多，则病害可能流行。但毛竹枯梢病的防治要要求在冬季清除病竹的死梢和死枝。侵染季节喷药保护新竹既难实行，也无必要，因此病害预测就没有什么意义了。然而，对于某些有条件采取临时防治措施的森林病害，预测仍是重要的。由于现在对森林病害的研究还不够深入，一些病害的预测还是比较粗放的。如银杏苗茎腐病，病原菌是种土壤习居菌，普遍地存在于我国南方苗圃土壤中，一年生的银杏苗是高度感病的，而茎基部的高温灼伤是病菌侵入的条件，这条件限制了病害只在夏季发生。根据历年经验，病害通常在梅雨期结束后 10 天左右开始发生，其严重程度同 7—8 月的降雨和气温有密切关系，雨日多和雨多气温就不会很高，土壤温度也相应较低，病害一般不会严重发生。反之，如果降雨少，日最高气温达到 35 ℃以上的天气持续时间长，病害就会流行。因此，在大量培育银杏苗时，可以根据当地的气象预报来预报病害开始发生的时期和危害的严重程度，以便及时采取防治措施。

在南方苗圃中，松苗叶枯病在松树一年生上于 8 月开始发生，9—10 月为盛发期。盛发期为阴雨天多的年份，再侵染不断发生，可引起病害流行。侵染来源可能是连作地越冬的病苗残体或者是苗圃中留床 2 年生苗，或者苗圃附近有病的松树幼林。在 8 月中旬调查苗中的 2 年生苗及苗圃附近松树幼林是否有侵染来源存在，同时密切注意一年生苗是否有发病中心株出现。如果附近侵染来源较多，或一年生苗床上已有中心病株出现病害就有可能流行，应根据 9—10 月天气预报情况适时喷药保护幼苗落叶松早期落叶病流行的预测以病菌数量和气象因素为依据，病菌在上一年落叶上越冬，6月子囊孢子开始成熟，孢子的放射需在6、7月的降雨后进行。根据落叶上孢子的存活数量和降雨迟早及日数就可以预测病情的严重程度。落叶上存活孢子数量大，降雨早，6、7月降雨日数多，当年病害流行开始的早而且严重。

上述的几种病害预测实例都是定性的预测。只能预测病害发展和流行的大致趋势，准确性低。为提高对病害预测的准确性，植物病害预测正向数量化方向发展。在多年试验、调查等实测数据的基础上，采用回归分析的方法找出影响病害流行的各主要因素，即寄主感病性、病原物的数量和毒性、环境条件（特别是温度、湿度、土壤状况等）、营林措施等与病害流行程度之间的数量关系。在回归方程中寄主的感病性病原物的数量及毒性、环境条件、营林措施等均为自变量，流行程度为因变量。由于采用数学方程式表达，所以流行因素（自变量）数量上的任何变动都相应地改变流行的强度（因变量）。

随着电算技术的应用和植物病害流行系统分析研究的发展，近年来人们开始研究和应用数学模型来进行植物病害流行的预测。例如北京杨树溃疡病的测报研究，用个体生态学的基本原理分析影响杨树溃疡病发生的主导生态因子及其变化规律，借助电子计算机的模拟功能，建立起病害与各种生态因子之间的数学模型，从中找出最佳模型测报式。根据杨树溃疡病的发生规律，在测报期间内，病情指数（CDS）与相应时期的菌量（F1、F2、F3）、积温（CT）、温湿比（TH）、温雨比（TR）及湿雨比（HR）等有着密切的相关关系。

（二）林木病害综合防治

1. 林木病害防治的原则

病害发生、发展和流行的规律是拟定防治措施的理论依据。透彻地掌握具体病害的发生、发展规律，不仅可以使防治措施更有目的性，而且可以提供新的更有效的防治途径。例如，梨（或苹果）锈病固然可以用化学药剂来防止其流行，但耗时、费钱，而且可能有污染环境的副作用。由于此病菌是绝对转主寄生的，而且没有再侵染，只要在梨（或苹果）园周围不栽植或去除转主寄主桧柏，不用其他任何措施就可以获得彻底的防治效果。

不应把病害防治的目的简单地理解为降低病害程度，更不是绝对消灭病害。森林中各种寄生物是森林生态系统中不可分割的组成部分，这类生物的存在和发展受各种森林生态因素的影响，同时又影响着一系列的森林生态因素。在一个稳定的森林生态系统中，要想消灭某种自然存在的寄生物是非常困难、不可能的，在大多数情况下也是不必要的。适当地控制或调节其种群数量往往更符合人类的利益。寄生物所致寄生现象之所以称为病害是从人类的经济利益和生态利益观点出发的。近年来，科学家们把对有害生物（包括病原物、害虫、杂草和有害鸟、兽等）的控制与人类的经济利益和生态平衡结合起来，提出了有害生物综合治理的概念，在林业上，综合治理的概念可归纳为有计划地应用有利于生态平衡和经济发展并为社会所接受的各种预防性的、抑制性的或调节性的战术和战略，使各种破坏森林的生物因素维持在可以忍受的水平。病害防治是综合治理的一个组成部分。所以，在进行防治时，必须考虑到森林生态的平衡，不能因为治理一种病害而破坏这种平衡，或造成环境污染；也不能忽视防治中的经济问题，必须通过病害防治来增加经济效益，而决不应因防治病害反而带来更大的经济损失。

林木和农作物病害的防治在原则上是相似的，但也有许多不同之处：由于二者在生态环境和生态效益上的区别，森林一旦形成生态环境就相当稳定，数十年乃至数百年，各种因素的改变都是缓慢演替的，不像农作物一年就收获，生物群落变动剧烈，加上森林具有改善人类生态环境的特殊功效，以及具有单株价值高、植株高大、多年生、抗逆性和复原能力强等特点，所以在林木病害防治上有独特之处。无论林木或农作物的病害防治，都是把"防"放在首位，"治"只是一种补救措施，故在防治工作中，应遵循"预防为主"的原则。植物病害的发生与流行都是以病原、寄主和环境条件的一致配合为基础的，因此在病害的防治上必须"反其道而行之"，以人为的干涉或调节来阻止各种流行因素最佳配合现象的发生。也就是没法杜绝、减少病原物的数量或切断其侵染链，增强林木的抗病力或保护它不受病原物的侵染，改善环境条件，使不利于病原物数量的积累和侵染活动的进行，或有利于林木抗病性能的发挥，一切防治措施都是为了达到上述目的。

林木病害防治措施可以分为病害检疫、改进营林措施、选用抗病品系和物理、化学、生物防治方法等。所应采用的防治措施因病害种类而异。

2. 林木病害检疫

在自然条件下，植物病害的传播距离是有限的，很难超越高山、沙漠和大洋等自然屏障随着近代运输事业的发展和种、农林产品的交流日益频繁，增加了人为传播病害的机会历史上许多毁灭性的林木病害，如板栗枯病、榆枯萎病、白松疱锈病等，在大陆之间传播都是由人来完成的。在我国，油橄榄肿瘤病是随油橄榄苗木从欧洲引进来的，由于及时采取了防治措施，目前尚未扩散。为了防止危险性病、虫、杂草在国际或地区之间人为的传播，各国政府都制定了有关法令，设立了行政机构进行植物检疫。

列为检疫对象的病害只是那些现在有一定区域分布、可通过人为传播，且一旦进入新区就有可能成为流行性的严重病害。对于林木病害来说，一般种子传播的病害很少，而苗木、接穗、插条等几乎可以传带各种病原物，应作为重点检验材料。有些病害还可以由原木传带，如松材线虫病可以随木材及病木做的包装材料传带，这些也应作为应检材料进口植物材料在口岸检验后，如发现检疫对象或其他病虫害，由检疫机构按下列原则处理。

①凡能用熏蒸、消毒方法消火检疫对象的，进行处理后放行；

②凡能通过控制使用，防止检疫对象传播的，按规定地点、规定时间、规定方法控制使用；

③凡带有尚无有效方法处理的检疫对象的应立即退回或就地销毁，禁止入境；

④凡怀疑带有检疫对象而又一时难以查明的种苗及其他繁殖材料，应在专用的隔离苗圃中试种观察，直到证实不带病后才能分散栽植。

3. 林业技术防治

（1）育苗技术中的防病措施

首先，选择适当的苗圃地，苗圃地最好不要设置在土壤黏重、地势低洼的地点。因为在这些条件下，根的呼吸受阻，易于积累硫化二氢和水杨醛等有害物质，有利于猝倒病、根癌病、菌核性苗枯病等的流行。苗地最好远离同种林木的林分，以免病原物从林木上传到苗木上。在根病严重的旧圃地应实行轮作，这样病原物会因得不到适当的寄主而"饿死"，而且有利于土壤中的某些有益微生物的繁殖，促进病原物的死亡。及时清除苗圃中的病死株和枯落物以减少侵染来源。

（2）造林技术中的防病措施

适地适树是提高林木抗病能力、减少病害发生的重要措施。营造混交林可以大大减轻病害的发生。无论是根部病害或是枝干、叶病害，混交林的树种都可以起到屏障作用。但应注意树种的搭配。在某种锈病严重的地区，要避免使用病菌的两个转主作为混交树种，否则不但不防病，反而还会促进病害发生。

（3）林分抚育中的防病措施

结合林分抚育清除病树和病枝可以减少侵染来源或者消除发病中心。特别是林木枝干病害如松干锈病、各种丛枝病等发展得较慢，若在病害初期清除，可防止病害的进一步蔓延。山火、放牧、随意刮皮是引起林木机械损伤、导致病原从伤口侵入，特别是树皮腐烂病菌、立木腐朽菌侵入的重要途径，应当禁止或严格控制。

（4）选育抗病品种

造林时使用抗病性强的树种或品种是经济而且有效的防治措施。世界各国林业工作者对此工作非常重视。选育抗病品种的一个重要环节是进行品种抗病力的鉴定。一般的方法是对被测定植株作人工接种，或将它置于目标病害正在流行的自然环境中，观察它对病害的抗性，并与已知的感病品种进行对照鉴定。许多难于防治的毁灭性病害，只有通过选育抗病品种加以控制。

（5）生物防治

病害防治中，有时利用所谓双重寄生作用。这是一种寄生物被另一种生物所寄生的现象。在我国已用于生产实践的"鲁保一号"，就是利用一种寄生在菟丝子上的炭疽病菌的制剂。在意大利和法国，用板栗疫菌（Endothia parasitica）的弱毒菌系防治栗疫病取得了成功。

有人试验，把大隔孢伏革菌（Peniophora gigantea）的孢子加入机油中，然后涂于伐木的油锯上，以便接种到被伐松树的伐桩上。用这种办法曾成功地防治松林的根白腐菌。

（6）物理防治

利用物理学原理和方法防治植物病害即物理防治。森林苗圃用堆集焚烧枯枝落叶的办法来进行土壤消毒，这样减少了病害，也清除了病害侵染源。温汤浸种防治植物病害在农业上已广泛应用。林业上也常对种子、接穗及插条等进行消毒。如桑苗在 45 ℃热水中浸 30 min，或在 50 ℃热水中浸 15 min，接穗在 50 ℃热水中浸 10 min 都可以治愈类菌原体引起的萎缩病。泡桐丛枝病用 50 ℃温水漫根 15 min，也能收到良好的效果。

（7）化学防治

用化学药物来防治植物病害称为化学防治。其适用范围广、见效快、方法简便，特别是病害发生后，施用化学药剂往往是唯一的对付办法。

（三）主要树种的病害及其防治

1. 松苗猝倒病

松苗猝倒病又叫立枯病。主要危害松属、杉属、落叶松属等针叶树幼苗，在针叶树中，除柏类较抗此病外，其余都可感染此病。此外，这种病也危害刺槐、泡桐、檫木、香椿、臭椿、榆树、枫杨、银杏、桑树、苹果等阔叶树苗，是育苗上的主要病害之一，一般死苗率达 10% ~ 30%，严重者达 50% 以上。

（1）症状

病害多在 4—6 月发生。大致有以下四种症状。

①种芽腐烂型。幼苗未出土前，幼根和子叶即腐烂，造成缺苗断垄现象，主要发生在覆土过厚、黏土和低温高湿的苗床上。

②首腐型。幼苗顶梢及幼叶受害腐烂，病部生白色丝状物，常与猝倒类型同时发生。

③猝倒型。幼苗出土一个月内，嫩茎未木质化，靠近土面的茎基部变褐腐烂、缢缩病苗很快倒伏，多发生在 5 月阴雨时期。

④立枯型。幼苗出土 1 ~ 2 个月后，茎部木质化，在茎基部及根部皮层处变色腐烂，地上部分枯死，不倒伏。若拔出病苗，根皮易脱落，仅留木质部。一般发生在 6 ~ 9 月的高温季节。

（2）病原

常见的有三种真菌。

①立枯丝核菌（ Rhizoctonia solani kuhn ），属半知菌亚门。菌丝有隔膜，分枝处缢缩，分枝近直角，幼嫩苗丝无色，老熟菌丝变褐，形成菌核的菌丝粗短不规则。

②尖孢镰刀菌（ Fusarium xysporum Schlecht ），属半知菌亚门。大型分生孢子黏结成闭，纺锤形到镰刀形，有足胞，3 ~ 5 个隔膜，大小 (20 ~ 60)μm × (3 ~ 5)μm。

③瓜果腐霉菌，属鞭毛菌亚门。菌丝无隔膜，孢子囊为裂瓣状，萌发产生泡囊，游动孢子肾形，侧生两根鞭毛。这三种病菌都能在土壤中腐生，遇到合适的寄主，便侵入危害。它们分别以菌核、厚垣孢子或卵孢子度过不良环境。幼苗生长前期，若低温高湿时，常被腐霉菌和丝核菌危害；生长后期，若高温高湿常被镰刀菌危害。

（3）发病规律

春季低温多雨、夏季高温多雨或干旱，均容易发生猝倒病。黏土、低洼板结的老苗圃地发病重，新垦山地或稻田地育苗发病较轻。在雨天整地播种、土壤成块、畦面不平易发病，施未腐熟的有机肥料、覆土过厚、播种期过迟或揭草过迟等也可能会造成发病。

（4）防治方法

①选好圃地。用新垦山地育苗，也就是哪里造林哪里育苗。老苗圃地要定期轮作，细致整地，晴天犁耙，使床面疏松平整。精选种子和催芽，用磷肥拌种。适当早播，早出苗，提高苗木抗病力。老苗圃地播前在播种沟内垫一层 1 cm 厚的心土或火烧土。

②壤消毒。苗圃播种前用苏化911、五氯硝基苯或敌克松等消毒，施药 30 ~ 37.5 g/hm²，撒于床面或播种沟内，或撒施硫酸亚铁粉 150 ~ 225 kg/hm²。

③苗期施药。出苗后，喷 1 ： 2 ： 200 倍波尔多液，或代森锌 600 ~ 800 倍液；或用 1% ~ 3% 硫酸亚铁液，顺行浇灌。无论用哪种药剂，施药后都要随时用清水喷洗苗木，以防茎、叶受药害。

2. 松苗叶枯病

松苗叶枯病是南方松树普遍发生的病害。主要危害苗木和幼树的针叶。

（1）症状

植株下部针叶先发病，逐渐向上蔓延，严重时病株干枯死亡。受害针叶从叶尖开始，逐段变成黄褐色，病叶干枯后下垂、扭曲、不脱落，沿气孔线纵行排列许多黑色小霉点，即为病菌的分生孢子梗和分生孢子。

（2）病原

赤松尾孢菌。属半知菌亚门。分生孢子梗丛生、暗色、稍弯曲，有 1 ~ 2 个隔膜，大小（13 ~ 25）μm×（3 ~ 4）μm。分生孢子长棍棒状或鞭状，稍弯曲，有 2 ~ 5 个隔膜，大小（22 ~ 59）μm×（3 ~ 4）μm。

（3）发病规律

病菌以菌丝体在寄主内或随病叶在土壤中越冬，次年夏季产生分生孢子，随气流传播 7 月中旬开始发病，8 ~ 10 月为盛期。高温高湿有利于病菌的侵染。苗木生长过密，通风透光差，留床苗缺乏管理，或苗圃重茬，容易发病，加勒比松、南亚松、马尾松、黑松感病最重；湿地松、火炬松、赤松感病较轻。苗期或造林后 1 ~ 2 年内发病重，3 ~ 4 年生病害逐渐减轻。

（4）防治方法

①应在没有叶枯病发生、土壤疏松、肥沃，利于排灌的地方选择苗圃地。加强幼苗管理，避免苗木过密，适时进行间苗和灌溉，若发生病害要及时喷药保护，拔

除病苗，防止形成发病中心。

②发病期间应及早摘除病叶，集中烧掉，然后用1∶1000高锰酸钾溶液、1∶700六氯苯或1∶500倍退菌特等药剂喷洒效果较好。

③不宜在高温干旱季节造林，不带病苗上山，发现病叶应立即除去。出圃苗喷药后再定植。加强幼树抚育管理，增强树势，提高抗病力。

3. 松疱锈病

松疱锈病是世界有名的危险性病害，我国已发现两种，分别危害二针松和五针松。它可以毁掉大片幼林，因此已被列为国内外的检疫对象。据记载，马尾松、赤松、樟子松、黄山松、云南松、油松、红松、华山松、新疆五针松等均有不同程度的受害。

（1）病状

危害幼树枝、干皮部，开始在枝干皮部出现淡橙色病斑，病斑逐渐扩展呈裂缝，8月下旬9月初在病部出现橘黄色的蜜滴，具甜味。第2～3年的4—5月，在病部长出橘黄色疱囊，囊破后散出黄粉。以后病部每年长出疱囊，树木皮部加粗变厚，显得粗肿，并流出松脂。该病的转主寄主是返顾马先蒿、穗花马先蒿、东北茶藨子、兴安茶藨子和刺李等。在转主寄主叶背面产生黄粉状夏孢子堆，以后长出毛发状黑褐色冬孢子柱。

（2）病原

茶藨生柱锈菌（Cronartium ribicola J.C. Fischer），属担子菌亚门。在松树病枝、干上产生性孢子器和锈孢子器。锈孢子呈球形，表面有平顶柱形的疣，大小为（14.4～28.8）μm×（22.8～33.6）μm。转主寄主叶背产生夏孢子堆和冬孢子柱，夏孢子呈球形至椭圆形，表面有细刺，大小为（13.1～20.6）μm×（15.6～30）μm；冬孢子呈梭形、褐色，大小为（3.613.5）μm×（36～59.1）μm。

（3）发病规律

病菌以菌丝在松树病枝内越冬。此病发生在松树干薄皮处，因而刚刚定植的幼苗和20年生以内的幼树易感病。在杂草丛生的幼林内、林缘、荒坡、沟渠旁的松林易发病。

（4）防治方法

①由疫区输出苗木要进行检疫，在病区附近不设松类苗圃。

②造林后加强抚育管理，铲除林内的杂草和转主寄主。割草割灌，也可铲除中间寄主植物。割草可在7月中下旬进行，亦即在冬孢子形成前进行。

③及时发现和砍除病枝及伐除病株，防止扩散蔓延。在早春或晚秋树液停止流动时进行修枝，可以消灭潜伏于枝条内的病菌。坚持数年，可使病害得到根治。

④用松焦油或不脱酚洗油涂于病部，或用 300 mg/L 内疗素注射皮部治疗。

4. 杨树溃疡病

杨树溃疡病是我国杨树的重要病害之一。除危害杨树外，还危害柳树、核桃泡桐、香椿等树种。对大苗和新栽幼树危害严重，常使病株枯死。

（1）症状

危害主干和枝梢。在早春和晚秋，树皮上出现近圆形水泡状病斑，水泡破裂后流出褐色汁液，病斑下陷，直径约 1 cm。病斑内部坏死范围比表面大，直径 2 cm 以上。当病斑在皮下互相连接包围树干后，上部即枯死，以后在病部产生许多小黑点。

（2）病原

茶藨子葡萄座腔菌 [Botryosphaeria ribis t（Tode） Gross et duss]，属于囊菌亚门，无性型为半知菌亚门的聚生小穴壳菌（ Dothio rella gregaria saco），子座埋生于寄主表皮，后突破表皮外露，黑色，炭质。

（3）发病规律

病菌以菌丝体形式在病斑内越冬，次春产生分生孢子，由伤口、皮孔或表皮侵入寄主病菌在 12 月以前就侵入寄主，潜伏于寄主体内，在寄主生理失调时表现出症状。杨树春季造林后发生溃疡病，病原是先年在苗圃期间已受侵染，苗木本身带菌的结果。春季造林正是树木开始生长、树液流动时期，此时树木本身需要大量水分和养分，而杨苗从起苗、运输、假植到定植过程中失掉大量水分。如果定植后不及时灌水和管理，就会导致生理机能失调、树势衰弱、抗病能力降低，诱发潜伏的病菌活动。研究表明，杨树树皮膨胀度大于 80% 时不易感染溃疡病，小于 70% 时则发病重。在树皮含水量高的植株中，苯丙氨酸解氨酶（PAL）的活性强，邻苯二酚和对－羟苯甲酚等酚类物质含量高，且它们的活性（或含量）随着树皮含水量降低而降低。试验证明邻苯二酚是寄主活体内的重要抑菌物质该菌的生长温度为 13 ~ 38 ℃，最适温度 25 ~ 30 ℃，在 pH3.5 ~ 9 范围内均能生长，以 pH 为 6 时生长最好。春季寒冷、干旱的年份发病重；碱地、低洼地、沙丘地发病重；木假植过久、伤根过多发病重。

（4）防治方法

①适地适树。就地育苗就地造林，随起苗随栽植，避免假植时间过长，减少路途运输时间；在起苗、运输、假植、定植时，尽量减少伤根和碰伤树干；栽后及时灌水，

保证成活。

②病圃内苗木禁止运往无病区。出圃栽植前，用 0.2% 石炭酸或 0.5% 高锰酸钾溶液浸 10 min 进行消毒。

③药剂防治。以秋防为主，春、秋结合防治。用 40% 福美砷 1∶50 溶液、50% 代森铵 1∶20 溶液、50% 退菌特 1∶100 溶液、1∶10 的碱水、波美 3 度石硫合剂及 50% 多菌灵 1∶100 溶液等防治均有效果。

④用抗病树种造林。青杨派、青杨 × 黑杨的杂交种较易感病；白杨派和黑杨派树种较为抗病。路易莎、意大利 214、健杨、毛白杨、波兰 15A 等杨树抗病和比较抗病。而小叶杨、辽杨 ×69 小美早、北京杨 6 号、北京杨 603 号等易感病。

5. 泡桐炭疽病

泡桐炭疽病在泡桐栽植区均有发生。危害多种泡桐，是实生幼苗的主要病害，死苗率可达 7% ~ 70%。

（1）症状

泡桐炭疽病菌主要危害叶、叶柄和嫩梢。叶上病斑褐色、近圆形、直径约 1mm，周围黄绿色，后期病斑中间破裂。叶柄、叶脉和嫩茎上的病斑椭圆形、褐色、凹陷，在潮湿气候条件下，斑内生粉红色黏液状的分生孢子堆。

（2）病原

盘长孢状刺盘孢菌（ Colletotrichum gloeosporioides Penz. ），属于半知菌亚门。分生孢子盘上有刚毛（但有时无刚毛），在初生表皮下形成，后突破表皮外露。分生孢子筒形或椭圆形单胞无色，有油球，大小（15 ~ 20）μm×（3.5 ~ 4）μm。

（3）发病规律

病菌以菌丝体在茎和枝上的病斑内越冬。第二年春，在温度适宜时产生分生孢子，借风雨传播，成为初次侵染菌源。生长季节中，病菌反复侵染。一般 5 月中旬至 6 月上旬开始发病，7 月为发病盛期。病害发生与雨水多少有密切关系，6—8 月多雨，苗木过密，通风透光不良，有利于病害的大发生。

（4）防治方法

①苗圃地应设在远离泡桐林的地方，以防止大树上的病菌传播到苗木上。

②苗圃要实行轮作。

③提高育苗技术，促进苗木健壮生长，提高抗病

④5 ~ 6 月喷 1∶2∶（150 ~ 200）倍波尔多液，或 65% 代森锌 1∶500 倍溶

液，或 50% 退菌特 1 ：800 溶液 2 ~ 3 次。

6. 泡桐丛枝病

泡桐丛枝病在河南、山东等省一般发病率达 30% ~ 50%，严重者高达 80% 以上。苗木发病后当年枯死，造林一年生幼树得病后，也容易死亡。对泡桐生产影响很大。

（1）症状

此病为一种系统侵染性病害。病株地上部分和根部，都能发出丛生病枝，腋芽和不定芽大量多次萌发，丛生许多细小枝，节间缩短，叶小而黄，病枝密集成团状。冬季落叶后，小枝多直立，呈扫帚状枯死。有的病株上花器变形，柱头变成小枝，花变成细叶，小枝上腋芽又长出小枝，如此重复抽生也成团状。

（2）病原

过去曾记载泡桐丛枝病由炭疽菌、痂圆孢菌或病毒所引起。现在已证明是类菌原体（Mycoplasma like organism，MLO）引起的。类菌原体圆形或椭圆形，直径为 200 ~ 800 mm。

（3）发病规律

河南省的研究表明，病枝及腋芽内均潜伏有病原体，种根内分布有病原体。山东的试验表明，发现病原体在病株内有季节性运转迹象，即 10 月初病原体随树液向根部回流，3 月末又随树液向树上部回升，可以在秋季树液回流前采取修病枝措施防治效果显著。但病原体运转规律还需作进一步研究。

病害流行在不同种或无性系的泡桐中有显著差异，川桐、白花泡桐及毛泡桐均较兰考泡桐、楸叶桐抗病。留根育苗和平茬苗发病重，播种育苗（种子不带菌）期不染丛枝病，幼树发病率较低。片林和行道树的发病率较高。病害发生可能与气候、海拔高度有关，相同的树种和种源，分别栽植在河南省禹县（平原）和嵩县（山区，海拔 1000 m 以上），平原发病率较高，在伏牛山深山区基本不发病。南方各省及沿海多雨地区发病也很轻。

病害可以通过带病的种根、病苗的调运而传播。实践证明，茶翅蝽（Halyomorpha picus Fabricius）、烟草盲蝽（Cyrto pelts tenuis reuter）是传播的媒介。嫁接传病。有时，泡桐受侵染后不表现症状（隐症）。这种无症状的植株有被选为采根母树的危险。

（4）防治方法

①推广抗病品种改进育苗措施是预防丛枝病的最经济有效的方法。在育苗时，严格挑选当年无病苗木作母树采种根，采用当年插根、当年出圃苗造林，比留根苗

和平茬苗造林发病率低得多。

②用50℃的热水浸根10～15 min可大大减轻幼苗发病。

③修除病枝。从春季发芽展叶到秋季落叶均可修除病枝，但7—10月修枝效果明显高于4—6月。对大病枝可以在2—4月环割，病枝茎部环割后，可使病枝慢慢死亡不再复发。修病枝要注意修枝质量，不留残桩。坚持数年修枝，丛枝病就会大大减轻。

④病苗和幼树治疗。可用四环素族药物治疗。其方法是取1万～2万单位/mL的四环素液或土霉素液，用兽用注射器向1～2年幼苗和幼树的髓心内注射药液，可以治愈或减轻病情。注射量一般为每株25～30 mL。

⑤5～6月对传病媒介昆虫进行药剂防治。

7. 板栗疫病

板栗疫病又叫板栗干枯病、栗胴枯病、溃疡病。本病在欧美各国是一种十分严重的病害。美洲栗（Castanea denta）高度感病，亚洲栗系统的树都较抗病，而欧洲栗（C. sativa）感病。病害发生在主干和枝条上，病斑迅速包围枝干，造成枝条或全株枯死。美国在1904—1929年的20多年间，因该病的流行，板栗林几乎全部被毁，到目前为止，尚未找到理想的控制方法。该病在我国多发生于辽宁、北京、河北、河南、山东、安徽、江苏、浙江、江西陕西等省（市）。

（1）症状

病菌自伤口侵入主干、枝条后，在光滑的树皮上产生圆形或不规则的水渍状的病斑，病斑淡褐色至褐色。在粗糙树皮上，病斑边缘不明显，以后继续扩展，树皮纵向开裂。如果剥开枯死树皮，在树皮与木质部之间可见到羽状扇形的菌丝层，初为污白色，后变为黄褐色春天，在受害的树皮上，可见许多橘黄色疣状子座，直径1～3 mm。当天气潮湿时，从子座内挤出淡黄色至黄色卷须状的分生孢子角。秋后，子座变成橘红色至酱红色，内生子囊壳。

（2）病原

板栗疫菌（Endothia parasitica），属于囊菌亚门。子囊壳具长颈、烧瓶状，数个聚生于子座内，长颈伸出子座的顶部。子襄无色，棍棒形，内含8个子囊孢子，子囊孢子无色，椭圆形至卵圆形，双细胞，分隔处稍缢缩，大小约8.6 μm×4.5 μm。分生孢子器为不规则形，生于子座中。分生孢子无色，单细胞，长方形至圆筒形，大小为（3～4）μm×（1.5～2）μm。

（3）发病规律

病原菌的分生孢子和子囊孢子都能进行侵染。病害于 3 月底或 4 月初开始出现症状，但由于温度偏低，病斑扩展较慢，6 月下旬后，病斑明显扩展，尤其是 7、8、9 月三个月，病斑扩展很快，到 10 月下旬后，病斑扩展又明显变缓。病原菌的分生孢子于 4 月下旬至 5 月上旬开始出现。分生孢子借雨水、昆虫、鸟类传播，并可进行多次再侵染。10 ~ 11 月初，在树皮上出现橘红色子座，内生子囊壳。12 月上旬，子囊孢子可借风传播。病菌自伤口侵入寄主。病株皮下的扇形菌丝层，对不良环境具有很强的抵抗能力，可以越冬。病菌还可随着苗木的运输而远距离传播，病原除危害板栗外，也危害栎树，在表皮上形成溃疡斑，但对栎树影响不大。潜伏在栎树上的病菌易于转移和扩散。

（4）防治方法

①出于板栗疫菌是一种弱寄生菌，而我国板材又是抗病的，只有在树势衰弱的情况下，才遭受严重感染，因此加强板栗林的抚育管理、适当修枝、增强树势等营林措施是防治本病的根本途径。

②彻底清除重病株和重病枝，及时烧毁，可减少病菌的侵染来源。

③对主干或枝条上的个别病斑，可进行刮治，伤口消毒。即先将病树皮用利刀全部刮除，深度达木质部（刮下的树皮集中烧毁），然后用 10 倍浓碱水、5% 多菌灵 200 倍液或 1% 硫酸铜液等涂刷伤口，杀死病菌；或用其他杀菌剂如甲基托布津、退菌特、福美砷和百菌清等均有防效。

④对调运的苗木应严格实行检疫防止病害扩散。

8. 松材线虫病

松材线虫病是日本最重要的森林病害之一。除北海道外，日本全境均有发生，但以南部温暖地区受害最重，20 世纪 80 年代初，日本每年松材损失达 200 万 m³。我国于 1982 年在江苏省南京市发现黑松大量枯死，经研究，也是松材线虫病。除黑松受害外，火炬松、黄松、马尾松等也受危害。此病危害甚烈，现已在江苏、安徽、浙江广东、山东等省的部分地区发生，形成疫区，造成了巨大的经济损失。1984 年被林业部定为国内森林植物检疫对象。

（1）症状

松树被松材线虫侵染后，针叶首先尖去光泽，变成灰绿色，后逐渐发黄呈褐色，停止流脂、萎蔫最后全株死亡。针叶呈红褐色，远看似火烧。无论幼龄小树，还是数十年生的大树均能受害，显现症状后 30～45 天树木即可死亡。死亡树上的针叶当年不脱落。病害多发生在 7、8、9 月，高温干旱适宜病害的发生和发展。发病和死亡的时间也是很重要的诊断依据之一。但是在寒冷地带的松树，当年感染了松材线虫病，也可能在第二年死该病发展过程可分为四个阶段：①外观正常，树脂分泌减少或停止，蒸腾作用下降；②针叶开始变色，树脂分泌停止，通常能够观察到天牛或其他甲虫侵害和产卵痕迹；③大部分针叶变为黄褐色，表现出萎蔫现象，通常可见到甲虫的蛀屑；④针叶全部变为黄褐色或红褐色，病树整株干枯死亡。

（2）病原和发病规律

松材线虫（Bursaphelenchus xylophilus），属线形动物门，线虫纲，垫刃目，滑刃总科，伞滑刃属。松材线虫体长约 1mm 松材线虫卵发育为成虫，其间要经过 4 龄幼虫期。雌、雄虫交尾后产卵，雌虫可保持 30 天的产卵期，每只雌虫产卵约 100 粒。卵产出后在 25 ℃温度下约 30h 孵化。幼虫在卵内蜕皮 1 次，孵出的幼虫为 2 龄幼虫。在 30 ℃时，线虫 3 天可完成一个世代，25 ℃需 4 天，20 ℃需 6 天，15 ℃则需 12 天。松材线虫生长繁殖的最适温度为 25 ℃，10 ℃以下则不发育，28 ℃以上增殖会受到抑制。松材线虫在病树枯死后或秋冬期间，3～4 龄幼虫角质膜加厚，内含物增多，口针、食道退化，抗逆加强，能适应昆虫传播。所以被称为分散性幼虫或耐久性幼虫。以后即附着在天牛成虫体上被带到健康松树。

松材线虫是由松天牛传播的。松褐天牛（Monochamus alternatus）是最主要的传病媒体每 6—7 月，天牛成虫飞出进行营养补充并产卵每一头天牛体上平均带有约 1 万条线虫天牛在松树嫩梢上取食，线虫即从天牛咬食伤口侵入。8—9 月高温季节，受侵染松树开始表现症状，并迅速枯死。此后，天牛幼虫蛀入木质部。自然界则以温暖和海拔较低以及立地条件干燥缺水的地区发病重。松材线虫还可以通过人为携带感病松苗、松材、松枝、松木制品和包装箱进行远距离传播。

（3）防治方法

①加强检疫措施，防止病死的松材原木、松材加工制品、包装材料和松类的观赏树种带病外运和输入。

②病树应立即采伐，并在秋季天牛尚未蛀入木质部前用 1% 杀螟松等内吸杀虫剂喷洒，以杀死原木中的天牛幼虫。

③当松褐天牛羽化后取食时期内，对健康松林喷洒 3% 杀螟松乳剂 1～2 次。

9. 银杏茎腐病

银杏茎腐病在夏季高温炎热的地区常发生。此病除危害银杏外，还危害多种针阔叶树苗，如松、柏、香榧、水杉、柳杉、池杉、落羽杉、金钱松、杜仲、枫香、刺槐、板栗、桑、乌桕、槭树大叶黄杨等。许多农作物如黄麻、芝麻等也易感此病。

（1）症状

1年生银杏苗生病后，初期症状是茎基变褐色，叶片失去正常绿色，稍向下垂。病苗茎部皮层稍皱缩，内皮组织腐烂，呈海绵状或粉末状，灰白色，内生许多细小的黑色小菌核。病叶变黄褐色，下垂不脱落。重者整株死亡。病菌也侵染木质部，扩展至根部，使根部皮层腐烂，或拔起病苗，则根部皮层脱落留在土中，仅拔出木质部。2年生苗木在病害猖獗时也常感病。2年生病地上部分死亡后，有的尚能于当年自根颈处萌出新芽。

（2）病原

甘薯生小核菌（Sclerotium bataticola traub.），属半菌亚门，是一种喜高温、腐生性强的土壤习居菌。菌核黑褐色，扁球形或椭圆形，细小如粉末状，直径为50～100 μm。

（3）发病规律

病菌以菌核和菌丝在病苗上与土壤里越冬或腐生，在适宜条件下自伤口侵入寄主。因此，病害的发生与寄主状态和环境条件有密切关系。银杏苗受害主要是由于夏季炎热、土壤温度升高，茎基部受高温的灼伤，造成病菌侵入。6—8月雨季过后，土壤温度骤升，最易发病。凡是雨季结束早、气温上升快且持续时间长的时节，苗木发病严重；在温床低洼容易积水处，苗木生长较差，发病率也显著增加。该病可以根据每年梅雨期结束的日期来预测病害开始发生的日期，也可以根据6、7、8月三个月的气温变化来预测当年病害的严重程度。这对茎腐病的防治有重要意义。

（4）防治方法

①雨后及时松土、遮阴，或在行间覆草，高温干旱时及时灌水降温。

②苗圃播种前深翻和施用饼肥，促进土壤抗生菌的繁殖。

③发病期间，喷倍量式波尔多液1：2：200溶液或50%退菌特可湿性粉剂800倍液或多菌灵800～1000倍液，均有效果。

二、林木虫害及其防治

（一）害虫的预测预报

1.预测预报的种类

按预测预报的内容可作以下划分。

①发生期预测。即对害虫的卵、幼虫（或若虫）、蛹、成虫等某一虫态或虫龄或发生的初盛期、高峰期和盛末期进行预测。

②发生量预测。对害虫可能发生的数量或虫口密度进行预测，了解是否有大发生的趋势和是否会达到防治指标，以确定是否进行防治。

③分布区或发生面积预测。对预测对象分布和蔓延危害的地区进行预测，以确定采。

④危害程度预测。在发生量预测的基础上，预测测报对象可能造成的危害程度，可用轻、中、重表示。

按预测预报期限的长短可作以下划分。

①短期预测。通常根据害虫的前一、二个虫态的发生时期和数量预测后一、二个虫态的发生时期和数量。预测期限较短，仅在一个世代或半年以内。

②中期预测。通常根据一个世代的发生情况，预测下一个世代的发生情况。预测期限因虫种不同而异，1年发生1代的害虫预测期限为1年，1年发生几代的则为1个月或1个季度。

③长期预测。通常由年末或年初预测下一年或全年发生动态和危害程度。一般根据越冬后或年初测报对象的越冬虫口基数及气象预报等资料进行预测，供防治参考。

2.预测预报的方法

（1）害虫发生期预测

①发育进度法

根据害虫发育进度的观察结果，参照当地气象预报日、日平均温度，加相应的虫态历期推算以后虫害发育期。这种方法适合进行短期预测。通常以发育进度16%、50%、84%作为始盛、高峰、盛末3个时期的指标。在实际工作中，常发现某些杂食性害虫虫源广、密度大、盛发期长、危害性大、防治要求高，遇到这种情况，为了加强盛发期防治，可以把盛发期范围扩大到5% ~ 95%。

②有效积温预测法

有效积温对昆虫的含义是：昆虫在生长发育过程中，需从外界摄取一定的热量才能完成某一阶段的发育，并且各发育阶段所需要的总热量为常数，用公式表示

$$K = NT$$

式中：K 为总积温，是常数，单位是 d·℃；N 为发育历期；T 为气温。

由于昆虫的发育并非从 0℃ 开始，而是从被称为发育起点温度（用 C 表示）的温度开始，则上式可换为 $K=N（T–C）$

则有

$$T = C + \frac{1}{N}K$$

$$T = C + VK$$

其中，V 为发育速率，是时间 N 的倒数，通过实验得到不同 T 值下的 N 值，然后用统计学方法就可求得 V 和 K，若知道了某害虫某一虫期的有效积温（K）和该虫期的发育起点温度（℃），就可以根据近期气温的实测值或预测值，计算完成该虫期所需要的时间。例如，国槐尺蠖幼虫的发育起点温度 C=10.5℃，幼虫期积温数 K=198 d·℃，在旬平均温度 T=25 ℃时，推算下一虫期蛹的出现时间，将上述数据代入公式 $K=N（T–C）$，得

$$N = \frac{198}{25 - 10.5} = 13.6$$

即在旬平均气温 25℃ 的情况下，国槐尺蠖一龄幼虫出现后的 13 ~ 14 天，将出现该虫的蛹利用有效积温法则，还可以预测某地某种昆虫可能发生的代数。其应用公式为

$$世代数 = \frac{某地全年有效积温总和（K_1）}{某虫完成一个世代的积温（K）}$$

③物候预测法

人类在长期的生产实践中发现，害虫某个虫态的出现常与其他生物某个发育阶段同时出现。物候预测法就是利用这种关系，以植物的发育阶段为指示物，对害虫某一虫态或发育阶段的出现期进行预测。如山西朔县防治青杨天牛试点组（1987 年）通过几年对青杨天牛生长发育与当地有代表性的植物生长的对应观察，得出了青杨天牛发生期的物候预测法。此外，人们对榆蓝叶甲、油松球果小卷蛾、马尾松毛虫、落叶松毛虫等的发生期预测也采用了物候预测法。

（2）发生量预测

发生量预测是以科学的方法预测某种害虫下一代或下一虫期种群数量的变化、可能大发生的程度与趋势。这种方法一般是在早春检查越冬后有效虫源数的基础上预测下一世代的发生量。预测对象应是繁殖力强、易暴发成灾的害虫种类，这些害虫往往受环境因子的影响，个体数量变动幅度较大。一般是前一世代基数大，下一代发生量可能就大，反之则少。所以这种方法对每年1代或世代少的害虫预测效果较好。

害虫基数调查应在害虫数量比较稳定的时期进行。如食叶害虫应在蛹期或越冬期进行调查，蛀干害虫如天牛类则应在产卵刻槽稳定期进行虫口调查。在掌握影响害虫虫口波动的主要因子（天敌寄生率或捕食量、寄主树木被害状况）以及害虫生殖率的指标（蛹重、产卵量性比）等变化的情况下，将这些材料综合分析，即可作出相应的预测。近年来，采用以害虫生命表观察为主的综合测报，可根据生命表中各虫态（或虫龄）的虫口基数与生存率等参数进行短期预报；根据每一个世代生命表的消长趋势指数进行中期生量测报；根据多年（或多世代）生命表的综合分析作出当地长期的发生趋势测报。在森林害虫的测报中，随着数学的渗透及电脑的应用，用数理统计方法测报得到迅速的发展，尤其是遥感技术应用于森林害虫灾害监测，将害虫的预防推向一个更新的发展阶段。

（二）林木常见害虫及其防治

1. 苗圃害虫及其防治

（1）蛴螬类（鞘翅目金龟子科）

蛴螬是鞘翅目金龟甲幼虫的总称。危害苗木的蛴螬种类很多，遍布全国各地。河南常见的有30多种，重要的有铜绿金龟子、大黑鳃金龟子、黑绒金龟子等。它们除了幼虫危害林木根部外，成虫也取食林木和果树的叶片、花蕾，严重时可把树叶全部吃光。

①铜绿金龟子

成虫体长 18～21 mm，有铜色光泽，有时呈浓绿色，鞘翅上有3条纵隆起纹，腹部黄褐色，密生细绒毛；幼虫，腹部末节肛腹片上除具有钩状毛外，还有刺状毛，排成2列，肛门呈一字形横裂。在河南每年发生1代，以幼虫越冬。翌春在表土层危害植物幼根6月为成虫活动危害盛期。成虫黄昏出土活动以傍晚7—9时为最多。

成虫具趋光性，飞翔力强，寿命 25 ~ 30 天，7 月中旬为交尾产卵盛期，卵多产于玉米、大豆地的土壤中。

②大黑鳃金龟子

成虫，体长 21 mm，宽 11 mm，黑褐色，有光泽，腹部表面被有淡黄色长细毛。头部、前胸、背板和鞘翅上密布点刻，两鞘翅会合处呈宽纵隆起线，每鞘上有 3 条隆起线，前足胫节外缘有 3 个尖锐的齿，每足有爪 1 对，爪上具齿；幼虫，乳白色，头赤褐色，肛腹片上具钩状刚毛群，呈放射状，肛门三裂，1 年或 1 年多时间发生 1 代，成、幼虫均能越冬。越冬成虫 4 月下旬开始出土，5 月中下旬为出土盛期，一般傍晚 7 ~ 11 时为出土活动交尾盛期。交配后取食林木、果树、大豆和花生等作物的叶子。成虫交尾后 7 ~ 10 天入土产卵，卵期约 21 天，多数以 2 龄或 3 龄幼虫越冬，越冬的 3 龄幼虫 5 月下旬到 6 月中旬化蛹，6 月下旬到 7 月羽化为成虫，越冬 2 龄幼虫在 9 月化蛹，随后羽化为成虫在原地越冬。

防治方法

①消灭成虫。利用成虫假死的习性，可人工震落捕杀；在成虫盛发期以及各种越冬成虫出土盛期，用 80% 敌敌畏乳油 500 ~ 800 倍液喷洒地面，或用 25% 敌百虫粉剂 1：40 拌细土撒施地面毒杀成虫；对食叶金龟子可用 50% 辛硫磷乳油、50% 杀螟松乳油、60% 双硫磷乳油 200 倍液，或 40% 氧化乐果乳油 800 倍液喷于幼苗或树叶上，效果良好。对食花金龟子可在寄主树吐蕾、开花前，喷洒 40% 乐果乳油 1000 倍液、50% 马拉硫磷、50% 对硫磷 1500 倍液进行防治。

②除治蛴螬。加强苗圃管理，中耕除草，不施未腐熟的有机肥料，以破坏蛴螬适生环境或借机械活动将其杀死。冬季翻耕，将越冬虫翻至土表冻死；每公顷用 50% 辛硫磷乳油 3250 mL，加水 10 倍稀释，喷洒在 375 ~ 450 kg 的细土上，拌匀，施入苗床翻入土中；或用每公顷 2% 甲基异柳磷粉剂（或 3% 颗粒剂）30 kg，拌细土 300 ~ 375 kg 制成毒土施入土中，可杀死土中的蛴螬。

③保护利用天敌。金龟子的天敌很多，如各种益鸟、刺猬、青蛙、步行虫等都能捕食金龟子成虫和幼虫，应加以保护利用。用大斑土蜂、臀钩土蜂、金龟长喙寄蝇、线虫和白僵菌、僵菌等防治蛴螬，国内已有研究报道，但还需进一步研究其保护措施和利用的可能性。

（2）蝼蛄类（直翅目蝼蛄科）

河南省发生的蝼蛄类害虫主要有两种：华北蝼蛄和非洲蝼蛄，以华北蝼蛄为多。

它们多栖息于潮湿、腐殖质丰富的土壤或沙壤土中，取食危害林木和果树的幼根、幼苗及刚播下的种子，发生严重时，常造成缺苗断垄。

①发生规律

华北蝼蛄，成虫为黄褐色，体型大。雌成虫体长 45 mm 左右，雄虫略小。后足胫节背面内侧具 1 ～ 2 个距，老熟若虫体长 40 mm，体黑色或黑褐色。

3 年完成 1 代，以成虫或高龄若虫在土中越冬。越冬成虫于 3 ～ 4 月上旬开始活动，6 ～ 7 月间交配产卵，卵产于土中卵室内，卵期 20 ～ 25 天，6 月中下旬卵孵化。到秋季 8 ～ 9 龄时越冬，次年春继续危害，至秋季达 12 ～ 13 龄时再越冬。到第 3 年 8 月上中旬，若虫羽化为成虫，即以成虫越冬。

②防治

灯光诱杀。蝼蛄趋光性很强，成虫羽化期间可用灯光诱杀。马粪鲜草诱杀。在苗圃步道内，每隔 20 m 左右挖一小坑（20 ～ 40）cm×20 cm×6 cm，然后将马粪或带水的干草放入坑内诱集捕杀，或在坑内加入毒饵毒杀做苗床（垄）时，使用毒土毒杀。即用 1 kg 辛硫磷加 50 ～ 100 kg 细土拌匀，翻入地下，每公顷用药 22.5 ～ 37.5 kg 毒饵诱杀。用 90% 敌百虫原药加热水稀释或用 40% 乐果乳油 0.5 kg 加水 5 kg、拌饵料 50 kg，傍晚撒于苗床诱杀，每公顷用毒饵 22.5 ～ 37.5 kg。

（3）地老虎类（鳞翅目夜蛾科）

此类害虫种类较多，国内已知的有 10 余种，其中危害严重、分布较广的主要有 3 种，即小地老虎、大地老虎和黄地老虎。它们均以幼虫危害各种苗木嫩茎，造成缺苗断垄。

①发生规律

小地老虎在全国各地及世界各国均有分布。其食性杂，能危害许多科属的百余种植物。在我国发生极为普遍，南方各省沿河、沿湖的河滩地、水浇地发生严重。成虫体长 19 ～ 24 mm，翅展 44 ～ 56 mm。体暗褐色，前翅有肾状纹、环状纹和剑状纹，黑褐色，肾状纹外有黑色楔形纹与亚外缘线内侧的两个黑色楔形纹尖端相对。后翅灰白色。老熟幼虫体长 37 ～ 57 mm，灰褐色，体表粗糙，密布黑色颗粒状斑纹，腹部末端臀板褐色，有 2 条黑色纵纹。在河南一年发生 4 代，以成虫或幼虫越冬。越冬地带一般在北纬 33° 以南地区。越冬成虫 3 月上中旬开始出现，3 月下旬至 4 月上旬为发蛾盛期。成虫为夜出型，有强的趋光性和趋化性。成虫多产卵于土面或杂草上。幼虫孵化后，昼夜在地上生活，大多集中在杂草、苗木的心叶或嫩叶上，啃食叶肉。3 龄以后，白天躲在上表层下，夜晚出来活动为害，将叶咬成小孔洞或缺刻。4 龄以后幼虫可咬断幼苗基部嫩茎和嫩头，再拖入穴中取食。5 ~ 6 龄幼虫食量剧增，每头幼虫一夜可咬断幼苗 3 ~ 5 株。幼虫受到惊扰后体卷缩，作假死状。当食物不足时，有迁移现象。幼虫 6 ~ 8 龄，老熟后入土化蛹。

②防治方法

首先是诱杀成虫。在发蛾盛期用黑光灯或糖醋液诱杀成虫，也可用 1.5 kg 煮熟的甘薯捣烂后加少量酵面发酵至带酸味，加等量水调成糊状，再加醋 0.5 kg 及 25% 西维因可湿性粉剂 50 g，盛于盘中，黄昏时放入苗圃地中诱杀。

其次是清除杂草。杂草是地老虎产卵的主要场所及幼龄幼虫的食料。在春播幼苗出土前或幼虫 1、2 龄时除草，并将清除的杂草及时运出作沤肥或烧毁，防止杂草上的幼虫转移到幼苗上危害。

第三是桐叶诱杀幼虫。摘取老桐树叶于傍晚放在苗圃中，随摘随放，每公顷 900 ~ 120 片叶，清晨检查捕杀叶下幼虫，连续放 3 ~ 5 天，防效可达 95%。也可将桐叶浸于 90% 敌百虫 100 倍液后再放。

第四是人工捕杀。清晨巡视苗圃，发现断苗时，刨土捕杀幼虫。

第五是药剂防治。用 90% 敌百虫 100 倍液、5% 辛硫磷乳油 1000 倍液喷雾，或将幼嫩多汁的鲜青草 25 ~ 40 kg 加 25% 西维因粉剂均匀混合，或将 90% 晶体敌百虫 0.5kg 加水 2.5 ~ 5 kg，拌鲜草 50 kg，于傍晚撒于苗床上，防治 4 龄以上幼虫。

（4）金针虫类（鞘翅目叩甲科）

金针虫是鞘翅目叩头虫的幼虫。国内有记载的已有 10 多种，常对农林造成危害的有沟金针虫、细胸金针虫和褐纹金针虫。此类害虫以幼虫取食苗木刚播下的种子和苗木的根、茎，将根、茎咬食成纤维状，亦有的将身体钻入茎内危害，造成缺苗断垄。

①发生规律

沟金针虫遍布河南各地，主要发生于土壤贫瘠、有机质缺乏的丘陵荒地、平原旱地的粉沙壤和粉沙黏壤土地区成虫体栗褐色，梭形，密被黄色绒毛。前胸背板半球形隆起，中央有微细纵沟，鞘翅上有纵沟。头和前胸不密接，可作叩头活动。幼虫体扁平，金黄色，背面中央有一条纵沟，尾端分二叉，末端稍向上弯。每 3 年发生 1 代，以成虫或幼虫越冬，次年 4 月活动。成虫出土交配产卵，卵常产于植物附近表土中，卵期 40 天左右。5 月上旬卵孵化，幼虫危害至 6 ~ 7 月间，钻入土壤深处越夏，秋季又上升表土为害秋后越冬。越冬幼虫于次年 2 ~ 3 月开始危害加剧。

老熟幼虫在 8 月下旬至 9 月中旬钻入深土层作土室化蛹，9 月下旬羽化为成虫，成虫羽化后在原土室中栖息不动，至第 3 年 2～3 月才出土活动。

②防治方法

在整地播种前，尤其是前茬为苜蓿地或新开垦的荒地，要测查土壤。根据各地经验，每公顷有金针虫 15000 头以上，或每平方米有 2～3 头即需防治施用颗粒剂。在作苗床育苗时用 3% 呋喃丹颗粒剂 10 g/m² 施入床面表土层内，或用 5% 辛硫磷颗粒剂按 30～37.5 kg/hm² 施入表土层防治。药剂拌种。用种子重量 1% 的 50% 氯丹粉剂拌种，能起到防治效果。苗圃精耕细作以便通过机械损伤或将虫体翻出土表让鸟类捕食，以减轻虫口密度。加强苗圃管理，避免施用未腐熟的草粪等，限制成虫繁殖。

2. 幼树枝梢害虫及其防治

主要枝梢害虫及发生规律

（1）松梢小卷叶蛾（鳞翅目卷叶蛾科）

松梢小卷叶蛾分布于我国东北部、华北地区，主要危害油松，亦危害樟子松。幼虫蛀食新梢，使梢部枯萎而易于风折，影响生长。成虫体红褐色，前翅狭长，有银白色条纹和钩状纹，后翅深褐色，有灰白色缘毛。幼虫头部及前胸背板褐色，胸、腹部红褐色，趾钩单序环，趾钩 30～50 个不等。蛹黄褐色，腹部第 2～7 节背面各有 2 列齿突，第 8 腹节背面只有 1 列齿突，臀棘 12 根。一年发生 1 代，以幼虫在被害树梢内越冬。翌年 4 月下旬至 5 月上旬开始活动，多聚集在雄花序上取食，5 月中旬全部蛀入当年新梢内取食髓部，在蛀孔处常吐丝黏连松脂物或覆盖物。每梢仅有 1 条虫。6 月上旬至 7 月中旬为蛹发生期，幼虫化蛹于被害梢内，蛹期 20 天左右，7 月上旬开始出现成虫。成虫产卵于松针内侧，卵期约 10 天。8 月上旬出现新幼虫，幼虫孵化后先取食新梢表皮，然后蛀入梢内取食，至 10 月中旬幼虫开始越冬。

（2）松梢螟（鳞翅目螟蛾科）

松梢螟在河南省主要分布于信阳、新县、罗山、南召、淅川、灵宝、卢氏等县（市）。危害油松、马尾松等的顶梢，侧梢受害较少。中央主梢被害后，侧梢丛生，树冠呈扫帚状。成虫翅展 22～23 mm。前翅暗褐色，有 3 条灰白色波纹状横带，中室有 1 条灰白色斑外缘黑色，后翅灰白色。幼虫体长 15～30 mm，头及前胸背板褐色，胴部白色，体节两侧有黑河南省每年发生 2 代，以幼虫越冬，次年 4 月越冬幼虫开始活动，转移到新梢内危害蛀道较直，虫粪排在蛀道内。老熟幼虫转移到 2 年生梢中化蛹。5 月中旬至 7 月下旬成虫羽化，卵多产于针叶基部。幼虫孵化后先自嫩梢下部蛀入，向上蛀食，到顶端后再向下蛀，少数蛀入球果内危害。第二代成虫 8 月上旬至 9 月下旬出现，这代幼虫危害至 11 月，在梢内越冬。

（3）青杨天牛（鞘翅目天牛科）

青杨天牛主要分布于我国东北、华北和西北。河南主要分布在郑州、洛阳、开封、许昌等地。危害多种杨树。受害后的枝条形成瘿瘤，易被风折断。成虫黑色，被淡黄色绒毛。头胸部背面两侧各有一条黄色纵带，每个鞘翅上各有 4 ~ 5 个橘黄色绒毛斑。幼虫体长 10 ~ 15 mm，黄色，前胸背板两侧稍隆起，中间凹陷，在凹陷处有许多小颗粒组成"凸"字形纹。腹部背面有纺锤形步泡突年发生 1 代，以老熟幼虫在枝条虫瘿中越冬，翌年 3 月上旬开始化蛹，3 月下旬成虫羽化。成虫白天活动，取食叶片，产卵于马蹄形刻槽内。幼虫 4 月中旬孵化后，先向刻槽侧的韧皮部与木质部间蛀孔道，然后蛀入木质部。被害处逐渐膨大，形成椭圆形虫瘿。

（4）白杨透翅蛾（鳞翅目透翅蛾科）

河南省白杨透翅蛾主要分布于郑州市、中牟县、鄢陵县以及许昌县等地，危害杨、柳幼树及苗木枝干。

成虫体长 11 ~ 22 m，翅展 22 ~ 38 m，体似胡蜂，头、胸间有橙黄色鳞片，前翅窄长，黑褐色，中室与后缘略透明。后翅全部透明。腹部有 5 条橙黄色环节。幼虫体长 30 ~ 3 mm，初龄幼虫淡红色，老熟时黄白色，臀节略骨化，背面有 2 个深褐色刺，略向背上方翘。1 年发生 1 代，以幼虫在枝干内越冬，翌年 3—4 月越冬幼虫开始活动，5—6 月在隧道内化蛹，羽化时将蛹壳 1/3 带出孔外。成虫白天活动，产卵于芽腋、叶柄或旧虫孔内。幼虫孵化后蛀入皮层，随后蛀入木质部，在髓部向上蛀 5 cm 左右的纵直隧道。被害处肿胀，形成瘿瘤，易遭风折。幼虫秋后越冬。

3. 幼树枝梢害虫的防治

这类害虫的防治策略应以加强管理、保护当年新梢为目的，在调查越冬代成虫出现时期及卵孵化盛期的基础上，把害虫防治在蛀梢以前。

首先是大力营造针、阔叶混交林，实行科学管理。提倡封山育林，保护和发展天敌种群，造成一种有利于林木生长、不利于害虫发生的生态环境，以增强林木自身抗御能力。

其次是在幼林、人工林内加强抚育，使幼林提早郁闭，减少危害。结合护林，剪除被害枝梢，消灭越冬幼虫。

最后是成虫产卵及卵孵化盛期，每隔 7 天喷洒一次杀虫剂，连续喷 2 ~ 3 次。

常用的药剂有 40% 乐果乳油、50% 甲胺磷乳油、50% 马拉硫磷 1000 倍液、50% 杀螟松乳油、1500 倍液，2.5% 杀虫菊酯乳油、300 倍液，或 85%～90% 敌敌畏乳油 30～80 倍高浓度液喷洒于被害枝梢，毒杀幼虫，或用 50% 杀螟松 + 柴油（1：5 或 1：10）点滴虫孔防治白杨透翅蛾。对老熟幼虫可用 75% 辛硫磷或双丙磷 2000 倍液喷杀。

4. 中壮林害虫及其防治

（1）枯叶蛾类（鳞翅目枯叶蛾科）

①主要种类及发生规律

河南省在林区发生的枯叶蛾害虫主要有马尾松毛虫、油松毛虫、杨枯叶蛾、天幕毛虫、栎黄枯叶蛾思茅松毛虫等。多数以幼虫越冬，少数以卵越冬。成虫多夜间活动，幼虫取食多种林木和果树叶片，有些幼虫有吐丝结网群居的与性，化蛹于丝茧内。下面以松毛虫为例加以说明。

马尾松毛虫是一种世界性大害虫。主要危害马尾松，目前发现它还危害黑松、湿地松火炬松等。成虫体黄褐色或灰褐色；休长 20～30 mm，雌蛾翅展 60～74 mm，雄蛾翅展 49～53 mm；前翅有 5 条深棕色横线，中间有一白色圆点，外横线由 8 个小黑点组成；后翅暗褐色。幼虫体长 60～80 mm；老熟幼虫棕红色，胸部 2～3 节背面簇生蓝黑色毒毛带；腹部各节背面毛簇中有片毛状，先端呈齿状，体侧生有许多白色长毛河南一年发生 2 代，以 3～4 龄幼虫在树皮下越冬。翌年 3 月中旬越冬幼虫开始上树取食，4 月中下旬为害最凶，常把针叶吃光。5 月上旬至 6 月上旬结茧化蛹，5 月中旬至 6 月上旬成虫羽化，产卵。成虫有趋光性，飞翔力较强。成虫产卵于针叶上，呈串状。5 月下旬至 6 月中旬幼虫孵化，群集在针叶上取食。7 月上旬幼虫老熟，7 月中旬到 8 月上旬结茧化蛹，7 月下旬至 8 月中旬成虫羽化产卵，8 月上旬出现第二代幼虫，10 月中旬进入树皮缝中越冬。

②松毛虫的防治方法

由于松毛虫是历史性大害虫，在制订防治措施时，要坚持"预防为主、综合防治"的方针，大力营造混交林，积极开展生物伤洽，合理使用化学农药，进行综合性大面积防治，达到逐步控制或消灭虫灾的目的。主要防治方法如下。

加强测报工作，把害虫及时消灭在猖獗之前。

用塑料布、毒绳、纸裙等阻止越冬幼虫上树危害，也可人工摘除虫茧卵块，捕杀幼虫。

用松毛虫干菌菌剂防治 3 ~ 4 龄越冬后的幼虫。

用烟剂防治越冬前幼龄幼虫。

保护和利用天敌。于各代产卵初期、盛期、末期分批释放松毛虫亦眼蜂。放蜂量为每公顷放赤眼蜂 45 万 ~ 75 万头、平腹小蜂 15 万 ~ 3.0 万头。也可利用益鸟大面积防治。

营造混交林或异龄林

药剂防治。用 25% 的马拉硫磷超低容量制剂、25% 辛硫磷超低容量制剂等 3 ~ 3.75 L/hm²，兑水进行超低容量喷雾；25% 杀螟松微胶囊剂 2.5 ~ 3.75 L/hm²，20% 氰戊菊酯乳油 30 ~ 60 mL/hm²、20% 灭幼脲Ⅲ号胶悬剂 240 ~ 300 mL/hm²，加水稀释进行低容量或超低容量喷雾，防治 3 ~ 5 龄松毛虫；也可每公顷用柴油 3 L 加 2.5% 溴氰菊酯 75 mL 或 20% 氯氰菊酯，用喷烟雾机进行喷烟雾防治 3 ~ 4 龄幼虫。

（2）尺蛾类（鳞翅目尺蛾科）

林木中常见的尺蛾类有杨尺蠖、枣尺蠖、桑尺蠖、刺槐尺蠖、木橑尺蠖等。下面以杨尺蠖为例加以说明。

杨尺蠖分布于各地。主要危害杨、柳，也可危害榆、刺槐及苹果、梨、杏等。此虫发生期早，为害期短，幼虫发育快，食量大，常暴食成灾。成虫雌蛾体长 7 ~ 19 mm，无翅，灰褐色，触角丝状。腹部各节背面有数目不等的成排黑刺，刺尖端圆钝，腹末端臀板有突起和黑刺列。雄蛾体长 10 ~ 15 mm。触角羽毛状，前翅淡灰褐色至黑褐色，从前缘至后缘有 3 条褐色波状横纹，中间一条不明显。幼虫体长 22 ~ 40 mm。老龄幼虫灰褐色，腹部第二节两侧各有一个瘤状突起，腹纵线均为白色。气门线一般为淡黄色。1 年发生 1 代，以蛹在土中越冬。翌年 2 月成虫羽化。白天静伏在残枝落叶和杂草内黄昏后开始活动，雌虫爬到树干与雄虫交尾。卵多产于树皮裂缝、断枝或芽基部，块状。卵期 13 ~ 30 天，幼虫孵化后取食花蕾、叶芽和嫩叶，然后吞食叶片，受惊后吐丝下垂，随风飘移危害其他林木。4 月老熟幼虫陆续入土化蛹越夏和越冬。尺蛾的防治方法如下。

冬季深翻土地，低温杀死越冬蛹。

雌成虫羽化上树前，在树干基部 6 cm 处涂胶环，或培土成 30 ~ 40 cm 高的圆锥沙堆阻止成虫上树，或在树干基部用敌杀死毒笔画双环毒杀上树成虫。

成虫发生期可用黑光灯诱杀

幼虫期化学防治。对低龄幼虫可用 50% 杀螟松乳油 1000 ~ 1500 倍液、2.5% 溴氰菊酯乳油 2000 ～ 3000 倍液、90% 敌百虫晶体 800 ～ 2000 倍液、50% 辛硫磷乳油 2000 倍液 25% 西维因可湿性粉剂 300 ～ 500 倍液喷雾。超低容量喷雾可用 50% 杀虫净油剂与柴油 1 ∶ 1 混配，每公顷用药 15 kg，20% 灭幼脲 I 号胶悬剂，每公顷用量 120 ～ 150 g（有效成分）。

（3）袋蛾类（鳞翅目袋蛾科）

①主要种类及发生规律

常见的有大袋蛾、桉袋蛾、茶袋蛾、褐袋蛾、白囊袋蛾、黛袋蛾、蜡彩袋蛾、线散袋蛾等。在河南暴发成灾的主要是大袋蛾下面以大袋蛾为例加以说明。大袋蛾主要分布于河南、山东、安徽、陕西、山西、河北、江苏、浙江、湖北、湖南、江西、福建、广东、台湾、四川、贵州、云南等省。主要危害泡桐、刺槐榆等树种，在大发生年份也危害棉花、玉米等农作物。

成虫雄虫体长 15 ～ 20 mm，翅展 35 ～ 44 mm，体黑褐色，飞行迅速，成虫雌虫体长 22 ～ 30 mm，足与翅均退化，体软，乳白色；交尾时，雄虫飞落到雌虫袋上，将交尾器从袋口插入，沿蛹壳内壁与雌虫体间隙到达雌虫尾部交尾。幼虫初龄时黄色，少斑纹；3 龄后能区别雌雄性啡幼虫老熟时体长 32 ～ 37 mm，雄幼虫体较小，黄褐色。蛹的雌雄有异：雌蛹头、胸的附属器均消失，枣红色；雄蛹赤褐色；第 3 ～ 8 腹节背板前缘各具一横列的刺突，腹末有臀棘 1 对，小而弯曲。

在华北地区一年发生 2 代。在河南一年发生 1 代，也有分化为 2 代的现象，但第二代幼虫因低温而不能越冬。

②大袋蛾防治方法

药物防治。大袋蛾的天敌种类数量较多，寄生率高。因此，在防治上一定要本着减轻环境污染来选择农药和施药方式。对"四旁"林木要采取树千基部注射久效磷、甲胺磷、氧化乐果等内吸型农药的方式防治，对农田林网、农桐间作林以及行道树可采用飞机喷洒灭幼脲类农药或人工喷洒大袋蛾 NPV、白僵菌等仿生剂和生物农药进行防治。

交通于道两侧的行道树，要选择抗虫能力强的树种

芮木出圃前，要全部摘除虫袋。

营造混交林。

按照林业部颁布的《大袋蛾预测预报办法》进行预测预报，适时开展防治。

（4）毒蛾类（鳞翅目毒蛾科）

①主要种类及发生规律

目前发生的毒蛾类害虫约 20 种，常见的有柳毒蛾、榆毒蛾、松毒蛾、舞毒蛾、侧柏毒蛾等。近年，在豫西发现泡桐茸毒蛾危害严重。现以舞毒蛾为例加以说明。

舞毒蛾是世界性的大害虫，在河南主要分布在林州市、洛宁县、信阳市、济源市等地，危害多种针阔叶树。成虫雌蛾体淡黄色，前翅黄白色，上布褐色斑纹，其中有一"<"形纹极明显。后翅淡黄色。前后翅外缘均有 7 个深褐色斑点。雄蛾前翅暗褐色，翅面有暗褐色的横波状纹，翅中央有一个黑点，后翅暗褐色。老熟幼虫体长 60 mm，灰褐色，每体节上有 6 ~ 8 个瘤状突起，背面形成两排，前 5 对蓝色，后 6 对红色，各毛瘤上生许多黄黑色长毛，头部黄褐色，上有"八"字形黑纹年发生 1 代，以卵形式在树干缝内越冬。翌年 4 月孵化。初孵幼虫有取食卵壳和群集取食嫩芽、幼叶习性。3 龄以后，幼虫白天下树潜伏在石缝或其他地被物下，傍晚上树取食危害。6 月结茧化蛹，7 月成虫羽化。成虫趋光性强，产卵于树干裂缝处，呈堆状，上覆层黄色绒毛越冬。

②毒蛾的防治方法

封山育林，改善林地环境，营造混交林，注意调节林分郁闭度。加强抚育，合理。

人工摘卵、刮卵。幼虫初孵群集期人工清除幼虫。

设置黑光灯诱杀成虫。

保护、招引益鸟，释放寄生蜂。

化学防治。幼虫孵化盛期喷施 50% 辛硫磷乳油 1000 ~ 2000 倍液，用 50% 杀螟松乳油 800 ~ 1000 倍液喷杀榆毒蛾、柳毒蛾。

（5）叶甲类（鞘翅目叶甲科）

①主要种类及发生规律

全世界已有记载的叶甲类害虫有 5000 多种，我国记载有 2400 种，河南省记载的有 50 多种。常见的有杨梢叶甲、白杨叶甲、柳蓝叶甲、榆绿叶甲、泡桐叶甲等，在平原防护林上危害较为严重叶甲类害虫成、幼虫均造成危害。成虫体小型至中型，圆形或长椭圆形，具金属光泽。复眼圆形。触角丝状或锯齿状，一般不超过体长的1/2。跗节 5 节。幼虫体肥胖、粗短、胸足 3 对，有肉质刺及瘤状突起。有些种类腹部有伪足，但无趾钩。成、幼虫均取食叶片，有些成虫食叶、幼虫食根，食性较杂。幼虫在土中或植物表面化蛹，多数种类一年发生 1 代，有的种类一年 2 代或多代，多数以成虫越冬。现以泡桐叶甲为例加以说明。

泡桐叶甲在我国主要分布于河南、山东、山西、陕西、安徽、湖北、湖南、江苏、浙江等省，主要危害泡桐、梓树、楸树成虫橙黄色，椭圆形，体长 12 mm，宽 10 mm，鞘翅背面凸起，中间有 2 条明显的淡黄色隆起线。鞘翅两侧向外扩展，形成明显的边缘。近末端 1/3 处各有一个大的椭圆形黑斑。卵橙黄色，椭圆形，竖立成堆。幼虫体长 10 mm，淡黄色，体节两侧各有一浅黄色肉刺突，末端两侧刺突较长，背面也有两个浅黄色肉刺突，向背后上方翘起，上附脱皮。蛹淡黄色，体长 9 mm，宽 6 mm，体侧各具 2 个三角形刺片。该虫在河南一年发生 1 ~ 2 代，山区、丘陵、平原均有发生。成虫、幼虫均食叶危害。一年有两个危害高峰期，即 5 月下旬至 6 月中旬和 7 月下旬至 8 月中旬。雌、雄成虫均无趋光性。

②叶甲的防治方法

成幼虫取食危害期，喷洒化学药剂。常用药剂有 80% 敌敌畏乳油或 90% 敌百虫体 1000 ~ 2000 倍液，40% 氧化乐果乳油 2000 倍液，2.5% 敌杀死 8000 ~ 10000 倍液，50% 马拉硫磷或 25% 亚胺硫磷乳油 800 倍液。用 50% 久效磷乳油或 40% 氧化乐果乳油在树下基部打孔注药，胸径 10 cm 以下注药 3 ~ 6 mL，胸径 11 ~ 20 cm 注药 7 ~ 10 mL，胸径 21 cm 以上注药 12 ~ 15 mL。

杨梢叶甲、白杨叶甲等老熟幼虫下树化蛹越冬期间，在树冠下进行土壤翻耕，或用 1% 对硫磷粉剂进行土壤处理。

利用成幼虫群集性强和具假死性的特点，可人工震落或摘除虫、卵枝捕杀。

保护、利用天敌。如利用益螨、蜩、大腿蜂、胡蜂、螳螂等进行防治。

（三）钻蛀类害虫

钻蛀类害虫多发生在成熟林阶段。因为在成熟林阶段，树木生长逐渐减慢，生长势减弱甚至停止生长，成熟林的枝、干乃至花、果都会受到这类害虫的侵害，这常是树木加速枯死的原因之一。常见的蛀干类害虫有小蠹虫、天牛、吉丁虫、木蠹蛾、透翅蛾和树蜂等。

1. 小蠹虫类（鞘翅耳小蠹虫科）

（1）发生规律

小蠹类害虫约有 18 种。油松、马尾松、华山松发生较多。其中，六齿小蠹十二齿小蠹在干燥松林里发生量占绝大多数。小蠹虫侵害树木常选择一定的部位和层次大多数种类幼虫在树皮下发育，取食韧皮部和边材，少数种类生活在树皮内或木材内层。成虫体小，圆柱形，色暗，头管短而不明显，触角短，锤状，鞘翅平直。前足胫节端部有不活动短距，中后足有2枚。幼虫白色，常弯曲，无足多数种类以成虫越冬。大气转暖后越冬代成虫逐渐外出活动，一般取食树枝的韧皮部进行补充营养，后侵入树干皮下，开凿坑道，进行繁殖。多数每年发生1代，个别一年2代或多代。母虫坑道叫母坑，母虫一边筑坑一边产卵，卵依次孵化；幼虫坑道叫子坑，位于母坑两侧，与母坑垂直或成放射状。幼虫老熟厅在子坑顶端筑室化蛹，成虫羽化后咬破树皮飞出卵期一般10～14天，幼虫期15～30天，蛹期10～14天。

（2）小蠹虫的防治方法

①及时伐除虫害木，伐后运出，剥皮水浸或进行药物处理。

②饵木诱杀。在先锋种或优势种入侵之前，伐少量衰弱木为饵，每800m² 放置12根，3～4月和6月各放一批。在饵上出现大量坑道时剩皮，杀灭饵木上的幼虫或在饵木上喷洒1%α－蒎烯。

（3）越冬代成虫扬飞入侵盛期，活立木喷洒80% 敌敌畏乳油、40% 氧化乐果乳油、80% 磷胺乳油100～200倍液。衰弱木可根施3% 呋喃丹粒剂，每株200g或树干基部打孔注4% 氧化乐果乳油、4%SN–851杀虫剂1倍液，每株用药2mL。

2. 天牛类（翅目天牛科）

（1）发生规律

天牛是林木生产上造成直接经济损失最严重的一大类群害虫。有记载的天牛类100余种，常见的有桑天牛、星天牛、光肩星天牛、青杨天牛、桃红颈天牛、双条杉天牛、薄翅天牛、油桐八星天牛、家茸天牛、黄斑星天牛等。其中，双条杉天牛、薄翅天牛、油桐八星天牛主要分布在信阳、南阳的一些县区，家茸天牛在豫东、豫北较多，黄斑星天牛为补充检疫对象，其他常见的种类基本上是普发种。

天牛类成虫为圆柱形，略扁。触角长，等于或超过体长，至少为体长的1/2。复眼肾形围于触角基部，少数种类凹陷很深。前胸背板两侧具刺突，有的则光滑，跗节为隐5节。幼虫圆筒形，稍扁，头褐色，常缩入前胸较深，前胸大，约等于中后胸之和腹部10节，前6、7节背腹面有长圆形肉质突起，称为步泡突。

多为1～2年完成1代，以幼虫在鞘道内或以成虫越冬。成虫羽化后，啃食树木的枝梢嫩皮，造成枝梢枯死。幼虫钻蛀树木的枝干和根部；破坏输导组织，深入木质部蛀食不规则的孔道，使树势衰弱或加速死亡，并降低木材的工艺价值。

（2）天牛的防治方法

对天牛类害虫的防治必须采用综合防治的方法，建立良性循环的林业生态系统。实施以林业措施为基础，生物防治、化学防治、物理防治、检疫措施相协调的综合办法。

①检疫控制。对可能携带危险性天牛传播的苗木、种条、幼树、原木、木材实行检疫有无天牛的卵槽、入侵孔、羽化孔、虫瘿、虫道和活虫体。

②加强林业技术措施，提高林分抗性。适地适树，营造混交林，避免大面积纯林，选用抗虫树种，如毛白杨、臭椿泡桐、刺槐等可阻止光肩星天牛扩散。适时合理采伐，做到"两伐三净"：冬季疏伐，夏季卫生伐；间伐木材运输干净，冬季疏伐林内停放不超过一个月，夏季间伐不超过 10 天。

③保护、招引啄木鸟。每 100 m 左右设置 4 ~ 5 段巢木。

④人工捕杀成幼虫或用饵木诱杀。如用受害严重、无价值的松树，注入百草枯、乙烯利或氯苯磷，刺激松脂分泌，以诱松天牛成虫产卵。

⑤药剂防治。对潜居在韧皮部下危害的幼龄幼虫，可用 40% 乐果乳油、20% 蔬果磷乳油、40% 氧化乐果、20% 益果乳油、50% 辛硫磷乳油、50% 杀螟松乳油等100 ~ 200 倍液加少量煤油（食盐或醋）涂抹被害枝干。对进入木质部危害的天牛可采用打孔注药方法防治，常用的药剂有 50% 马拉硫磷乳油、50% 杀螟松乳油、40% 氧化乐果乳油、25% 亚胺硫磷乳油 20 ~ 40 倍液，或用磷化锌毒签、磷化铅片（丸）堵塞最下 2 ~ 3 个虫孔，然后用泥密封。成虫羽化期可在树冠或枝干上喷施 40% 氧化乐果乳油、25% 西维因可湿性粉 500 ~ 100 倍液防治成虫。在郁闭度 0.6 以上的林分，可用 741 插管烟雾剂防治。

三、森林植物检疫

（一）森林植物检疫基础知识

1.森林植物检疫的概念

（1）森林植物检疫

森林植物检疫是植物检疫工作的一个重要组成部分。它是根据国家和地方政府颁布的法律、法规、规章和办法。由法定的专门机构通过立法和执法手段，制止危险性林木病、虫从国外传入和在内传播蔓延以及对局部蔓延的危险性病、虫采取封锁扑灭的措施，以保护林业生产安全。

（2）检疫对象

检疫对象是危险性病虫中的一部分。它必须经国家或地方政府通过检疫法规予以公布。森林植物检疫对象应同时符合下列条件：局部地区发生，通过检疫措施能够起到防止传播蔓延危害的作用；危险性病虫的寄主植物具有重要价值，适生范围广，繁殖扩散能力强，危害严重，难以根除；能随森林植物及其产品人为传播检疫对象不是一成不变的，国内森林植物检疫对象，由林业部根据疫情变化定期修订，各省定期修订本省补充检疫对象。检疫对象的确定应按照《森林植物检疫对象确定管理办法》的规定办理。

（3）应施检疫的森林植物及其产品

应施检疫的森林植物及其产品是指能够传带某种检疫对象和应检病、虫的森林植物及其产品，它是根据检疫对象的生活习性和传播方式来确定的。不同种类的病、虫危害不同种类的森林植物及其产品；反之，不同种类的森林植物及其产品所传带的病、虫种类也不一样。例如落叶松种子广肩小蜂只能通过落叶松种子进行远距离传播，其应施检疫的森林植物及其产品只有落叶松种子一种；美国白蛾是一种杂食性害虫，能危害200多种植物，同时还可以通过包装材料、运载工具进行远距离传播，其应施检疫的森林植物及其产品就很多了，如桐、槭、桑、杨、柳、榆、臭椿等林木的苗木、原木以及包装材料、运载工具等。

（4）疫区和保护区

疫区和保护区是针对某种检疫对象而言的，凡是在局部地区有某种检疫对象发生的，就应划为该检疫对象的疫区，采取封锁扑灭措施，防止检疫对象传出。某种检疫对象发生地区已比较普遍，则应将未发生地区划为保护区，防止检疫对象传入。疫区和保护区的划定由省自治区、直辖市林业主管部门提出，报省（自治区、直辖市）人民政府批准，并报林业部备案。其改变和撤销程序与划定程序相同。

2. 森林植物检疫工作的重要性

森林植物检疫是一项防患于未然的工作。其重要性可以从理论上及历史经验教训中总结在自然界，每种病原物和害虫都有各自的地理分布范围，不同的国家和地区分布着各不相同的生物种群。在其漫长的历史发展进程中，逐渐达到了相对的平衡，所以很少暴发成灾，但一种有害生物一旦传入一个新区，就失去了原有生境条件的控制，有可能在短时期内暴发成灾。给林业生产带来不可估量的损失。病原物和害虫的传播、蔓延大体上有自然传播和人为传播两种途径：自然传播有一定的局限性，人为传播在病原物和害虫传播过程中起着重要的作用。森林植物检疫工作的主要任务就是要切断其传播途径。如果工作做得认真彻底，肯定可以保护一个地区的森林资源不受外来病虫的侵害，或不让本地区危险性病虫传出酿成更大的灾害。

在历史上，由于危险性林木病虫的传播、蔓延给林业生产带来重大损失的事件很多。如榆枯萎病，1918 年以前只发生在荷兰、比利时和法国的北部，随着苗木的调运，该病逐渐向东扩散。1921 年传入德国，1928 年传入奥地利波兰、瑞士和南斯拉夫，1929 年传入捷克和罗马尼亚，1930 年传入意大利，1936 年传入苏联，进而传遍了整个欧洲。19 世纪 20 年代末，美国从法国输入榆树原木，把榆枯萎病带入美洲大陆，很快蔓延开来。20 世纪初，世界上大约有 40% 的榆树被此病所毁。又如美国白蛾，原是美国北部加拿大南部地区一种危险性林木害虫。1940 年由美国以蛹态通过包装物传入匈牙利，1948 年传遍整个匈牙利及捷克南部和南斯拉夫，1949 年传到罗马尼亚，1951 年传到奥地利，1952 年传到苏联，1961 年传到波兰，1945 年从美国传到日本，1958 年传到韩国，继而又传到朝鲜。1979 年我国首次在辽宁省发现，集中在丹东和大连的 11 个县（市），1982 年传到山东荣城，后来又传到河北秦皇岛，1994 年又传入上海，危害面积逐年扩大，给我国林果业生产带来了很大威胁。

3. 森林植物检疫工作的特点和任务

（1）森林植物检疫工作的特点

①森林植物检疫是一项预防性的措施；

②森林植物检疫是一项政策性很强的工作；

③森林植物检疫是一项技术性很强的工作；

④森林植物检疫是一项跨国家、跨地区、跨系统、跨部门的工作。

（2）森林植物检疫工作的任务

森林植物检疫的主要任务是防止国际间以及国内局部地区发生的危险性病、虫，随着森林植物及其产品调运进行远距离传播。对于一个地区来说既要防止其传入，又要防止其传出，即所谓的"既不引祸入境，又不染灾于人"。我国的森林植物检疫工作分为对外和对内两部分。对外检疫包括进口检疫、出口检疫旅客携带物检疫、国际邮包检疫和过境检疫等；对内检疫包括产地检疫、调运检疫、邮包检疫和检疫对象普查等。

4.产地检疫和调运检疫

（1）产地检疫

查清供应种子、苗木或林产品产地的检疫对象的种类、危害及发生发展情况，并采取处理措施，把检疫对象消灭在种苗生长期间或未调运之前，叫产地检疫生产、经营应施检疫的森林植物及其产品的单位和个人，在生产期间或调运之前向当地森检机构申请产地检疫，经森检员或兼职森检员现场检疫，合格者发给《产地检疫合格证》；不合格的发给《检疫处理通知单》，然后按规定进行除害处理。

（2）调运检疫

调运检疫包括森林植物及其产品在调运前的检疫和调运途中的复检、补检、验证、换证及对疫情的处理等工作。

森检机构应当按照《国内森林植物检疫技术规程》的规定受理报检和实施检疫，根据当地疫情普查资料、产地检疫合格证和现场检疫检验、室内检疫检验结果，确认是否带有森检对象、补充森检对象或者检疫要求中提出的危险性森林病、虫。对检疫合格的，发给《植物检疫证书》；对发现疫情的，发给《检疫处理通知单》，责令托运人在指定地点进行除害处理，合格后发给《植物检疫证书》；对无法进行彻底除害处理的，应停止调运，责令改变用途、控制使用或者就地销毁。

（二）森林植物检疫检验方法

1.常用的仪器设备

（1）抽样仪器：扦样器、扦样铲、样品筒、样品袋。

（2）分样仪器：分样器、分样铲、分样板、玻璃板、白瓷盘、镊子等。

（3）养虫仪器：养虫笼、植物生产箱等。

（4）培养病原菌仪器：恒温箱、干燥箱、冰箱、超净工作台、高压灭菌锅、离心机、天平接种环、酒精灯、漏斗、三角瓶、试管、培养皿等。

（5）检疫仪器：规格筛、种子发芽器、解剖刀、手锯、树皮铲、软X光机等。

（6）观察鉴定仪器：显微镜、解剖镜、放大镜、测微尺、血球计数板、切片机、刀片、载玻片、盖玻片等。

2.抽样与分样

（1）抽样方法

从一批货物的堆垛中扦取一部分样品，叫做抽样。被扦取的那一部分货物叫做样品。常用的抽样方法有机械抽样、随机抽样、整群抽样、分层按比例抽样和两阶抽样。

（2）分样方法

室内检验时所用的样品数量很少，有时几粒、十几粒即可，要使这样少的检验样品具有代表性，还需要分样，分取试验样品的程序如下。

原始样品→分样→平均样品→继续分样→试验样品

检验种实害虫时常用的分样方法有四分法、铲取法和分样器分取法。

3. 检疫检验方法

（1）直观检验

利用肉眼或借助放大镜来直接识别病、虫的一种检验方法叫直观检验法，主要适用于外表症状比较明显的病害和症状及形态特征比较容易辨别的虫害。直观检验多用于现场检疫检验，它是其他检验方法的基础。检验种实虫害时，可通过被害症状加以辨别。

（2）过筛检验

过筛检验是根据健康种子与虫体、虫卵、虫瘿、菌瘿、菌核等个体大小的不同，利用不同孔径的筛子把它们过筛分离开来的一种方法。

（3）解剖检验

解剖检验是把怀疑感染某一种病害或潜藏有某一种害虫的森林植物及其产品用工具剖开，然后再进行观察鉴定的一种方法。解剖检验通常适用于没有明显症状的病害初发阶段或潜伏在种实、苗木、木材内部的害虫的检验。

（4）比重检验

比重检验是根据健康种子与被害种子比重的不同，利用不同浓度的溶液或清水把它们分离漂选出来的方法。

（5）染色检验

染色检验是利用不同的化学药品对种子进行染色，然后根据种子表面颜色的变化来鉴别种子内有无害虫或病原物。

（6）漏斗分离检验

检查木材、苗木、种子和其他植物产品是否带有线虫时，最常用的一种方法就是贝尔曼漏斗法。即将植物产品制成碎片，放入垫有 2～4 层纱布的漏斗中，加水漫泡 10～24 h，将浸出液离心后，取沉淀液制片镜检。

（7）软 X 光检验

在森林植物检疫中，用解剖检验的方法检查潜藏在种子、苗木组织内的害虫，费工、费时且易损坏贵重的种子、苗木。利用软 X 光来检查，既方便又迅速，在荧光屏上可以清楚地看到种苗内部害虫的形态和所处的位置，并且可摄影存档，作为检疫问题处理的依据。

（8）荧光反应检验

由于植物细胞中含有各种核酸，核酸在紫外线的照射下能发出荧光，所以在黑暗条件下用紫外线照射植物组织，常呈现各种颜色的荧光。各种细胞、真菌、病毒、类菌原体也有荧光反应，且其发光能力比正常植物组织的荧光要强若干倍。荧光反应检验就是根据这一原理来检查植物是否感病的。

（9）洗涤检验

洗涤检验是把依附于植物及其产品表面的病原物用无菌水冲洗下来，再用离心机使洗涤液中的病原物沉淀，然后置于显微镜下观察或放在培养基上培养，以确定是哪种病原物。

（10）分离培养检验

许多病原菌潜伏于种子、苗木或其他林产品内部，不易发现和鉴定，但可以将洗涤检验解剖检验获得的病原物置于培养基上进行分离培养，然后观察鉴定。

（11）萌芽检验

萌芽检验的方法只适用于种子。将种子种在土壤里或放在温箱里进行培养，当种子发芽后，就可以检查其带病的种类和感病百分率。

（12）接种检验

从种子、苗木或其他繁殖材料上获得的病原菌接种到同类健康植株上，让它发病，再根据发病后表现出来的症状及分离出来的病原菌进行鉴定，这种方法叫做柯赫氏法则。此外，还有隔离试种检验、饲养观察检验、血清检验、噬菌体检验、电镜检验、生物化学反应检验、单克隆抗体检验等方法。

（三）森林植物检疫除害处理方法

1. 药剂熏蒸

熏蒸消毒是森林植物检疫工作中一项重要的除害处理措施，种子、苗木、木材都可以进行熏蒸消毒，它是使用最多效果最好的一种处理方法，熏蒸杀虫是在密闭的环境条件下利用熏蒸剂挥发出来的有毒气体混合在空气中，达到一定浓度，通过害虫的呼吸系统进入组织内部使其中毒，终致死亡。

（1）影响熏蒸效果的主要因子

影响熏蒸效果的主要因子有：熏蒸剂理化性质，被熏蒸物体的性质，温度，湿度，气压，熏蒸场所的密闭程度，害虫种类和发育阶段，用药量和熏蒸时间等。

（2）几种常用熏蒸剂的性能及防治对象

常用的熏蒸剂有溴甲烷、磷化铝、氯化苦、氢氰酸、硫酰氟、二硫化碳和环氧乙烷等。植物检疫熏蒸处理主要应用溴甲烷。

（3）熏蒸剂的选择

由于各种熏蒸剂的理化性质不同，所以对被熏蒸的物品和害虫的作用也不一样。因此在实际熏蒸时，要根据植物的种类植物产品的性质、害虫的种类和害虫的不同发育阶段来选择相应的熏蒸剂。

（4）熏蒸剂的安全使用

一切熏蒸剂对人都有剧烈的毒性，根据人对熏蒸剂的反应情况，可将它分成"警戒性"和"无警戒性"两种熏蒸剂。在进行熏蒸时必须根据熏蒸剂的理化性质，结合熏蒸场所的具体情况，规定操作程序并严格遵守执行。在施药、探毒、查漏、散毒及残药处理过程中都必须防中毒。

2. 真空熏蒸

真空熏蒸实际上是减压熏蒸，即将密闭容器内的空气抽出，使密闭容器内的空气减少到定程度，然后再输入一定剂量的熏蒸剂来达到杀虫灭菌的目的。真空熏蒸时抽气减压有利于毒气分子的扩散渗透，促进了害虫的呼吸，加快害虫的中毒速度，从而大大缔短杀虫灭菌的时间。同时，由于施药、熏蒸残余毒气的排放均在严格密封的条件下进行，杜绝了毒气的外逸，节省了熏蒸药剂，减少了环境污染，改善了工作条件。真空熏蒸的应用范围很广，植物种子、苗木、花卉、土壤、中药材、标本、邮包等均可用真空熏蒸处理。

3. 微波加热杀虫灭菌

利用微波加热设备杀虫灭菌是森林植物检疫工作中一种新的除害处理方法，它具有杀虫灭菌速度快、效果好、无残毒、操作简便等优点微波加热杀虫灭菌的原理，是在微波电场的作用下，物质分子中的正负离子可有规则地沿着微波电场的方向排列，形成一端为阳极，另一端为阴极，并随着电磁场的交替变化而振荡，产生激烈的摩擦效应，即微波能转变为热能。也就是说，由于物质中极性分子的高速运动而产生的热能破坏了生物体的细胞结构，从而达到杀虫灭菌的效果。

由于微波能穿透力很强，杀虫效果比较彻底。不仅能杀死混杂在种子间的害虫，也能杀死蛀人种实内的害虫。用功率 0.5 kW 微波加热设备处理林木种子害虫，每次 0.5 ~ 0.75 kg，温度 60 ~ 70 ℃，可 100% 的杀死刺槐种子小蜂、紫穗槐豆象、柠条豆象的幼虫，对种子萌发率和苗期生长均无不良影响。

（四）森林植物检疫对象

根据《植物检疫条例》和《植物检疫条例实施细则（林业部分）》的规定，由林业部制定国内森林植物检疫对象和应施检疫的森林植物及其产品名单，并根据疫情变化定期修订。

四、森林防火

（一）森林火灾的原因和种类

1. 森林火灾发生的原因

火源是引起森林火灾的主要原因。火源可分为两大类：天然火源和人为火源

（1）天然火源

雷击火、陨石坠落、滚木自燃、泥炭自燃等都是天然火源。引起森林火灾的天然火源主要是雷击火，在我国主要发生在东北地区。雷击火占总火源比例的 1%，但一旦着火，造成的森林损失相当严重。

（2）人为火源

人为火源是引起森林火灾的主要火源，一般可分为以下几种。

①生产性火源。烧灰积肥烧荒烧垦、烧田边地角、狩猎、爆破、造林炼山等。我国的生产性火源的比重一般在 60% ~ 80%。

②非生产性火源。吸烟、迷信烧纸烧香、取暖、做饭、玩火等。

③其他火源。主要是有意纵火。世界各国人为火源通常占总火源的 90% 以上，我国高达 99%。

2. 森林火灾的种类

了解森林火灾的种类对正确估计火灾的危害和可能引起的后果，组织扑火力量，采取扑救技术、选择扑火工具以及合理利用火烧迹地等都具有重要意义。根据火烧

部位、火的蔓延速度树木受害程度等一般将森林火灾分为地表火、树冠火和地下火三类。

（1）地表火（地面火）

火沿地表蔓延，烧毁地被物、幼树、灌木，烧伤乔木干基和裸露的树根。地表火影响林木生长，破坏林地生态环境，易引起大量的森林病虫害，有时造成大面积林木枯死。依火的蔓延速度和危害性质又分为以下两种。

①急进地表火。通常每小时可达几百米或 1 km 以上。这种火往往燃烧不均匀，危害较轻。

②稳进地表火。一般每小时几十米。火燃时间长，温度高，燃烧彻底，能烧毁所有地表物，对森林危害较重，严重影响林木生长。

（2）树冠火

由地表火或雷击火引起树冠燃烧，并沿树冠蔓延和扩展，上部能烧毁树叶，烧焦树枝和树干，下部能烧毁地被物、幼林和下木。这种火破坏性大，不易扑救。树冠火多发生在长期干旱的针叶幼、中龄林或针叶异龄林。依其蔓延情况又可分为两种。

①急进树冠火，又称狂热火。火焰在树冠上跳跃前进，蔓延速度快，顺风每小时可达 8 ~ 25 km 或更大。

②稳进树冠火，又称遍热火。火的蔓延速度较慢，顺风每小时可达 5 ~ 8 km，燃烧彻底，温度高，火强度大，能将树叶、树枝和枯立木等烧尽，是危害森林最重的火灾。

③地下火在林地腐殖质层或泥炭层中燃烧的火称为地下火。这种火在地表不见火焰，只有烟，可直烧到矿物层和地下水层的上部。地下火蔓延速度缓慢，每小时仅 4 ~ 5 m，温度高，破坏力强，持续时间长，不易扑救。

上述三种火灾以地表火分布最多，大约占 90% 以上，其次为树冠火，最少为地下火。河南省的森林火灾主要为地表火，针叶林有时发生树冠火，无地下火。

（二）森林火灾的预防

我国森林防火的方针是"预防为主，积极消灭"，森林火灾的预防工作是防止森林火灾发生的先决条件，是一项群众性和科学技术性很强的工作。

1. 群众性护林防火

（1）建立健全各类护林防火组织

乡级以上人民政府建立护林防火指挥部，设立办公室，配备专职人员负责日常工作。国有林场和林区内的厂矿企业单位建立护林防火组织机构，由专人负责，划定责任区。在各类行政交界区建立不同类型的区域性联防组织，定期召开会议、交流经验、互通情况、互相支援。

（2）抓好护林防火宣传教育

利用各种会议、标语、广播电视、电影、宣传车、宣传队及送户主通知书等多种形式深入宣传国家有关法律、政策和森林防火知识等，做到家喻户晓深入人心。

（3）建立各类防火责任制度

防火责任制度包括承包责任制、山管理制度、林区生产用火规定、巡护瞭望制度、护林联防制度、农户轮流值班制度、火情报告制度、奖惩制度等。此外，林区村组结合实际，还可制定出乡规民约。

（4）严格控制火源

按《森林防火条例》及当地政府的有关规定，严格履行入山检查和林区生产用火审批手续，在林区生产用火或驾驶机动车辆等必须按规定采取防范措施，对违章弄火者，要依情节轻重给予严厉制裁和惩处。

2. 森林火灾预测预报

森林火灾的预测预报是贯彻"预防为主，积极消灭"方针的重要措施，也是进行营林用火和森林火灾监测与扑救的依据林火预测预报一般可分三种，即火险天气预报、林火发生预报和火行为预报。林火预测预报的方法主要有下面几种。

（1）综合指标法

在某地区无雨期越长、气温越高、空气越干燥、地被物湿度越小，森林燃烧性就越大。因此，根据无雨期的水汽饱和差、气温及降雨量的情况加以综合就可估计森林的燃烧性，划分火险等级，计算公式为：

$$T = \sum_{i}^{n} td$$

式中，T——综合指标；

n——降雨后的连旱天数；

t——13 时的空气温度，℃；

d——13 时的水汽饱和差；

此方法简单，容易计算，应用也较广。

（2）实效湿度法

通常可燃物的易燃程度取决于含水量的大小，含水量又与空气湿度有密切关系。在判断空气湿度对可燃物含水量的影响时只用当天的湿度是不够的，必须考虑到前几天的湿度变化。计算公式为：

实效湿度（%）=（$1-a$）（$a^0h_0+a^1h_1+a^2h_2+\cdots+a^nh_n$）

式中，h_0——当日平均相对湿度；

h_1——前 1 天平均相对湿度

h_2——前 2 天平均相对湿度

H_n——前 n 天平均相对湿度；

a——经验系数（0.5），a^1，a^2，$\cdots$，a^n 分别代表 a 的几次方。

（3）双指标法

这种方法主要是根据多种气象因子的综合影响进行预报。森林燃烧过程包括两个阶段，即着火与蔓延，称为双指标法。

森林中枯枝落叶的干燥程度是影响着火的重要因素，这样可根据每天的最小相对湿度和最高气温来确定着火指标，火灾的蔓延与实效湿度和最大风速有关，因此实效湿度和最大风速可确定蔓延指标。最后用着火指标和蔓延指标来确定林火的危险等级。

3. 森林火灾监测

火灾监测包括及时发现火情、准确监测起火地点、迅速报警，做到早发现、早出动，实现打早、打小的目的。林火监测的方式主要有以下几种。

（1）瞭望台（哨）监测火情。主要利用瞭望台登高望远来观察火情、确定火场位置、增强森林火灾报警能力。

（2）地面巡护。主要由森林警察、护林员、民兵等人员负责：一是检查入山人员是否携带入山证，是否遵守防火规定；二是及时发现火情；三是发现小火立即予以扑灭或迅速报警。

（3）航空巡护。主要在烟火稀少、交通不便的偏远林区，采用航空巡护。其主要任务：是发现和传递火情；是监视和报告火灾发展趋势，并指挥如何扑灭火灾；三是空降跳伞人员灭火；四是运送灭火器材和其他物资。

（4）群众报警。河南等省结合林区实际，在山区村组和深山独居户中发展瞭望户、报警员，开展群众报警活动。这在交通不便的偏远、深山林区具有重要作用。

（5）卫星监测。卫星监测林火主要是通过红外线扫描器和微波辐射仪来进行的。它巡护面积大、速度快，能准确确定大面积火场边界。

此外，还有红外探测、电视监测、雷电火监测等方式。

4. 森林防火技术措施

在制定防火技术措施时，必须从实际出发，结合各地特点，充分利用现有防火条件，采取综合措施。

（1）修建防火公路

有计划地逐年修筑防火公路，这是一项长远性的预防措施，既有利于输送灭火人员和灭火工具，迅速扑灭森林火灾，又可起到阻隔林火蔓延的作用。修建防火公路应封闭线网，尽可能与林区长远开发建设木材生产相结合进行。从森林防火的角度要求，林区公路网的密度每公顷最少为 3 ~ 4 m，且要分布均匀，才能发挥应有作用。

（2）开设防火线

防火线是防止林火蔓延的有效措施，既可作为灭火的根据地和控制线，也可作为运送人力、物资的简易道路。防火线的种类主要有：①边防防火线，一般宽度为 50 ~ 100 m；②林缘防火线，一般宽度为 30 ~ 50 m；③林内防火线，一般宽度为 25 ~ 30 m；④道路两侧防火线，国家铁路两侧 30 ~ 50 m，公路两侧 8 ~ 10 m（侧沟外）人工幼林防火线一般宽度为 8 ~ 10 m。

（3）营造防火林带

防火林带主要是防止树冠火的蔓延。在针叶林内营造防火林带显得尤其重要。林带的设置宽度一般不应小于当地成熟林木的最大树高。树种可选择刺槐、泡桐、榆树、水曲柳、椴树、槭树、栓皮栎、油茶、茶树、忍冬、卫茅、接骨木等耐（抗）火树种。

（4）建立防火检查站

在林区交通要道口应设立防火检查站，设固定房屋，由专人负责，有入山手续，有公路栏杆。其任务主要是做好入山人员管理，严格控制火源。

（5）组建林区通信网

从发现火情到扑救森林火灾的全过程中，通信联络必须做到地面、地空畅通无阻，到及时报告火情，有效地组织、指挥扑救工作。通信联络主要采用有线通信和无线通信。无线通信设备有短波电台、单边台、超短波调频电台等几种。要因地制宜，形成网络。

（6）加强森林经营，提高林分抗火性

①及时清理采伐剩余物，减少可燃物；

②加强森林抚育，改善林内卫生状况，提高林分抗火性；

③在荒山、荒地和林中空地及时造林更新，消除火灾策源地。

（三）森林火灾的扑救及善后管理

1.森林火灾的扑救原理和方法

森林火灾扑救原理是依据扑灭火灾的三要素：隔离可燃物；隔绝空气，或使空气中氧的浓度低于 14% ~ 18%；使可燃混合物的燃烧温度降低到自燃点以下，即利用隔离、窒息、冷却原理森林火灾的扑灭方法目前采用的有以下几种。

（1）扑打法

它是最简单、最原始、最常用的方法。适用于扑灭弱度、中等强度的地表火。一般用树枝、铁锹、扫帚等直接进行扑打。

（2）用土灭火法

此方法多用干枯枝落叶层较厚、林下杂乱物较多且林地土壤较疏松的地方。可以用铁锹、镐及机械等覆土灭火；国外采用移动式小功率喷土枪，每小时能扑灭 0.8 ~ 2.5 km 长的火线，比手工作业快 8 ~ 10 倍。

（3）用水灭火法

如果火场附近有水源，就可采用这种方法。用水灭火的机具主要有背负式灭火器、机动水泵、消防水车、飞机载水等。我国最近研制的一种胶囊灭火水枪，轻便实用，最远射程 10 m 左右，扑灭弱、中度的地表火效果较好。

（4）风力灭火法

利用风力灭火机的强风把燃烧放出的热量吹走，使温度降到燃点以下。风力灭火机适宜于扑灭强度和中等弱度的地表火。

（5）以火灭火法

在发生强烈火灾时，当已有的天然障碍物和人工防火线都不能阻挡又来不及在火头前方开设较宽的防火线时，采用在火头前方迎着火头点火，逆风蔓延，两个火头相遇时火即熄灭，这种方法灭火效率高，不需要特殊设备，但必须由具有丰富经验的人来掌握，否则易造成更大的火灾。在火头前方多远的距离点火合适，可按下面公式计算：

$$L=L_0+L_m$$

式中，L——点火距离，m；

L_0——需要隔离带的宽度，m；

L_m——在火烧隔离带的时间内，火头蔓延的距离，m。

（6）爆炸灭火法

将炸药放在地面或埋在穴内，爆炸时产生大量的气浪，可将火头扑灭，并炸开 3～4m 宽的生土带将余火隔开。此法适用于偏远林区发生大面积火灾、消防人员不足的情况下，或当森林杂乱物较多、林地土壤坚硬的地带。在扑灭树冠火时，也可将炸药埋在树的根部或缚在树干基部，通过爆炸将树木炸倒，阻挡树冠火的蔓延。利用爆炸法灭火，操作人员一定要经过严格训练，不能任意施用，以免造成生命危险。

（7）化学灭火法

即用化学药液或药粉进行灭火或阻滞火的蔓延。可用喷雾机具和飞机喷洒化学药剂灭火，特别是在人烟稀少、交通不便的偏远林区，利用飞机直接喷洒化学药剂进行灭火或阻火，收效甚大。目前，世界各国对化学灭火都比较重视，日益普遍，并趋向于研制高效率的长效灭火剂此外，还有航空灭火法、人工催化降水灭火法等。

2. 扑火组织指挥技术

（1）建立火场临时指挥部

在扑救森林火灾时，动员的人数多，应成立火场指挥部统一协调指挥。下设组织指挥、火情侦察、通信联络、车辆调度、物资供应、宣传发动、医疗救护等临时机构和负责人。

（2）指挥程序

首先要掌握火情。接到火情报告后，立即派出快速扑火队和火情侦察小组了解火灾发生的时间、具体区域、燃烧情况、火场天气情况、扑灭进展等情况，指挥部依此可迅速制订灭火计划，然后进一步组织计划的实施。

（3）扑火战略

①划分战略灭火地带。根据不同的火灾威胁程度划分为主、次扑救地带；

②牺牲局部，保存全局。为更多、更好地保护森林，在火势猛烈、人力不足的情况下，可采取牺牲局部林地保护全局的措施；

③集中优势兵力打歼灭战。影响林火的因素很多，每战必须从最坏处着想，组织足够的力量，重点布防，一举将火消灭，避免"加油战术"，造成劳民伤财的后果；

④要积极扑打，不能消极防御；

⑤抓住有利时机，速战速决。灭火有利时机有：初发火、逆风火、大风到来之前的火出现有利灭火天气的火、下山火、夜间火；

⑥安全第一。灭火是一种紧张行动，特别是在大风天气下扑火要随时注意被烧伤，更要注意被火围住不能脱险的险情。

（4）扑火战术

①单点突破，长线对进突击战术。从同一个地点突入火线，兵分两路，在较长的单线火线上，向同一地点作对进突击，最后达到合围；

②多点突破短线"钳"形突击战术。选择两个以上突破点突入火线，然后分别进行作战，形成"钳"形突击形势，分割火场，迅而歼之；

③四面包围，全线突击战术。适用于有足够兵力、扑打初期起火和小面积火的情况其重点是扑打火头，并要兼顾蔓延强烈的一翼；

④递进分割，一线超越突击战术。这种战术，必须具备高度的机动能力，在地形有利时运用，分割地段要短，一般不超过 2 ~ 3 km。

（5）看守火场

这是防止火灾死灰复燃的重要手段，特别在交通不便的火场，留下必要的人力看守火场尤为重要。看守时间一般至少要在大部队撤出后，看守 24 h 以上，经最后检查验收才能撤出火场。

3. 森林火灾善后处理

（1）火灾面积调查

首先要测绘火场图，通过估测或罗盘仪实测，测出受灾范围，然后绘制成火烧迹地平面图。根据绘制的火场平面图或略图，采用方格纸、求积仪等方法计算出火场的面积。

（2）林木损失调查

①全面林木调查。火场面积较小，森林价值较高，经营强度高的火烧迹地，应根据不同树种测量每株树木的胸高、直径和树高。

②标准地调查。火场面积较大时可按林相树种、林龄、郁闭度、林木被害情况等因素选择若干个有代表性的标准地进行调查。标准地的数量应以调查面积不小于

被烧面积的 1% 来确定。在标准地内进行每木调查，根据树冠、树木形成层和树根的受害情况来确定林木损失程度。整个火场林木损失可用下式计算：

$$L = \frac{S_{总}}{S_{标}} \times M_{标}$$

式中，L——火场林木损失，m^3；

$S_{总}$——火场总面积 hm^2；

$S_{标}$——标准地面积 hm^2；

$M_{标}$——标准地立木材积，m^3。

（3）其他损失计算

①幼树损失。应统计总株数和总面积，其损失可按人工清理造林和抚育所需要经费计算；

②经济林损失。统计总株数和总面积损失应包括当年产量损失，造林、抚育费用及恢复到目前产量水平之前的损失等；

③烧毁原木及林产品损失。按其价格计算，并考虑火灾前后价格的差异；

④房屋及其他财产损失。按受害情况，以折旧价格计算；

⑤扑火费用。包括车辆、飞机、食品、工具、器材、衣服、电话费及其他物资损失等（按实际计算），还应包括扑火人员的临时生活补贴和伤亡人员的医疗抚恤费等流程烧死木的清理费用。

（4）火烧迹地的清理与更新

火烧后的迹地应尽快将烧死木采伐利用，对具有生命力的受伤木，应分别加以处理，将林内杂乱物清出林外烧毁，降低林分的燃烧性，防止引起病、虫害和新的火灾。火场清理后要及时更新，尽快恢复森林。

（5）建立森林火灾档案

森林火灾资料要做到"四清"，即森林火灾次数清、火灾面积清、火灾损失清、火灾发生条件清理等。

（四）主要灭火机具的使用方法

1. 风力灭火机

风力灭火机是由去掉导板和锯链的油锯与风力机装备组成的。用风力灭火机产生的风，把燃烧时释放出来的热量带走，使温度降到燃点以下，从而达到灭火效果。这种灭火机不需要复杂的改装技术，结构简单，使用方便，而且可一机多用。

（1）使用灭火机的基本要领

是灭火机手携机位于火线外侧距火焰 1 m 左右。灭火机出风口方向与火线走向呈 15° 左右，并与火焰底部的地面构成 40° ~ 45°；二是灭火时，左右摆动机体（摆动幅度在 1 ~ 1.5 m），先从上摆动，用强风压住火势，并使可燃物向迹地内部飞散，回摆时用强风切割火焰底部，达到灭火的目的。如果火焰较弱，也可直接切割火焰底部灭火。

（2）使用风力灭火机的基本技术

风力灭火机的基本使用技术，概括为"割""压""顶""挑""扫""散"六个字。"割"即用强风切割火焰底部，使燃烧物质与火焰隔绝，并将部分明火熄灭；"压"即在火焰高度超过 1 m、采用双机或多机配合灭火时，用其中一台在前压迫火焰上部，使火焰降低，并使火锋倒向火烧迹地内侧，为切割火线的灭火机创造灭火条件；"顶"就是火焰高度超过 15 m，需用多机配合灭火时，除用一台灭火机"压"外，加用一台灭火机顶吹火焰中上部，与第一台灭火机配合，将火线压低；"挑"即在死地被物较厚的地段灭火，当一人用长钩或长棍挑动死地被物时，另一人将灭火机由后至前呈下弧形推动，用强风将火焰和已活动的小体积燃烧物吹进火烧迹地内侧；"扫"即用风力灭火机清理火场时，可用强风如扫帚一样将未燃尽物质斜扫进火烧迹地内，防止复燃；"散"即四机或五机配合灭强火时，则用一台灭火机直接向主机手上身和头部吹风散热降温以改变作业环境，有利于继续扑火。风力灭火机适应于扑灭中、弱强的火，但对较大的火不太适用。

2. 二号灭火工具

用汽车废旧外轮胎，割去外层，将里层剪成 50 ~ 80cm 长、1 ~ 2 cm 宽、0.12 ~ 0.15 cm 厚的胶皮条 20 ~ 30 根，用铆钉或铁丝固定在 1.2 ~ 1.5 m 长 3 cm 左右粗的木棍或硬塑料管上，即成二号灭火工具。二号工具轻便、坚固、耐用、效果好，比树枝扑火的工效可提高 12% 左右。使用时，将工具斜向燃烧火焰成 45° 角，一打一拖，可将火扑灭。切忌直上直下或猛起猛落扑打，以免助长火势或使火星向四处飞散，造成新的火种。

3. 轴压式胶囊灭火器

该灭火器是由胶囊和水枪两部分线成的，其自重 2.5 kg，装水或化学灭火剂 18 ~ 20 kg，水枪靠手臂往复运动所产生的压力将水压出，射程 10 ~ 12 m，可连续喷射 4 min。特点是结构简单，操作方便，可用于扑救弱、中度的地表火或清理火场，与风力灭火机合用效果更好。

4.SM-Q 型化学灭火器

该灭火器是利用 3 个并联金刚封筒体重的二氧化碳蒸发所产生的压力将化学药剂喷出进行灭火。灭火器自重 10 kg、装药 10 kg，喷射距离为 12 ～ 14 m，一次连续喷射 0.7 ～ 4 min，喷射时间长短视喷嘴直径大小而异，可用于扑救中、弱度地表火、地下火、清理火场或打隔离带。缺点是重量较大、携带不便，在没有水源的地方，难以发挥作用。

第二节　自然资源综合利用模式

一、生物资源利用方式

生物资源是自然资源的重要组成部分，它直接或间接地为人类提供木材、食品，肉类、果品、油料、毛皮、药材等各种生活消费品和工业原料。同时，生物是生态系统的核心，它是保护生态系统的正常功能，维护人们生活、工作适宜的生态环境的关键成分。一般按生物属性可将其分为植物资源、动物资源与微生物资源三类，有的也将其分为林草资源、动物资源与作物资源。

（一）植物资源

我国地域辽阔，横跨热带、亚热带、暖温带和寒温带 4 个气候带，境内自然条件十分复杂，可用于开发利用的植物资源相当丰富，据不完全统计有1000 多种。在这些植物资源中，相当一部分具有适应性和抗逆性强，水土保持效益好，可作为水果、干果、油料、纤维、香料、饲料等资源进行栽培并开发利用，包括草本植物、木本植物等。例如龙须草，含全纤维素47% ～ 58%，半纤维素18% ～ 24%，木质素9% ～ 14%，可替代木材作为人造棉，高档印刷纸、各种装饰纸的工业原料；用龙须草编织的门帘、沙发垫、草地毯、草绳等日用品、装饰品已畅销国内及国际市场。龙须草用途广，利用价值高，具有显著的经济价值。特别是目前为了保护森林，已有不少国家把非木材纤维资源的研究与开发利用列入主要的议事日程。龙须草属于叶类纤维植物，其各种性能仅次于针叶木浆，优于阔叶木浆和其他草浆，是较理想的木浆代用品。龙须草浆板纸不仅填补了我国草浆纤维的空白，而且每使用 1 万吨龙须草可节约 6900 m³ 针叶木材，节约 10000 m³ 以上的阔叶木材。重庆市巫山县在开展水土流失重点治理中，因地制宜地把龙须草作为治理水土流失、改善生态环境、发展经济的一项重要措施。

（二）动物和微生物资源

在发展流域经济过程中，动物和微生物资源的开发占有重要的地位。有效地开发动物和微生物资源不仅是生态农业的重要组成部分，也是区域经济发展的重要突破口，这对于调整产业结构，形成规模和商品化生产，使区域经济发展走向市场化具有意义。动物和微生物资源开发包括家畜家禽养殖、水生动物资源及特种动物养殖开发、微生物资源开发等形式。

二、能源利用方式

（一）太阳能资源

太阳辐射是地球上一切生物新陈代谢活动的能量源泉，也是气候发展变化的动力。太阳辐射穿过大气到达陆地表面的辐射能约为 17 万亿千瓦，我国太阳能资源较为丰富，每平方米面积上 1 年可接受总能量 6704000 ~ 880000 kJ，但总辐射具有明显的季节性变化，一般夏季总辐射收入多，冬季少，春季多于秋季；且各地资源差异大。

在自然条件下的植物或作物的光能利用率还不到 1%，光能利用的潜力还很大。我国太阳能作为能源开发利用途径多，主要有太阳灶、太阳能热水器、太阳能干燥、太阳房及其采暖系统、太阳电池等。

太阳灶是直接利用太阳光进行炊事的一种装置，常见的有箱式太阳灶，抛物面聚光式太阳灶等；在我国广大农村受到了普遍重视，对缓解区域的燃料短缺问题起到了积极的作用。太阳能热水器可为日常生活和生产提供 40 ~ 60 t 的热水，常见类型分为整体式，循环式和直流式三种；太阳能干燥常有闷晒式和对流式两种类型，闷晒式通常是 1 台空气集热器的单体，需干燥的物品可直接放入箱体，通过上面的透明玻璃或塑料盖板直接闷晒；对流式太阳能干燥装置是利用经太阳能空气集热器加热的热空气，直接或间接加热需要干燥的物体。太阳房是指利用太阳能来满足采暖、制冷等用能要求的房屋，其采暖系统一般分为被动式和主动式两大类。太阳电池利用某些半导体材料的光生伏打效应，把光能直接转变为电能的一种光电转换元件，常见的光电池有硅光电池、硒光电池、砷化镓和硫酸化镉电池等，其中最为成熟的是硅光电池。

（二）风能资源

风能既是古老的能源，又是新能源。风能和太阳能一样，不会污染环境，是一种"清洁"的能源，比较简便，无需十分复杂和昂贵的设备。但风能不稳定性大，可靠性差，时空分布不均匀，衡量风能资源的指标有：风速、风速的频率及风速的变幅等。风速指空气在单位时间内流过的距离，风速的频率指在 1 个月或 1 年的同期中发生相同风速的时数占 1 个月或 1 年内刮风总时数的百分比。风速的变幅指构成平均风速的瞬时风速的范围。年平均风速大于 3 m/s 的地区被认为是有开发价值的地区，可利用风速频率越大，风能的开发条件越好；风速的变幅小，则有利于风能的利用。

我国风能资源极其丰富，仅次于美国和苏联。我国 10 m 高度层风能总储量为32.26 亿 kW，实际可开发量为 2.53 亿 kW，但可供经济开发的风能储量尚需进一步查明。我国风能资源可分为四类具有北部地区风力较南部地区强，沿海一线较内陆强，平原地区较山地、丘陵强，冬春两季较夏秋两季强等四大特点。

风能资源开发利用方式有风能发电、风轮机提水、风能加热与贮能、风力咸水淡化等几种。风能发电又可分为户用小型发电技术，即利用风轮的旋转带动发电机发电；风电场建设，是以多台风力大中型发电机联合发电，发出的电可向常规电网输送，构成并网型风力发电站。风轮机提水是将风能转换为机械能，在缺水少电而多风的山区，风轮机可成为供水、灌溉等开发利用的重要途径。风能加热与贮能，风能加热是指将风能转换为热能调节农业温室、供给热水等，风能贮能是在风能不稳定区用蓄电池短期储蓄直流电能或在风力较大时，利用多余的能量将低处的水抽到高处的水库储存起来，而当风小或无风时，可放高处的水来推动水轮机发电，实现风能、水能的综合利用。风力咸水淡化技术是利用风力发电驱动淡化装置（电渗析器），将苦咸水淡化为饮用水过程。

（三）水能资源

我国地域辽阔，除大江大河外，中小河流遍布全国、流域面积 100 km² 以上的山区河流有 5000 多条，水能资源十分丰富，小水电理论蕴藏量有 1.5 亿 kW，其中可开发利用的资源 7000 万 kW，年发电量为 2000 亿 ~ 2500 亿 kW，尚待开发的资源潜力巨大。我国水能资源不仅蕴藏量大，而且分布极为广泛。据统计，有 1104 个县可开发的水能资源超过 1 万 kW，其中资源在 10 万 kW 以上的县有 134 个、在 3 万 ~ 10 万千瓦的有 499 个县，在 1 万 ~ 3 万 kW 的县有 476 个，我国水能资源具有的特点，其一是资源分布不均、偏于西南，其二是大型电站比重大，多数在西部，其三是人口密度大、建坝淹没损失大，其四是径流季节变化大、电站需建库调节；此外水能资源丰富的县大都位于山丘区，也正是远离大电网、严重缺电的地区。

山丘区水能资源的开发利用途径主要是发展小水电，即装机容量在 25000 kW 以下的水电站和相应的输变电工程。水力发电有两个重要的因素，即水头或落差和流量。水电站发电量与水头和流量成正比。因此，一般按照集中落差的方式，将水电站分为引水式、堤坝式和混合式三种类型。

小水电水能资源的利用主要表现为以下方式：

1. 利用渠道引水集中落差发电

在坡降较陡的河段上游，选择适当地点开挖坡降平缓的引水渠道，把河水引向下游。经过一定距离，渠道水位比河道水位高出很多，然后在适当地点用压力水管将渠道水流引向低处，即可获得建站所需水头。这是山区建站最常见的引水式电站形式。

2. 利用河流弯道集中落差发电

由于河流陡急，对河流弯道截弯取直，采用明渠或隧洞集中落差建立引水式电站。

3. 利用天然急滩或跌水发电。

4. 利用灌溉渠道上的建筑物发电。

5. 利用相邻河道的落差发电。

6. 利用拦河坝抬高水位发电。

（四）生物质能

生物质能是树木、谷物秸秆、柴草等植物通过光合作用把太阳能储存起来，然后再通过化学反应主要以热的形式释放出来的一种能。我国生物质能的利用，主要是以效率较低的直接燃烧方式获取农民和林区居民的炊事热能，大量的秸秆和林业剩余物以及有机固体垃圾白白浪费掉。每到收获季节，田间地头烽烟四起，烧掉了宝贵的资源，既不利于土壤肥力的维持，同时还造成严重的大气污染，与此对应的是我国农村的商品能源依然紧缺而价高，电力供应严重不足。生物质能开发利用技术主要有沼气技术、生物质气化技术。

1. 沼气

沼气是作物秸秆、杂草、人畜粪便等有机物在适宜的温度、水分、酸碱度和密封条件下，经过微生物发酵分解产生以甲烷为主的可燃气体。

沼气具有较高的热值，可以作为燃料做饭、照明、也可以驱动内燃机和发电机，沼气燃烧后的产物是 CO_2 和水，沼气是一种清洁能源。从解决发展中国家农村能源消费及保护环境的角度而言，它是一种极有前途的新能源。目前沼气利用技术在中国及印度等农村普遍推广。

沼气原料来源于自然界的丰富有机物、废物、渣、污泥等。沼气发生后的废渣同时可作为肥料施用于农田、不会造成任何污染。近年来，由于能源和环境问题的日益严重，人们逐渐注意用发酵的方法处理工业废料并产生沼气，这既可消除污染，又能获取能源。当前，沼气的利用已从主要解决农村燃料，逐步走向为农业生产提供动力的阶段，如沼气柴油机、沼气驱动汽车行驶、用沼气发电等。在沼气原料的开发利用方面，趋向于多种资源的综合利用，如日本用 5.4% 的大豆制造豆酱每年产生的残渣 2.72 万 t，用来制取沼气 0.136 亿 m^3，相当于每年产重油 700 万 t；利用水生植物制取沼气的途径已经开始受到人们的重视，如水葫芦就是一种生产率极高的水生植物，可用为沼气制取的原料；法国还通过种植藻类制取沼气等。沼气制取过程已经由农村常温厌氧自然发酵，趋向工业化的生产。沼气资源的综合利用日益走向深入和广泛，并在近代能源构成与保护生态环境方面显示出强大的开发利用前景。

2. 秸秆气化集中供气技术

秸秆气化集中供气技术对处理大量的农作物秸秆、改善环境、提高农民生活水平、实现低质能源的高档次利用是可行的模式之一，有良好的推广开发前景。

生物质气化技术是生物质原料在缺氧状态下燃烧和还原反应的能量转换过程，它可以将固体生物质原料转换成为使用方便而且清洁的可燃气体。生物质由碳、氢、氧等元素和灰分组成。当它们被点燃，只供应少量空气，并且控制其反应过程，使碳、氢元素变成由一氧化碳、氢气、甲烷等组成的可燃气体，秸秆中大部分能量都转移到气体中，这就是气化过程。去除可燃气体中的灰分、焦油等杂质，通过供气系统将其送入农产家中作为燃料。

生物质燃气用作炊事燃料，能源利用率为 35%，比直接燃用秸秆提高 2 倍左右。但系统的投资，虽低于集中供气的沼气工程投资，也低于城市煤气管网的投资，仍相当于户用沼气建设投资的 2 倍左右，在目前大量秸秆被废弃的情况下，有条件地区可发展此技术。

三、旅游资源利用方式

（一）概念

自然界和人类社会凡能对旅游者产生吸引力，可以为旅游业开发利用，并可产生经济效益、社会效益和环境效益的各种事物和因素，都可以视为旅游资源。作为旅游资源应满足。"一大属性"与"两大功能"，即：①资源的属性，是自然和社会因素及其产物，这些因素和产物可是物质的，也可以是非物质的；既可以是开发的，也可以是未开发的；并随经济的发展还在不断地扩大。②具有吸引功能，它是旅游资源的核心，只有对旅游者有吸引力的、为旅游者利用后产生效益功能的客体才可以称得上旅游资源。③具有效益功能，应能为旅游业所利用并产生经济效益，并对全社会产生社会效益（如是否败坏社会风气）及生态价值。

随着我国经济和物质文化水平的提高，人们对游憩观光的要求日益增加，交通运输业的发展，使许多原来偏僻的景区也不断得以开发利用，有些已成为旅游胜地，如湖南张家界、四川九寨沟、云南西双版纳等。因此，旅游资源开发，不仅是现实发展的需要，而且有利于促进经济的发展，有利于积累资金，实现以开发促保护，经保护促开发的战略。加强旅游资源开发，也是区域旅游业发展的一个重要方面。

（二）旅游资源类型

旅游资源通常可根据属性分为自然旅游资源和人文旅游资源两用大类，自然旅游资源是指能使人们产生美感的自然环境或物象的地域组合；人文旅游资源是指古今人类社会活动，文化成就、艺术结晶和科技创造的记录和轨迹。

（三）旅游资源的开发利用

目前，国内外尚无统一的旅游资源开发利用规划方案编制的规范。根据园林规划和旅游生态规划实践，结合总体规划规范，旅游资源开发规划的基本方法是：

1.旅游资源的评价

对旅游资源、区域管理水平、社会需求，经济发展水平等进行综合调查和分析评价；旅游资源评价的内容包括旅游资源自身评价、开发现状评价、开发利用的环境条件评价等方面。

旅游资源自身评价主要指旅游资源特色，价值、功能、密度及容量的评价，旅游资源特色是吸引旅客的一个关键性因素，奇、绝、古、名等往往构成该地的独创性或新颖性的吸引源，因为追求异趣是产生旅游动机的一个动因。旅游资源价值主要包括美学，观赏、文化、科学、经济、社会等价值功能，如美学、艺术价值高的宜于观光；科学、文化价值高的是科学考察和历史文化遗产保护等。旅游资源功能则包括娱乐、度假、休憩、健身、医疗、探险、商务等。旅游资源的密度是指景观的多少与分布，若属孤立的独立景观，其开发价值就明显降低，只有在一定的区域上集中，又具多类型资源协调布局组合，才能形成一定的开发规模，形成一定的线型，如环闭型或马蹄形旅游线路，才具一定的开发可能性。旅游资源容量指标有容人量与容时量，其中容人量指旅游资源所在点单位面积所容纳的游人数，而容时量是指游览时所需要的基本时间，体现了风景区的游程内容、景象，布局和建设等内容。

旅游资源开发现状评价，主要评价在开发过程中的成功经验和失败教训，找出存在的主要问题，以便为下一步的开发利用和保护提出建设性意见。

旅游资源开发利用的环境条件评价包括区位环境、自然环境，人文环境。客源环境、政治环境，投资环境、施工环境等方面。

旅游资源评价方法。由于旅游资源开发涉及水土保持、生态环境、美学艺术、价值观念、旅游心理、社会环境，经济条件等诸多因素，应用传统与现代方法有机结合，综合进行评价。对于旅游资源的综合评价方法众多，既有传统的经验评价，也有单因子评价与多因子综合量化评价。如美国林务局风景管理系统对自然风景质量评价方法，采用的就是"经验评价"中"美感质量评价法"。对风景的分析基于其线条、形体，色彩和质地四个元素，强调多样性、奇特性、协调统一性等形式美原则在风景质量分级中的主要作用，其风景评价主要工作都是由少数训练有素有人员来完成。一般先划分风景类型，再制定各类型风景质量等级标准及总的评定等级与标准分值。

2. 旅游开发设计内容

设计是应用适当的方法和技术，将原有自然界存在的或蕴含的景观通过巧妙地利用、提炼、改进和变化，形成比原来更好更美的新景观。旅游资源开发设计人员除具备美学和艺术素质外，还应具备系统管理、水土保持、林学和环境保护的基本知识，才能使之符合综合治理和经营的总体规划。设计的主要内容有：区域现有旅游资源作为基质背景的巧妙利用 包括区域的地形地貌、气候、水文、土壤、植被，建筑、民俗等。

（1）旅游资源开发的主体配景设计

即项目所确定的主要开发景点的设计，这是设计的核心，设计者必须把握主体景观的突出性，鲜明性和可观赏性；

（2）旅游资源开发的配景设计

配景设计是为了突出主体景点，只有这样才能达到满意的效果。

（3）园林小品设计

旅游资源开发的目的是多方面的，但重要的方面是游憩和观赏。因此，配置适当的园林小品，使之既能满足游人和管理人员的要求，又能符合艺术的要求。

（4）治理工程与旅游资源开发项目的衔接设计

治理中采用的林草措施和工程措施往往只考虑水土保持及其生态功能，而旅游资源设计必须把生态与艺术结合起来，因此，他们之间还有许多衔接设计，如项目区边缘的树木配置设计与周边林草措施的衔接，项目区内的农业景观与外围农业景观的衔接等。

（四）旅游资源开发利用项目

林业生态工程建设区可供开发的旅游资源项目众多，如风光旅游、度假旅游、科考旅游、科普旅游、观鸟旅游、探险旅游、乡村旅游、材寨旅游、野营和行车旅游、民族风情旅游等，现简要介绍其中的几项旅游开发利用项目。

1. 风光旅游

风光旅游是一种欣赏自然风光的观光旅游，这种旅游项目往往设计在一些举世闻名的奇异自然风光地和人与自然和谐、尽显人文生态美之地。利用轻型飞机、电动游艇、马车等交通工具或步行，沿指定路线进行旅游活动，如尼泊尔喜马拉雅山用直升机载客直接到山上，使游客既观赏到世界顶级自然风光又不会因交通破坏生态平衡。

2. 度假旅游

在空气清新、风光独特、自然生态环境优良的地方，可辟建度假区。这种度假区在满足游客度假需求基础上注重保护，一般选有特色的娱乐项目，让游客周末和节假日能融入自然、休息疗养、恢复疲劳的身心。为保护资源环境，这种度假村规模不宜太大。

3. 乡村旅游

在一些人与自然和谐的乡村或农场，可借助其优美的田园风光和恬静的乡村生活，设计吸引城市人前来旅游的项目，一般用当地的农舍提供给游客，组织参观或参与农事活动，如捕鱼、牧羊等。如我国南方"花果园"，在交通便利地区，建设既能观花，又能吃果，规模较大的成片经济林果园。春天，开展民间观花旅游节；夏天，游人可以到果园品尝鲜果。同时，还可以批量售果，增加收入。在配置时，考虑到观花尝果的时间序列，要配置不同花期及早熟、晚熟品种。果园要种植青草和绿树，主要草种有苜蓿、三叶草等豆科植物。在长江流域四川省龙泉驿区的桃花节，仁寿县的枇杷节，重庆市永川县的梨儿节，贵州省贵阳市的杨梅节都较为典型。

4. 村寨旅游

在一些地方特色浓郁的村寨可设计村寨旅游，让旅客走入村寨，通过参加村寨的各种活动，吃住在村寨，以获取一种原汁原味的旅游体验，村寨也从游客身上获得经济效益。村寨旅游的关键是组织和培训村民，并控制其发展的规模，避免出现社会环境问题，这种旅游项目是最能发挥旅游扶贫效益的。在我国一些地区开展的"林内农家乐"，以每家每户的庭院绿化为主，在农舍庭院配置优美的环境。与花园、果园相结合，既绿化美化庭院，又可开展饮食住宿产业，吸引城里人休闲度假。本模式在保持水土和发展地方经济等方面的效果都非常显著。在城市周围交通方便地区均可推广。

第三节　山丘区林业生态模式建设

中国属多山国家，包括山地、丘陵区和山丘占多数的高原区在内，总面积达 687 万 km²，占全国陆地总面积的 71.6%，其中山地丘陵面积 637 万 km²，占全国陆地总面积的 66.4%。

中国山丘区耕地约占全国总面积的 2/5，粮食产量占全国粮食总产量的 1/3 到 2/5，森林面积占全国的 90%，木材蓄积量占全国的 84%；北部、西部的天然草原有 3/4 以上也分布在山区；经济林木与林特产品几乎全部生产在山区。山区河川径流占全国量的 93%，全国 6.8 亿 kW 的水能资源主要蕴藏在山区，同时山区矿产资源丰富，许多采掘工业、冶炼工业、原材料工业、电力工业，甚至一部分加工工业也分布在山区。我国大部分山区资源丰富，生产门路广，开发潜力大，尤其是南方亚热带、热带山区水热条件好，生物生产力高，是世界上同纬度地区条件最优的山区。然而由于大部分山区人口稀少、交通闭塞、生态环境脆弱，特别是长期以来对山区资源开发利用不当，造成土地退化、经济发展缓慢、人民生活贫困。所以，维护山丘区生态环境，综合开发山丘区，在加快我国经济发展中具有重大的战略意义。

一、山丘区水土保持技术措施

（一）林草措施

1. 水土保持林分的培育

在山体上部的分水岭、坡面、沟道成片营造的水土保持林分类型众多，概括起来可归并为水土保持林与水源涵养林两大类型。

2. 防护林林带的培育

由数行林木组成，具有一定长度并对某项生产或设施起防护作用的人工林，即为林带。如农田防护林带、草牧场防护林带、护路沿线基干林带等。林带的类型可分为主林带或副林带，与主害风方向垂直设置的林带称为主林带，与主林带垂直设置的林带为副林带。行数较多、战线长，在防护林体系中起骨干作用的林带称为基干林带。相邻主副林带包围范围称为林网。主带间的距离为主带距，相邻两副带间的距离称为副带距。林带两侧林缘间的距离称为林带宽。

林带的防风效应，通常与林带结构类型、林带宽度、林带高度、林带密度、林带横断面、发育时期，以及与风向的交角等因素密切相关。

（1）林带结构类型

林带按其外部形态和内部结构特征，可分为通风结构、疏透结构与紧密结构三种结构类型。

（2）林带宽度

林带宽度 =（林带行数 –1）× 行距 + 两侧林缘宽度

林带宽度与防护效果，过去认为林带宽度大和栽植行数多，防护林效益则高，因此 20 世纪 50 年代，营造基干林带和防护林主林带时，宽度达 20 ~ 30 m，现在已证明，多行宽林带有紧密结构的缺点，目前，国内外林带宽度多不超过 20 m，我国现多采用 10 m 以下，3 ~ 5 行窄林带或采用一路二渠四行树，只要树势生长旺盛，林带完整，抚育跟上，就能形成合理的防护林带，在沿大型渠系和公路两侧的林带行数虽多，带也宽，但因有渠系或路面间隔，并可适当调整林木密度，可形成较大的防护效益。

（3）林带高度

在透风系数与特征相同的情况下，林带高度不同，防护效果亦不同，一般情况下，林带防护距离与高度成正比。

（4）林带断面

断面形态对防护效果的影响比较明显，它决定林带表面气流涡旋性质和空气动力影响带的长度和高度。一般可分为斜三角形、矩形、屋脊形三种类型。紧密结构林带以斜三角形为好；疏透结构林带则以矩形为好；透风结构林带多以屋脊形，但不论哪一种形式，其防护距离都比以上两种结构的最佳断面效果好，通常其断面形状对林带的防护距离大小影响不大。

（5）林带密度

密度的大小与所选的自然条件有关系；水分条件好的地区，如渠道附近，株距可大些；喜光、树冠大的树种行距要大些，反之可小些；土壤条件好的株行距可小些，土壤贫瘠干旱的株行距要大些，以保证树木有足够的营养面积和良好的水分条件。

（二）工程措施

水土保持工程措施的种类众多，下面将进行简要介绍。

1. 坡面治理

（1）斜坡固定工程

斜坡固定工程是指为防止斜坡岩土体（组成斜坡的岩体和土体）的运动、保证斜坡稳定而布设的工程措施。包括挡墙、抗滑桩、排水工程、护坡工程等。斜坡固定工程主要用于防治重力侵蚀，在防治滑坡、崩塌和滑塌等块体运动方面起着重要的作用。

（2）山坡截流沟

山坡截流沟是为拦截径流而在斜坡上每隔一定距离横坡修筑的水平的或具有一定坡度的沟道。山坡截流沟能截短坡长、阻截径流、减免径流冲刷，将分散的坡面径流集中起来，输送到田间地头。山坡截流沟通常修筑在坡度40°（＜21.8°）以下的坡面上，与纵向布置的排水沟相连，把径流排走，一般来说，截流沟在坡面上均匀布置，间距随坡度增大而减小。

（3）沟头防护工程

在黄土区侵蚀沟，由于黄土入渗力强，多孔疏松，湿陷性大，经暴雨径流冲刷，沟蚀剧烈，沟头溯源侵蚀速度很快。其危害主要表现为：造成大量土壤流失、大大增加沟道输沙量，毁坏农田，减少耕地，切断交通。沟头侵蚀的防治可分为蓄水式沟头防护工程和泄水式沟头防护工程两类。蓄水式沟头防护工程，当沟头上部来水较少时，沿沟边修筑一道或数道水平半圆形沟埂，拦蓄上流坡面径流，防止径流排入沟道，如围埂蓄水式、多级坝埂式；泄水式沟头防护工程，当沟头集水面积大且来水量多时，沟埂已不能有效地拦蓄径流而又无条件或不允许采取蓄水式沟头防护时，需修筑泄水式沟头防护工程，具体包括支撑或悬臂跌水、圬丁式陡坡跌水和台阶式跌水三种类型。

（4）梯田

梯田是山区，丘陵区常见的一种基本农田，它是在坡地上沿等高线修成台阶式或坡式断面的田地，由于地块顺坡按等高线排列呈阶梯状而得名。梯田是一种基本的水土保持工程措施，可以改变地形、拦蓄雨水、减洪减沙、改良土壤、增加土壤水分、防治水土流失、增加产量、改善生态环境等。梯田可按断面形式分为阶台式梯田、波浪式梯田两大类。

梯田的规划应以一个经济单位农业生产和水土保持为基础，在山丘区 25° 以下的坡地一般可修成梯田种植农作物，25° 以上的则应退耕植树种草；地块应基本上沿等高线呈长方形、带状布设，当地形复杂时，不强求一律沿等高线，可依据"大弯就势，小弯取直"的原则进行；同时规划中还应合理妥善地修建一些附属物，如坡面蓄水拦沙设施、梯田区道路及灌溉排水设施等。

2. 沟道治理工程

一般包括沟床固定工程与山洪排导工程。

（1）沟床固定工程

沟床固定工程是为固定沟床、拦蓄泥沙，防止或减轻山洪及泥石流灾害而在山区沟道中修筑的各种工程措施，包括沟头防护、谷坊、拦沙坝、淤地坝、小型水库、护岸工程等。沟床固定工程的主要作用在于防止沟道底部下切，固定并抬高侵蚀基准面，减缓沟道纵坡，减小山洪流速。沟床的固定对于沟坡及山坡的稳定也具有重要意义。

（2）谷坊

谷坊是山区沟道内为防止沟床冲刷及泥沙灾害而修筑在侵蚀沟道上游的横向拦水拦沙建筑物，又名防冲坝、沙土坝等。大致可分为：土谷坊、石谷坊、枝梢谷坊、插柳谷坊、浆砌石谷坊、竹笼装石谷坊、木材谷坊、混凝土谷坊等类型，高度一般小于 3 m。谷坊位置的选择时应考虑以下因素：①谷口狭窄；②沟床基岩外露；③上游有宽阔平坦的贮沙地方；④在有支流汇合的情形下，应在汇合点的下游修建谷坊；⑤谷坊不应设在天然跌水附近的上下游，但可设在有崩塌危险的山脚下。

（4）拦沙坝

拦沙坝是布设在沟道中游，以拦截山洪及泥石流中固体物质的拦挡建筑物。它是荒溪治理主要的沟道工程措施，坝高一般为 3～10 m。可分为重力坝及拱坝等类型。

（4）淤地坝

淤地坝是修在沟道中下游地段，以拦泥淤地发展生产为目的的拦挡建筑物，一般由坝体、溢洪道、放水建筑物三部分组成。淤地坝按建筑材料和施工方法可分为夯碾坝、水力冲填坝、堆石坝、干砌石坝、浆砌石坝等。

（5）护岸工程

沟道中护岸工程的作用是防止滑坡及横向侵蚀，防止山坡崩塌的威胁，保护谷坊、拦沙坝等建筑。一般分为护坡工程与护基工程（或护脚）。枯水位以下称为护基（脚）工程，其特点是常潜没于水中，时刻都受到水流的冲击和侵蚀作用。常用的护基工程有抛石、石笼、沉枕等。在枯水位以上的称护坡工程，又叫护岸堤。其作用是防止山洪的横向侵蚀，发挥挡土墙的作用，稳固坡脚。护岸堤可采用砌石结构，也可采用生物工程护坡；砌石护岸堤又可分为单层干砌块石、双层干砌块石和浆砌石等三种。

（6）整治建筑物

整治建筑物对河岸也起到了保护作用，按其性能和外形，可分为丁坝、顺坝等。

（7）治滩造田

治滩造田就是通过工程措施，将河床缩窄，改道、裁弯取直，在河滩上，用引洪放淤的办法，淤垫出能耕种土地，以防止河道冲刷，变滩地为良田。具体类型有束河造田、改河造田，截弯造田，堵叉造田和箍洞造田。

（8）山洪排导工程

山洪排导工程是指在荒溪中冲积扇上，为防止山洪及泥石流冲刷与淤积灾害而修筑的排洪沟或导洪堤等建筑物，其目的在于保护居民生命及建筑物等财产安全。

（9）排导沟

山洪及泥石流排导沟是开发利用荒溪冲积扇，防止泥沙灾害，发展农业生产的重要措施之一。排导沟的类型可根据挖填方式和建筑材料的不同分为挖填排导沟、三合土排导沟和浆砌块石排导沟，挖填排导沟简单易于施工，适用于泥石流荒溪冲积扇；三合土排导沟宜于高含沙石山洪荒溪；浆砌排导沟适于排泄冲刷力强的山洪荒溪。

（10）沉沙场

沉沙场的主要作用是拦蓄沙石；一般在山坡陡峻、坡面侵蚀强烈，山洪泥石量大的荒溪流域可修沉沙场，沉沙场应修筑在坡度较小的沟段，而在淤积作用强烈而又可能危及农田、房舍的沟段不宜设置沉沙场。

3. 蓄水用水工程

（1）雨水集流利用

雨水收集利用是一项综合性学科，我国干旱半干旱区占国土面积的 1/2，雨水是这些地区生活和农业用水的主要资源；一般雨水收集系统由田间工程措施与田外工程措施所组成，一般意义上的雨水集流系统仅指后者，它通常由集流面、输水渠、沉水池、拦污栅、进水管、蓄水设施、放水口等部分组成，其中常用蓄水设施有水窖、水窑、水池和涝池四大类，水窖是雨水集流蓄水设施中最为常见的设施，也是雨水集流系统的核心。常见水窖的形式有球形水窖、瓶形水窖、圆柱形水窖和窑式水窖等四大类型。

（2）小型水库

水库由挡水坝、溢洪道、放水建筑物三部分组成，通常称为水库的"三大件"。按国家规定标准，库容 100 万~1000 万 m³ 的叫"小（一）型水库"，库容在 10 万~100 万 m³ 的叫"小（二）型水库"。

（3）节水灌溉

灌溉用水是水资源的最主要消耗项，在我国占总用水量 2/3 以上。目前许多地方采用地面灌溉（漫灌）、地下灌溉、喷灌与滴灌、杨水灌等技术，据统计，灌溉用水的浪费相当严重，在灌溉面积 667 hm² 以上，管理工作较好的大中型灌区的水资源利用率也只有 55%~75%，因此，灌溉节水大有可为，它是解决水资源不足矛盾的主要突破口。

二、山丘水土保持林业生态工程体系构成及其配置

（一）山丘区水土保持林业生态工程体系构成及配置方式

山丘区水土保持林业生态工程体系是以防治水土流失为主要目的，在大中流域总体规划指导下，以小流域为基本治理单元，合理配置呈带、网、片、块分布的，以水土保持林业生态工程为主体的，包括林农牧水复合生态工程及其他林业生态工程的系统整体。除了各种专门的水土保持林外，还包括具有其他防护和生产功能的林业生态工程，在发挥其生产功能的同时，也在一定程度上起着保持水土的功能，如山地经济林工程在设计和施工中为了保证其成活和生长，必须进行整地和蓄水保墒，成林后为了获得较高的经济收益必须扩大树体的叶面积和树冠总的覆盖度，直接或间接地起到了水土保持作用，只不过是这些工程水土保持功能相对弱而已。

水土保持林业生态工程体系配置应依据生态学和土壤侵蚀学、森林培育学和防护林学以及生态经济学等基础理论与技术，以防治水土流失，改善生态环境和农牧业生产条件为目的，遵守自然资源和社会经济资源的最合理有效利用原则，兼顾当前利益和长远利益相结合，生态效益和经济效益相结合，技术措施上林、牧、农、水相结合，平面上网、带、片、块相结合，空间上乔、灌、草相结合，力求设计合理、简便易行。体系配置和主要设计基础是各工程在流域内的"水平配置"与"立体配置"。

所谓"水平配置"是指在流域范围内，各个林业生态工程平面布局和合理规划，对具体的中、小流域应以其山系、水系、主要道路网的分布，以及土地利用规划为基础，根据当地水土流失的特点与水土保持要求，发展林业产业和满足人民生活的需要，结合生产与环境条件的需要，进行合理布局和配置。在配置的形式上兼顾流域水系上、中、下游，流域山系的坡、沟、川、左、右岸之间的相互关系，统筹考虑各种生态工程与农田、牧场，水域及其他水土保持设施相结合。

所谓"立体配置"是指某一林业生态工程的树种、草种选择与组成，人工森林生态系统的群落结构的配合形式，合理的立体配置应根据经营目的、确定目的树种与其他植物种及其混交搭配，形成合理群落结构，并根据水土保持、社会经济、土地生产力、林草种特性，乔木、灌木、草类等结合起来，以加强生态系统的生物学稳定性和形成长、中、短期开发利用的条件，特别应注重当地适生植物种的多样性及其经济开发的价值。除此之外，"立体配置"还应注意在水土保持与农牧用地、河川、道路、四旁、庭院、水利设施等结合中的植物种的立体配置。

在水土保持林业生态工程体系中林农、林牧、林草、林药得到有机结合的配置，使之形成林中有农、林中有牧、植物共生、生态位重叠的多功能、多效益的人工复合生态系统，以充分发挥土、水、肥、光、热等资源的生产潜力，不断提高和改善土地生产力，以求达到最大的生态效益和经济效益。

（二）坡面水土保持林业生态工程的配置

坡面既是山丘区的农林牧业生产利用土地，又是径流和泥沙的策源地。坡面土地利用、水土流失及其治理状况不仅影响坡面本身生产利用方向，而且也直接影响到土地生产力。在大多数山区和丘陵区，就土地利用分布特点而言，除一部分难利用地（裸岩、陡崖峭壁）外多是农林牧业用地。坡面水土保持林业生态工程配置的总原则是：沿等高线布设，与径流中线垂直；选择抗逆性强的树种和良种壮苗；尽可能做乔、灌相结合；采用一切能够蓄水保墒的措施；以相对较大的密度，用品字形配置种植点，精心栽植，把保证成活放在首位。在立地条件极端恶劣的条件下，可营造纯灌木林。

坡面林业生态工程的配置的途径、方法较多，按地形与土地利用现状划分，可划分为分水岭、坡面荒地、坡耕地、塬面塬边地、沟谷川台地等类型。

1. 坡面荒地

坡面荒地坡度较大、水土流失十分严重、土壤干旱瘠薄、土地条件差，企望生产大量的木材是不切实际的，应建设以固坡防蚀、调节径流为防护目的，以解决三料的坡面防蚀林为主，同时考虑其他类型的生态工程，如有一定的土层厚度和肥力，水土流失中度侵蚀以下，可通过造林整地工程措施，建设护坡用材林；也可选择背风向、坡度相对平缓的、有相当肥力的土地，通过较大幅度人工整地工程，建设有经济价值的护坡经济林；还有一些坡面荒地可建设护坡放牧林、护坡薪炭林、护坡种草工程。

2. 坡耕地

我国坡耕地为 4667 万 hm^2，占总耕地面积的 35%。目前，全国有 800 万 hm^2 的坡耕地修筑为梯田，约占坡耕地面积的 17%。坡耕地是农业生产的主要场所之一，坡度一般较缓（15°～25°），坡面较长，土层较厚，水肥条件较好。

由于坡耕地的水土保持林业生态工程是在同一地块相间种植农作物和林木，广义上可称为山地农林复合经营，主要包括配置在缓坡耕地上的水流调节林带、生物地埂（生物坝、生物篱），配置在梯田地坎的梯田地坎防护林及坡地农林（草）复合工程。

3. 塬面、梁峁顶

塬面是指黄土高原沟壑区（如甘肃董志塬、白草塬、陕西洛川塬、长武塬等）或残塬（如陕西宜川残塬、山西隰县残塬）以及汾渭地堑形成的台塬（陕西渭北旱塬、渭南白鹿、晋南峨眉台地）的分水岭地带，包括塬面（分水台）、坳地（分水鞍）、嵝岘（分水凹槽）、塬嘴（分水斜脊）。这些地貌上已基本开辟为农耕地，地块大而平坦，是区域粮、棉、果的生产基地。

梁峁顶是指黄土丘陵沟壑区的分水岭地带，包括梁峁顶（又称丘陵）、焉（分水凹背）、湾（分水鞍）。除边远山区外，也大部分开垦为农田。在边远地区或人口稀少地区，也可能有相间分布小块或大块的荒地，如很小的峁顶荒地和塬边荒地。

总体上，塬面、梁峁顶水土保持林业生态工程，实际上主要是农耕地上的林业生态工程，一般营建各类防护林带。

4. 沟谷川台地

沟谷川台地水分条件好，土壤肥沃，土地生产力高，有条件的地区还能引水灌溉，具有旱滞保收、稳定高产的特点，是山区丘陵区最好的农田，群众称之为"保命田"或"眼珠子地"，包括河川地、沟川地、沟台地和山前阶地（阶梯地），也包括群众在沟道内修筑淤地坝形成的坝地。一般配置具有较高经济价值的用材林或经济林。

（三）沟壑水土保持林业生态工程的配置模式

沟道是水力、重力等侵蚀综合作用的主要场所，是洪水、泥沙集中的通道，下切、面蚀、崩塌、滑坡等都很严重。但沟道水资源丰富，对于造林种草、淤地造田和蓄水灌溉十分有利。因此，因地制宜，因害设防地配置沟道综合防治体系，对于固沟护坡具有十分重要的作用。

沟壑综合防治措施配置时，要从上游至下游，从沟头到沟口，从支沟到主沟，从沟岸到沟底，层层设防，分类施策，通过削、垫、筑、淤等改造消除破烂沟坡、陷穴暗洞和活动塌方，修筑沟边埝、蓄水池、小水库、淤地坝、排洪渠等拦、蓄、排结合的沟道工程防治体系。以工程防治体系为基础，根据立地条件，本着乔灌草结合，1年生和多年生结合，水生和旱生结合，长远利益和近期利益结合，提高土地利用率的原则，选择适宜的树种和草种，营造沟边防护林、沟头防护林、沟底防冲林、护岸护滩林，扩大防冲草地，建立防治体系，发挥群体优势，控制水土流失。

（四）河道、库岸林业生态工程的配置

在地势高峻和地形复杂的山谷中，河谷断面常呈"V"或"U"形，两岸谷坡陡峭、河槽比较狭窄，多急弯跌水，纵坡较大，有时呈阶梯状，由于径流历时短，河水暴涨暴落，流量大，易造成山坡滑塌。因此，在河道中常布设护岸工程和整治建筑物，并配置相应的林草措施。

三、山丘区水土保持林业生态工程的配置典型

（一）黄土高原区

黄土高原区是我国土壤侵蚀最严重的地区，通常可分为丘陵沟壑区和高原沟壑区，其中高原沟壑区主要分布在泾河中游：北洛河中游、禹门中到延水关的黄河峡谷两侧，介休到临汾的汾河两侧以及祖历河中游。现以陕西淳化泥河沟为例，介绍综合防治措施的配置。

1. 流域概况

泥河沟流域位于陕西渭北敦化县，由塬面和沟壑两大地貌单元组成，面积 9.48 km²，塬面占地 59.2%，沟壑占地 40.8%，其中塬坡占 14.1%，沟谷占 26.4%，海拔 712～1193m，沟谷深切 120 m 以上，沟谷密度 1.6 km/km²，从塬面到塬边坡度从 3°～12°，塬坡坡度 15°～35°，沟坡坡度＞35°。

流域年平均气温 9.87℃极端最高气温 39.4 ℃，极端最低气温 −21.3 ℃，平均无霜期 183 天，年平均日照时数为 2372.7 小时。多年平均降水量 600.6 mm，最多 822.6 mm，最少 409.5 mm，降水年际变化大且年内分布不均，7、8、9月降雨量占全年降水量的 53%。年蒸发量大于降水量，干燥度 K 介于 1.1～1.38 之间，常形成旱、涝灾害。

2. 土壤侵蚀特点

该流域塬面比较平坦，主要以面蚀和细沟侵蚀为主，进而发育为浅沟侵蚀。平均侵蚀模数 1 880 t/（km²·a）。在 25°～35° 的坡面上，平均密度 16.5 km/km²，沟坡被切割成破碎的条块。泥河沟上游有沟头 21 个。全流域具有崩塌 221 处，侵蚀体积 18579.9 m³。

3. 综合防治措施的配置

流域具体综合防治措施的配置如下：

林草措施：在塬坡大力发展植树造林，造林前采用水平阶、反坡梯田和燕翅形整地集流工程，栽植油松、樟子松、白皮松、侧柏、刺槐、大扁杏等 193.3 hm²。沟坡采用鱼鳞坑整地，栽植沙棘、柠条、紫穗槐 66.7 hm²，森林覆被率达 42.17%，加上原有森林草地，林草覆被率总计达 61.2%。

农业措施：采用等高耕作、沟垄种植和麦草、麦糠覆盖等耕作措施。在梯田大力发展以苹果为主的经济林，在埂边栽植花椒和杜仲。此外，四旁植树达 5 万余株，形成带、块状农田防护林网。

工程措施：在塬面 3°～8° 的地块兴修水平梯田，面积累计达 309.7 hm²，改善了农业生产基本条件；在村庄、路旁打水窖 620 余眼；在沟头和沟边修沟头，沟边防护埂 30 km，支毛沟修筑土谷坊和柳谷坊 299 座，骨干沟修防冲坝 3 座。

（二）东北低山丘陵区和漫岗丘陵区

本区南界为吉林省南部，西、北、东三面为大、小兴安岭和长白山所围绕。除三江平原外，其余地方都有不同程度的土壤侵蚀。现以石入沟流域为例，介绍防治措施的配置。

1. 流域概况

该流域属于阿仟河水系，面积 10.42 km²，海拔 150～200 m。年平均降水量 500～600 mm，降水年内分布不均，6～8 月降雨量占全年降水的 70%。土壤母质为黄黏土，在地形起伏大、切割严重的地段有砂砾层出现。

2. 土壤侵蚀特点

1978 年流域有侵蚀沟 36 条，由于侵蚀强烈，10 年间，侵蚀沟增加到 58 条，总长度 36.07 km，沟壑面积 0.25 km²，沟壑密度 3.46 km/km²。溯源侵蚀活跃，面蚀严重，平均侵蚀模数为 6.331 t/km²·a，土壤流失量为 1582.9 t，年均每年损失耕地 1.3～2.0 hm²。

3. 综合防治措施配置

在侵蚀沟两侧，营造带状防护林 4～5 行，水土流失严重的地段加大防护林宽度，共营造沟道防护林 90 hm²，这不仅增强了土体的抗冲性，而且减少了沟内泥沙淤积。

沟头修建沟头防护埂，拦截疏导径流，防止径流从沟头入沟；坡耕地实行筑垄耕作、修筑水平沟埂，水平梯田、果树台田，从而提高坡面拦截径流能力，减弱了坡面侵蚀；在汇水面积较大、产沙产流较多的侵蚀沟修建谷坊，起到拦截径流泥沙的作用。

通过治理，侵蚀耕地面积以 67 hm²/a 速率逐年减少，侵蚀沟的发展速度明显降低，有 31 条侵蚀沟深度变浅，50 条沟已达到稳定阶段，每年减少沟蚀量 1092 t。

（三）北方山地丘陵区

本区指东北漫岗丘陵以南，黄土高原以东，淮河以北，包括东北南侧、河北、山西、内蒙古、河南、山东等地有土壤侵蚀现象的山地、丘陵。现以永定河流域为例，介绍综合防治措施的配置。

1. 流域概况

永定河流域是海河水系最大的流域，面积 8997 km²，干旱、半干旱寒冷多风气候和湿润寒冷气候，年降水量 400～450 mm，年内分配不均匀，6～9 月降雨量占全年的 77%，且多暴雨。流域地形多丘陵山区，坡陡沟深，大部分地区是荒山秃岭，植被极差。土壤多属黄土类，质地疏松，抗蚀力强。

2. 土壤侵蚀及防护措施的配置

全流域可分为五个类型，各类型特点及防治措施详见表 5-1。

表 5-1　北方山地丘陵区综合防治措施配置

类型	土壤侵蚀特点	配置思想	林草措施	工程措施
石质山区	半干旱寒冷气候，山地地形，侵蚀以面蚀为主，坡耕地及牧荒地面积较重且风蚀严重，并有石洪危险。	以林牧业为主，综合治理。	营造乔灌木、针阔叶混交林和经济林，采用水平阶和大穴整地。	在缓坡上修石坎水平梯田、挖水平排水沟排水，沟道内修石谷坊和土谷坊拦截泥沙。
土质丘陵区	干旱寒冷多风气候，丘陵地形。面蚀、沟蚀均很严重。	以发展农业为主，进行综合治理。	营造分水岭防护林，水流调节林和沟壑区水土保持林。	在缓坡地上修水平梯田，沟头修水平埂，沟底修土谷坊拦截泥淤地，开展引洪淤灌。
坡积洪积区	半干燥多风气候，坡积地形。沟蚀严重，部分地区有面蚀发声，耕地和牧荒地面积面蚀严重。	林、粮并重，进行综合防治。	营造水流调节林和沟壑区水土保持林。	在缓坡地上修水平梯田，沟头修水平埂，沟底修土谷坊拦截泥淤地，开展引洪淤灌。
森林草地区	寒冷湿润气候，山地地形。以面蚀为主，坡耕地及牧荒原地面蚀较重。	以林为主进行综合防治。	保护现有残存林地，营造乔灌木混交山地水源涵养林。	在缓坡上修水平梯田，划分牧区和开展小型灌溉。

类型	土壤侵蚀特点	配置思想	林草措施	工程措施
干燥草原区	干燥寒冷多风气候,丘陵准平原地形。风蚀较重,耕地及牧荒地以面蚀为主,沟蚀较微。	以发展牧业为主,进行综合防治。	营造牧区防护林和薪炭林及水土保持林。	在坡地上修水平梯田,挖水窖和打井灌溉。

（四）南方山地丘陵区

本区大致以大别山为北屏,巴山、巫山为西屏,西南以云南高原为界,东南直抵海域,包括台湾、海南岛及南海诸岛。现以福建省诏安县草仔坝流域为例,介绍综合及治防治措施的配置。

1. 流域概况

该流域位于福建省诏安县,总面积 13.67 km²,属亚热带季风气候,年平均温度 21.6 t,年降水量 1800 mm,无霜期 360 d 以上。海拔 102.5 ~ 766.6 m。土壤为砖红壤性红壤,成上母质为花岗岩石风化物,土壤质地黏重,多含石英砂粒,由于植被破坏,水土流失严重。

2. 水土流失特点

流域面蚀、沟蚀严重,水土流失总面积为 946.3 hm²,占流域面积的 69.2%,其中轻度流失 61.6 hm²,中度流失 578.7 hm²,强度流失 306 hm²,平均侵蚀模数 3877 t/（km²·a）,强度流失区高达 7370 t/（km²·a）。流域有崩岗 25 处,面积 7.1 hm²,不少山地沟壑遍布。

3. 流域防治措施配置植物措施配置

在 25° 以上的坡面,以营造水土保持林和薪炭林为主,主要树种有马尾松、湿地松、台湾相思、大叶相思、绢毛相思;在 25。以下土层较厚的中下坡,以种植经济林果为主,并套种绿色植物,实行保土耕作,主要果树有荔枝、青梅、李、香蕉、茶叶等;在沟蚀严重的陡坡以种植草为主,主要草本植物有马唐、宽叶雀稗、百喜草等;坡度 10° 以下的缓坡地,以种植粮油植物为主;溪流两旁种竹固岸,防止坍塌。

工程措施:在崩岗和侵蚀沟修筑谷坊和拦截沙坝,坡面沿等高线修梯田、鱼鳞坑、竹节沟、沉沙凼. 排水沟等,达到分段拦蓄,层层控制,减少水土流失之目的。

治理成绩:通过 5 年的治理,共完成治理面积 1023.3 hm²,其中营造水土保持林 223.3 hm²,栽植果树 103.7 hm²,种草 26.7 hm²,坡耕地改造 20 hm²,修建谷坊 135 座,拦沙坝 10 座,每年减少侵蚀量 2945 t。

（五）四川盆地及其周围山地丘陵区

四川盆地大致位于北以广元，南以叙永，西以雅安，东以奉节为四个顶点连成的一个菱形地带内，盆地西部为成都平原，其余部分为丘陵。盆地四周为大凉山、大巴山、巫山、大娄山等山脉所围绕。丘陵区约占总面积的 52%，低山占 41%。夏季降雨集中，且多暴雨，径流系数为 0.4 ~ 0.5，土壤侵蚀强烈。现以川中丘陵区为例介绍综合防治措施的配置。

1. 流域概况

川中丘陵区气候温和，多年平均降水量 800 ~ 1200 mm，年内分布极为不均，夏秋两季占年降水量的 70% 以上。多年平均暴雨日数 7 ~ 9 月占全年的 81%，1 小时暴雨量达 73.8 mm。降雨集中、强度大，是水土流失的主要原因。境内长期受水流切割，形成沟谷纵横，群丘林立，此起彼伏的盆中丘陵地貌，旱耕地一般多分布在山丘坡面上，形成了水土流失的天然位能。由于历史的原因，致使森林资源遭到极为严重的破坏，加剧了水土流失。

2. 土壤侵蚀特点

川中丘陵区水土流失面积占总面积的 63.7%，年平均泥沙流失量达到 5.69 亿 t，土壤侵蚀模数为 7380 t/hm²。水土流主要集中于坡面和坡耕地。据遂宁水土保持试验站 1985 年地 5°、10°、15°、20°、25° 等五级坡度的径流小区观测的结果，土壤流失分别为 36.9 t/hm² ~ 2.51 t/hm²、87.45 t/h、98.7 t/hm²、116.1 t/hm²、159 t/hm²。

3. 综合防治措施

（1）林草措施

在丘顶、丘坡、丘脊、裸露的泥岩滩地到处可见，这类土地无植被覆盖，基岩裸露，风化一层，剥蚀一层，流失十分严重，为此，泥岩滩地被称为造林禁区，国土规划被列为难利用地。1981 年以来，乐至县林业部门进行了开发利用研究，试验成功马桑籽直播造林技术，从而结束了"禁区"的历史，既可收获燃料，也使泥沙流失由 82.95 t/hm² 下降到 9.24 t/hm²。

陡坡耕地有计划地退耕还林、还草；25° 以上陡坡耕地产量低、产值极低，经营粗放，加之地面坡度陡，水土流失十分严重。对陡坡地有计划地退耕还林、还草，可以有效地保护土地资源，发挥更大的生态、社会、经济效益。

（2）工程措施

坡面工程布局可以概括为"山腰沟检带，洪水下山归道；汇流跌水挖凼，蓄水灌溉凿池；土后开沟防冲，土前沟埂围边"；在缓坡地可一次性改造水平梯田。

（3）农业措施

实行水土保持耕作技术，一是推广横坡耕作、等高带状的耕作方法，削弱水土流失；二是行间套种，变一年两熟为三熟或多熟，充分利用前后两季的间隙时间，种植绿肥、饲料等；三是农作物秸秆还土和增施有机肥，提高土壤抗蚀能力；四是实行水旱轮作，提高水稻产量。

（六）云贵高原区

本区包括云南、贵州及湖南西部，广西西部的高原、山地和丘陵。高原西部的横断山脉，高山与峡谷相间，相对海拔高差达千米以上。东部以滇东与黔西为主体的高原地区，地形比较完整，有许多小型山间盆地和宽谷，四周起伏较大，有在已被流水侵蚀成低山、高丘。高原上温暖多雨，年降水量一般在 1000 mm 上下，最多达 2000 mm，径流量大，径流系数为 0.4 ~ 0.5。现以毕节地区为例，介绍综合防治措施的配置。

1. 流域概况

毕节地区位于黔西北云贵高原屋顶西段，高原山地面积占 93.3%。最高海拔 2900 m，相对高差达 2443 m，地形破碎，土层较薄，岩溶切割较深，土壤侵蚀严重。全区全年降水量约 1000 mm，70% 以上降雨集中在 5 ~ 9 月，暴雨多，破坏力大。

2. 水土流失特点

该区水土流失面积占总面积的 62.7%，年均土壤流失总量达 6845.55 万 t，土壤侵蚀模数为 4952 t/（km^2·a）。

3. 综合防治措施配置

（1）林草措施

选用本地适生树种白杨、桦木、香椿、杉、马尾松等于荒山荒坡造林，植草；种植香根菜、黄花菜，刺梨，花椒、木瓜、玫瑰等灌木树种和速生树种泡桐、椿、楸、杉、梓等可以起到保护地埂、增加经济收益的作用；退耕还林和林粮、粮草间作。

（2）工程措施

主要采用坡改梯建部分稳产高产的基本农田；对洪水、涝灾经常发生的山沟，要从上到下修筑拦洪谷坊；对于沙坡和泥沙流失严重的山沟，可在沟的两边修造固沙堤、拦洪墙等。

（3）农业措施

在坡耕地上横山耕作，套种、间种绿肥或牧草，同时大力推广农业实用技术，提高基本农田的产出能力。

参考文献

[1] 尹伟伦，严耕.中国林业与生态史研究 [M].北京：中国经济出版社，2012.

[2] 王礼先，等.林业生态工程技术 [M].郑州：河南科学技术出版社，2000.

[3] 刘启慎，刘双绂.太行山林业生态 [M].郑州：河南科学技术出版社，1995.

[4] 王礼先，等.林业生态工程学 [M].北京：中国林业出版社，1998.

[5] 张敬增，赵顷霖.河南林业生态 [M].郑州：黄河水利出版社，2004.

[6] 向劲松.林业生态工程 [M].北京：高等教育出版社，2002.

[7] 王礼先，等.林业生态工程学 [M].北京：中国林业出版社，2000.

[8] 张敬增，王照平.河南林业生态效益评价 [M].郑州：黄河水利出版社，2006.

[9] 杨大三.湖北林业生态建设与造林模式 [M].武汉：湖北科学技术出版社，2009.

[10] 云正明，刘金铜.林业生态工程研究文集 [M].北京：气象出版社，1996.

[11] 王九龄.中国林业生态环境建设 [M].北京：人民日报出版社，2002.

[12] 程鹏，等.现代林业生态工程建设理论与实践 [M].合肥：安徽科学技术出版社，2003.

[13] 雷加富，国家林业局.西部地区林业生态建设与治理模式 [M].北京：中国林业出版社，2000.

[14] 杨元梁.山区林业生态经济系统规划的研究 [M].北京：中国林业出版社，2001.

[15] 付树学.林业生态经济决策支持系统 [M].北京：中国林业出版社，1994.

[16] 张佩昌，等.中国林业生态环境评价、区划与建设 [M].北京：中国经济出版社，1996.

[17] 张佩昌.中国林业生态环境评价与天然林保护工程建设 [M].哈尔滨：东北林业大学出版社，2000.

[18] 中共中央文献研究室，国家林业局．新时期党和国家领导人论林业与生态建设 [M]．北京：中央文献出版社，2001．

[19] 杨俊平．中国西部地区林业生态建设理论与实践 [M]．北京：中国林业出版社，2001．

[20] 赵俊臣等．云南林业生态保护机制与替代产业研究 [M]．昆明：云南科学技术出版社，2001．

[21] 刘国涛．林业生态环境破坏防范与监察执法实务全书 第 1 册 [M]．长春：吉林科学技术出版社，2002．

[22] 马廷光，符长荣．昭通市林业生态建设与产业发展研究 [M]．昆明：云南美术出版社，2005．

[23] 阿布，刘务林，耿君，等．中国西藏自治区林业局．世界屋脊上的生命 中国西藏林业生态实录 [M]．北京：中国大百科全书出版社，2004．

[24] 王治国等．林业生态工程学 林草植被建设的理论与实践 [M]．北京：中国林业出版社，2000．

[25] 刘国涛．林业生态环境破坏防范与监察执法实务全书 第 2 册 [M]．长春：吉林科学技术出版社，2002．

[26] 耿玉德，万志芳．现代林业企业管理基础 [M]．哈尔滨：东北林业大学出版社，1995．

[27] 乔木等．伊犁河流域重点保护林及林业生态科技示范研究 [M]．乌鲁木齐：新疆科学技术出版社，2007．

[28] 贵州天然林保护乡村社区案例调研组．林业生态工程建设与乡村社区 来自贵州农村的案例调查报告 [M]．贵阳：贵州科技出版社，2003．

[29] 陈志云，王玲，徐家雄，等．中山市林业有害生物生态图鉴 [M]．广州：广东人民出版社，2018．

[30] 李媛辉．面向生态文明的林业法治 [M]．北京：中国政法大学出版社，2013．

[31] 徐晓光．清水江流域传统林业规则的生态人类学解读 [M]．北京：知识产权出版社，2014．

[32] 中共中央宣传部宣传教育局，国家林业局宣传办公室．生态危机与林业建设 [M]．北京：学习出版社，2004．

[33] 王海帆．现代林业理论与管理 [M]．成都：电子科技大学出版社，2018．

[34] 耿玉德 . 现代林业企业管理学 [M]. 哈尔滨：东北林业大学出版社，2016.

[35]《林业工作改革创新与现代林业建设》编委会 . 林业工作改革创新与现代林业建设 [M]. 北京：经济日报出版社，2017.

[36] 胡文亮 . 梁希与中国近现代林业发展研究 [M]. 南京：江苏人民出版社，2016.

[37] 河南省林业调查规划院 . 现代林业技术 [M]. 郑州：黄河水利出版社，2010.

[38] 程鹏，束庆龙 . 现代林业理论与应用 [M]. 合肥：中国科学技术大学出版社，2007.

[39] 盛友谊等 . 现代林业理论与工程实践 [M]. 长春：吉林科学技术出版社，2012.

[40] 方湖珊，张庆能 . 现代林业企业管理 [M]. 北京：北京农业大学出版社，1991.

[41] 江泽慧等 . 中国现代林业 [M]. 北京：中国林业出版社，2000.

[42] 肖斌 . 现代林业经济管理 [M]. 西安：陕西人民出版社，1998.

[43] 张建国，吴静和 . 现代林业论 [M]. 北京：中国林业出版社，1996.

[44] 赵忠 . 现代林业育苗技术 [M]. 咸阳：西北农林科技大学出版社，2003.

[45] 耿玉德 . 现代林业企业管理学 [M]. 哈尔滨：东北林业大学出版社，2003.

[46] 中国林业学会 . 现代林业知识 [M]. 北京：中国林业出版社，1990.